国家出版基金项目
NATIONAL PUBLICATION FOUNDATION

话说世界

TALKING ABOUT THE WORLD

1

古典时代
Classical Age

李立华◎著

主　编：陈晓律　颜玉强

人民出版社

主　　编：陈晓律　颜玉强

作　　者：李立华

编　　委：

高　岱
北京大学世界史教授

梅雪芹
清华大学世界史教授

秦海波
中国社会科学院世界历史研究所
研究员

黄昭宇
中国现代国际关系研究院研究员
《现代国际关系》副主编

任灵兰
中国社会科学院世界历史研究所
《世界历史》编审

姜守明
南京师范大学世界史教授

孙　庆
南京晓庄学院外国语学院
世界史副教授

策　　划：杨松岩
特邀编审：鲁　静
　　　　　杨美艳
　　　　　陆丽云
　　　　　刘可扬

图片提供：
中国图库
广州集成图像有限公司
视觉中国

《话说世界》出版说明

希望与探索

为广大读者编一部普及世界历史的文化长卷

今日世界植根在历史这块最深厚文化土壤中。要了解世界首先要从学习世界历史开始。学习世界历史不仅有助于我们借鉴外国历史上的成败得失，使我们在发展的道路上少走弯路；而且还有助于我们养成全球视野，自觉承担起作为大国对人类的责任；同时还有助于我们更深入地理解和贯彻构建人类命运共同体理念。人类文明发展5000多年来，各地区和各民族国家的文明差异性很大，都有自己独特的发展轨迹和文化，在交往日益密切的今日世界，我们更要努力学习世界历史与文化。因此我们策划出版这套《话说世界》。

世界史方面的读物出版了不少，但一般教科书可读性不足，专题类知识读物则不够系统全面，因此我们在编撰这套《话说世界》时，主要考虑普及性，在借鉴目前已有的世界历史读物的基础上，进行了新的尝试：

首先，史实准确。由著名世界史专业教授和研究员组成的编委会保证学术性，由世界史专业教授和博士为主的创作队伍保证史实的准确性。

其次，贯通古今。从史前一直到2018年12月，目前国内外尚没有时间跨度如此之大的历史读物。本套书内容丰富，传奇人物、探险故事、艺术巨作以及新思潮、新发明等，无所不包，以独创的构架，从政治、经济、文史、宗教、思想、艺术、科学、生活等多维度地切入历史，从浩瀚庞杂的史料中，梳理出扼要明晰的脉络，以达到普及世界史知识的作用。

再次，图文并茂。采用新颖的编排手法，将近万张彩图与文字形成了有机组合。版面简洁大方，不失活泼，整体编排流畅和谐，赏心悦目。

最后，通俗易懂。作者秉持中肯的观点，采取史学界主流看法，立论中肯、持平、客观，文字深入浅出，绝不艰涩枯燥，流畅易懂。

这套书总计 20 卷，各卷书名分别为：《古典时代》《罗马时代》《王国时代》《封建时代》《宗教时代》《发现时代》《扩张时代》《启蒙时代》《革命时代》《民族时代》《工业时代》《劳工时代》《帝国时代》《一战时代》《主义时代》《危机时代》《二战时代》《冷战时代》《独立时代》《全球时代》。

十几年前，上海锦绣文章出版社出版的《话说中国》，以身体作为比喻说还缺少半边身子，缺失世界历史的半边，因此《话说世界》的策划项目在七年前孕育而生。经过近七年的努力，这套图文并茂的普及性世界史《话说世界》（20 卷）陆续出版。今年又适逢新中国成立 70 周年，这套书被列入国家出版基金资助项目，作为一个从事 36 年出版工作的出版人感到由衷的喜悦。

在本套书行将付梓之际，特别感谢陈晓律、颜玉强、秦海波、刘立群、黄昭宇、任灵兰、鲁静、杨美艳、陆丽云、刘可扬等十几位世界史专家的辛勤劳作，感谢所有参与《话说世界》（20 卷）本书的作者、专家、学者、编辑、校对为此作出的贡献。最后，谨以两位世界史专家对本套书的点评作为结束：

徐蓝（中国史学会副会长）：首先要说这套书使得我眼睛一亮。这不是我们通常说的以政治经济为全部内容的世界历史，而是多维度的世界历史解读，其内容涵盖了政治、经济、文史、宗教、思想、艺术、科学、生活等，使世界历史更加充盈饱满相生相成。特别是将其每卷书的类别单独合在一起，相当于一部部专题史。这在国内世界历史读物中是仅见的，具有很高的出版价值。《话说世界》又是一套通俗读物。全套书 5000 篇左右的文章，通过人文地理、重回历史现场、特写、广角、知识链接等拓宽了内容的容量，增强了趣味性。可以说这是一套具有"广谱"特性的世界历史普及读物。这套书的社会效益不仅会普及国民的世界历史知识，也拓宽了国际视野，将世界历史作为基础知识之一，才能具备大国的胸怀和责任担当。

吴必康（中国社会科学院世界史所，国家二级研究员）：历史题材类的通俗读物一向是热门读物，富有意义。但其出版物主要是中国史，世界历史通俗读物出版甚少。而且，这些不多的世界历史出版物也多为受众少的教科书式作品。《话说世界》可以说弥补了这方面的缺憾。今天，中国正处民族复兴之时，作为世界第二大经济体，其世界影响越来越大，责任也更大，广泛了解世界，具有国际视野成为大势所趋。广大人民需要了解世界，知晓世界历史，已是必不可少之举。世界历史虽然内容浩如烟海，但作为文明历程有规律可循，有经验教训可资借鉴。《话说世界》的专业作者梳理千古，深入浅出，从容不迫地娓娓道来，使世界历史清晰明了，趣味盎然。这套丛书应该说是一套全民读物也不为过，可谓老少咸宜，可谓雅俗共赏。尤其是其文体具有故事性，很适合青少年。也望通过这套书能激发青少年阅读世界历史的广泛兴趣，兴起热潮，为我国的各类国际人才打下知识基础，更好地立足祖国走遍世界。知晓天下，方可通行天下。

人民出版社编审　杨松岩

2019 年 8 月 27 日

《话说世界》序一

读史使人明智

在世界历史的洪流中寻找人类的智慧

不知不觉，现在已经是 2019 年了。在人类几千年有文字记载的历史中，这个时间点或许并没有什么特别之处，但对于处于改革开放进程中的中国而言，这样一个年代显然具有不同寻常的意义。那就是，历经磨难成立新中国以后，中华民族在对外开放的过程中，重新找到了一个与自己国力吻合的位置。

中国是一个历史悠久的国度，创造了十分丰富的物质与精神的财富。尤其是在东亚这一范围，中国几乎就是文明的代名词。然而，在近代以来，中国却被自己过长的衣服绊倒了，结果从鸦片战争开始，中华民族经历了一段屈辱的历史，不仅使天朝上国的心态遭受沉重打击，也迫使我们重新认识外部世界。

从历史的角度看，中国人如何看世界，并不是什么新问题。古代中国人对周边"蛮夷"的看法千奇百怪，但无论是否属实，对自己的生活似乎影响不大。不过近代以来情况有所变化，自 1840 年始，中国人想闭眼不看世界也难。然而，看似简单的中国人应该如何睁眼看待外部世界，尤其是西方国家，却并不简单，因为它涉及"华夷"之间的重新定位，必然产生重大的观念与思想碰撞，所以它经历了一个几起几落的变化。

从传统的中国视角考察，以中国为天下中心的历史观一直在我国的史学领域占主导地位。因此，在 1840 年以前，中国还没有今天意义上的世界史，有的只是《镜花缘》一类的异域风情书，或是一些出访周边国家的记录，严肃的史书则只在中国史的范畴内。鸦片战争之后，中国被迫接受中国之外还存在一个世界这一事实。但对外部世界，主要是西方的研究是以急功近利的原则为出发点，缺少系统的基础研究。直到新中国成立前夕，我国的高校中，世界史都还不能算是能与中国史相提并论的学科，一些十分有名望的老先生，也必须有中国史的论文和教中国史的课程才能得到承认。这一事实反映出一种复杂的民族心态和文化背景。人总是从自己已有的知识基础上去发现和分析外部世界的，没有对外部世界知识的系统了解，要正确地看世界的确不易。

实际上，早在 100 多年以前，张之洞就认为，向西方学习应该是学习西艺、西政和西史。但是如何以我为主做到这一点，则是至今尚需继续解决的问题。

在一个开放的时代，任何一个试图加入现代发展行列的国家都必须尽量地了解他国的情况，而了解他国最主要和最基本的途径，除开语言外，就是学习该国的历史。就笔者所接触的几所学校看，美国一些著名大学的历史系往往都是文科最大的系，而听课的学生也以外系的学生居多。我的体会是，出现这样的现象无非两点原因：通识教育的普及性与本科教育的多样性，以及学生的一种渴望了解和掌控外部世界的潜意识。相比西方，我们的教育课程设置显然还有许多需要完善的地方。

按北大罗荣渠老师的看法，中国在向西方学习的过程中经历了三次大的起伏。一次是鸦片战争前后，中国是在战争的威胁中开始了解西方的，这种了解带有表面的、实用主义的性质，对西方的了解和介绍都十分片面，社会的大部分人对此漠不关心，甚至国家的若干重要成员对此也十分冷漠。与此相反，日本却密切地关注着中国的情况，关注着中国在受到西方冲击后所作出的反应，以致一些中国介绍西方的书籍，比如《海国图志》，在中国本身尚未受到人们重视时，日本已在仔细地阅读和研究了。尽管如此，第一次学习还是在中国掀起了洋务运动。

由于甲午战争的失败，中国开始了第二次向西方的学习，即体用两方面都要学。但不想全面改革而只想部分变革的戊戌变法因各种原因失败了，最终是以辛亥革命作了一次总结。从此以后，中国的政治实践大体上是在全面学西方，但是又由于历史的机遇不好，中国的这种学习，最终也未成功。尽管我们不能完全说它是失败的，但要成为一个强国的愿望却始终未能实现。

新中国成立以后由于西方的封锁和我们自己的一些政策，使中国经历了一个主动和被动地反对向西方学习的过程。直到改革开放以后，我们才再次开始了向世界强国——主要是西方国家学习的第三次高潮。而这次持续的时间显然要长得多，其内涵也要丰富得多。其中一个最重要的标志也许是，在沉默了几十年以后，中国的学术界终于开始出版一批又一批的世界史教材和专著，各种翻译的世界史著作也随处可见。这是一个令人欢欣鼓舞的现象。在这个意义上，中国人重新全方位看世界是改革开放的产物。

从中国人看世界的心态而言，也先后经历了三种变化：最初是盲目自大式的看世界，因为中国为中央之国，我们从来是当周围"蛮夷"的老师，尽管有时老师完全打不过学生，但在文化上老师终归是老师，我们从未丧失自信心。所以，对这些红毛番或什么其他番，有些"奇技淫巧"我们并没有真正放在心上。然后面临被列强瓜分的危机，我们的心态第二次变化，却是以一种仰视的方式看世界——当然主要是看西方国家，这种格局直到新中国成立后才开始逐渐改变。而改革开放后，中国重回世界舞台中心，成为 GDP 第二大国，自信心再次回归，看世界的态度又一次发生了变化——中国人终于可以平视外部世界了。

心平气和地看外部世界，需要的是一种从容和淡定，而这种心态，当然与自己的底气有关。随着物质生活的丰富和对外交流的日渐频繁，国人已经意识到，外国人既不是番鬼，也不是天使，他们是与我们一样，生活在这个地球上的人类。当然，由于历史、文化、地域、宗教乃至建国的历程各不相同，差异也是明显的，甚至是巨大的。如何客观地认识外部世界，对有着重新成为世界大国抱负的国人而言，已经具有了某种紧迫性。而互联网时代的信息爆炸，对较为靠谱的学理性知识的需求，也超过了任何一个时代。因此，无论于公于私，构建一个起码的对外部世界认识的合理框架，都成为一门必修课而非选修课了。

应该说，国内学界为此做了大量的工作，从学术论文到厚重的专著，从普及型的读物到各类期刊，乃至各种影视作品，有关西方的介绍都随处可见，一些过去不常见的国家和地区的研究成果也开始出现。同时，为了增进国人对这些问题的了解，国内出版界也做了很好的工作，出版了很多相关的著作。

大体上看，这些著作可分为以下几类：第一类是关于西方国家、政府等有关政治机构的常识性问题。这些现象我们虽然十分熟悉，但并不等于我们已经从理论上了解了它们。因此很多国内的著作对一些概念性的东西进行了提纲挈领的解析，有深有浅，大致可以满足不同人群的需求。第二类是关于各个国家的地理旅游的书籍，这类书籍种类繁多，且多数图文并茂，对渴望了解国外情况的人群，读读这些书显然不无裨益。第三类是各国的历史著作，这些著作大多具有厚实的学术根基，信息量大，但由于篇幅原因，或许精读的读者不会太多。最后一类则是对各种国际组织和机构的介绍，包括各国概况一类的手册，写作的格式往往是一条一款，分门别类，脉络清晰，这类知识对于我们了解外部世界尤其是西方世界应该也很有帮助。

然而，总体上看，在我国历史学教育中，严格意义上的"世界历史"还是属于小众范畴，由此这个领域的普及出版物相对较少，这与现在日新月异的我国国情和日益全球化的国际形势很不契合。

对于这种不合拍的情况，原因很多，但学界未能及时提供合适的历史读物，尤其是世界史读物，难免是一种遗憾。这不是说目前没有世界史普及读物，而是说我们的学者和出版界未能完全跟上时代对世界史知识的需求，尤其是广大普通民众对世界史知识的需求。随着我国经济实力的不断增强，出国求学和旅游对普通中国民众而言已经不是一种可望而不可及的事情。而踏出国门，中国人通常会有一个共同的感受：在各种聚会或是宴请的活动中，只要有"老外"在，哪怕是一个人，气氛就很难避免那种浓厚的"正式"味道；而一旦没有"老外"，都是华人，气氛会一下轻松起来，无论是吃喝还是交谈，人们的心态转瞬之间就已经完全不同。我常与一些朋友讨论这一现象，大家的基本看法是，中外之间，的确有一种文化上的隔膜。这种隔膜十分微妙，甚至并非是相互不能沟通的问题，而只是一种"心态"。

这种心态往往是只可意会，却难以言传。其难以言传的根源在于，人是生活在一个由文化构筑起来的历史环境中的，这种长期浸润，会不知不觉地对一个人的行为方式、心态产生巨大的、具有强烈惯性的影响，这种影响往往也不是通过一两本学术著作而能轻易加以归纳的东西。

因此，要体验这种微妙的文化隔膜，最好的方式就是对世界的历史文化有一种"全景式"的了解，除开去所在国进行深度体验外（当然，这对很多人而言有些奢侈），读一些带有知识性、系统性和趣味性的世界史读物，应该也是一种不错的选择。而这类读物恰好是我们过去的短板，有必要尽快地将其补上。

为了满足国人这类迫切需求，本套丛书的策划编辑团队怀着强烈的家国情怀和对中华民族特有的忧患意识，一直在积极地筹编这样一套能满足时代需求的世界史读物。他们虽然是在筹编一套普及性读物，却志存高远，力图要将这样的一套读物做成精品，那就是不仅要使普通读者喜欢，还要经得起学界的检验。历经数年，颜玉强主编总算在全国的世界史学界找到了合乎他们要求的作者团队。这些作者当中，既有早已成名的学术大家，也有领军一方的中青年学者，更有留学归国的青年博士群体。而尤为重要的是，这些学者，都长期在我国的高校从事世界史的教学和科研工作，他们对我国学子乃至一般民众对世界史知识的需求有着更深的感受，因此，由这样的一支作者队伍来完成这样的一部大型作品，显然是再合适不过了。

历经数年的讨论和磨合，几易其稿，现在《话说世界》总算问世了。以我的一管之见，我觉得这套书有这样一些特点值得关注。

首先是体例方面的创新。历史当然是某种程度上按照时间顺序发展的，但作为一种世界历史的视野，人们的眼光当然不可能横视全球，而是自然地落在一些关键性的区域和事件上。这样，聚焦和分类就是一个基础性的工作。作者对历史的分类不仅显示出作者的学术功力，也会凸显作者的智慧。本套丛书的特点是将"时代"作为历史发展的主轴，比如古典时代、罗马时代等等。这样的编排，读者自应一目了然。然而，作者的匠心就此展现：因为一些东西并不仅仅是纵向而是横向的，所以，王国时代、宗教时代、民族时代、主义时代这样的专题出现了。

这样的安排十分精巧，既照顾了历史的时代顺序，又兼顾了全球性的横向视野。相对于一般教科书的编排，比如在人类起源部分，从两河文明到尼罗河文明，再到希伯来、印度和中国文明，然后再到古典时代的希腊罗马文明、希腊化文明，固然十分系统，但对于非专业的读者恐怕也有点过于正规，索然无味。所以，丛书的安排看似随意，却有着精心的考虑和布局，在目前的类似书籍中，应该是不可多得，别具一格。

而对有着更多需求的读者，《话说世界》则又是一种趣味盎然的教科书，因为它将各个时代的内容分门别类，纵向来读，可以说是类别的世界通史。比如可以将政治、经济、文化等串联下来的就是该类别的世界通史，这样读者能够全景式地看到每个历史切面，还能了解整个历史线索和前因后果。

其次是《话说世界》为了达到可读性强的效果而采取了图文并茂和趣味性强的杂志书编撰方式，适合以各种休闲的方式阅读。《话说世界》的图片不仅与文章内容结合紧密，还有延伸文字内容的特点，特别是每本书都有数张跨页大图呈现了历史节点的宏大场面或艺术作品的强烈感染力。这样的布局，显然能使读者印象深刻。实际上，国外的历史教科书，往往也是图文并茂，对学生有着很强的吸引力，使学生即便不是上课也愿意翻阅。我们目前的教科书尚达不到这一水准，但《话说世界》能够开此先河，应该是功德一件。

第三则是强烈的现场感，这是为了增进读者真正理解国外历史文化所做的一次有价值的尝试。从这套丛书的内容看，其涉及面很广，并不单单是教科书式的历史，而是一部全景式乃至百科全书式的历史：从不同文明区域之间的人员交往到风俗习性，从军事远征到兵器工艺，从历史事件到地标和教堂，从帝国争霸心态到现代宣传套路，从意识形态到主义之争，可以说林林总总，斑驳杂陈，十分丰富，具有很强的可读性。一个也许对编辑并不十分重要，但对读者而言却十分重要的事实是，这些读本的作者都是"亲临视察"了所写的对象的，所以除去知性之外，还多了难得的感悟。因为这套丛书的作者，都是亲临所在对象的国家和地区进行过求学乃至工作的。他们对这些对象的了解，或许还做不到完全学理意义上的深刻，但显然已经早就超越纸上谈兵的阶段了。因此，在这个意义上，他们是真正的"中国人看世界"。这种价值，在短期内或许并不明显，但随着时光的流逝，它肯定会越来越闪烁出学术之外的瑰丽光芒。

值得指出的是，今天移动互联的势不可挡，知识碎片化也日益严重，需要学者和出版社联袂积极面对，克服互联网内容的不准确性，做到价值恒定性；克服互联网知识的碎片性，做到整体性。《话说世界》于上述的三个特点，显然是学者和出版社共同合作的成功范例。

如果你是一个依然保持着好奇心，对问题喜欢打破砂锅问到底的人，那么，请阅读这套匠心独具的丛书吧！它既能增加你的知识，又能丰富你的生活，也或许能在紧张的工作与生活中给你带来一丝和煦的清风。

当你拿到这套书，翻开第一页的时候，我们衷心地希望你能够从头至尾地读下去，因为这是在一个全球化时代，使你从知识结构上告别梦幻童年、进入一个绚丽多彩的成人世界的第一步——读史使人明智。

愿诸君在阅读中获得顿悟与灵感。

南京大学历史学院教授、

博士生导师　陈晓律

2019 年 2 月 15 日

《话说世界》序二

立足学术　面向大众

献给广大读者的具有国际视野的世界历史全景图书

　　2019 年我国的经济总量腾飞为世界第二大经济体，社会经济文化都日益成为地球村重要的一部分，了解世界成为必要。正如出版说明所言，了解世界首先要从世界历史开始，我们不仅可以从外国历史的成败得失中得到借鉴，而且还能从中培养国际视野，从而承担起作为大国对人类的责任。人类文明发展 5000 多年来，各地区和各民族国家的文化差异性很大，都有自己独特的发展轨迹，在日益融为一体的今日世界，我们在世界历史知识方面也亟须补课。

　　我国史学界编撰世界史类图书内容有不包括中国史的惯例，加之上海锦绣文章出版社已经在 2005 年出版了取得空前成功的 20 卷《话说中国》，所以我们这套《话说世界》就基本不包括中国史的内容，稍有涉及的只有为数几篇中国与外国交集的内容。

　　《话说世界》共 20 卷，分别是 20 个时代，时间跨度从史前一直到 2018 年。基本囊括了各个时代的政治、经济、文史、思想、宗教、艺术、科学和生活娱乐等。

　　参与《话说世界》编写的作者有教授和博士共 30 多人，都是名校或研究所的世界史专业学者。学有专攻的作者是《话说世界》质量的保证。我们还邀请了一些世界史的著名专家教授作为编委，确保内容的准确性。

　　今天读者阅读的趣味和习惯都有变化，业界称为"读图时代"。所以我们在文章的写法和结构都采取海外流行的"杂志书"（MOOK）样式。我曾经为台湾地区的出版社主编过 300 本杂志书，深得杂志书编撰要领。杂志书的要素之一是图片，《话说世界》以每章配置 3—4 幅图的美观标准，共计配置了 10000 张左右的图片，有古代的历史图片，也有当今的精美图片。在内容的维度上也进行拓展，引入地理内容，增加了历史的空间感；每本书基本都有"重回历史现场"，以增强阅读的现场感；同时每篇文章都有知识链接，介绍诸如人物、事件、术语、书籍和悬案等，丰富了文章内容，使文章更流畅、可读性更强。

当然，不能说《话说世界》就十全十美，但是不断完善是我们的追求。

启动编撰《话说世界》工程之时，我们就抱定了让《话说世界》成为既有学术含量又有故事可读性这个目标，使世界史知识满足大时代的需要。

结笔之际，感蛰居七年，SOHO 生活，家人扶助，终成书结卷。这里要感谢各位作者的辛勤笔耕，特别感谢人民出版社通识分社社长杨松岩慧眼识珠以及编辑们兢兢业业、精雕细刻的工作。"幸甚至哉"！

资深出版人　颜玉强

2019 年 10 月 28 日

《古典时代》简介

约 13 万年前，人类从猿进化到"现代人"，逐渐开始主宰地球上的资源。在一些地方，人们获取食物的主要方式从狩猎转变为农业，开始了定居生活。史前人类有了艺术、宗教和简单的贸易。在漫长的历史长河中，聚落逐渐发展成城市，成为现代文明的开端。一般认为，大约 5000 年前，人类创造了文字系统，并开始记录历史，史前时代到此结束。

最早在美索不达米亚（幼发拉底河和底格里斯河之间及其周围的土地）出现的世界上第一批城市，造就出许多互为相关的文化、王国和帝国。许多族群的故事，例如苏美尔人、巴比伦人、赫梯人、亚述人、腓尼基人、波斯人、犹太人，都发生在这里，延续数千年，有许多令人叹为观止的传奇。两河流域出现的许多创造与技术革新，从根本上影响了人类发展的进程，其中最为著名的当属轮子和文字。除此之外，更应注意的是，深刻影响人类世界的宗教之一——基督教就是在这个地区产生的。

古埃及文明是人类历史上另一个古老文明。大约从公元前 4500 年起，埃及进入前王朝时期。古埃及以其发达的技术和富有创造性的

知识闻名于世，宗教和艺术也是独树一帜。在亚历山大入侵后，埃及成为希腊化世界（公元前330—前30年）的一部分。托勒密王朝时期，埃及法老多是说着希腊语的外族人。

古希腊文明是西方文明的源头之一，古希腊文化至今仍影响着欧洲乃至整个现代西方世界。古希腊并非现代意义上的统一国家，人们生活在一个个相互独立的城邦之中。希腊人善于思考，理性思维较强，在政治、哲学、文学、建筑、艺术等多个方面均极有造诣。马其顿兴起后，希腊世界逐渐衰落，希腊城邦失去独立地位，但希腊文明却随着亚历山大的远征传播开来。

在东亚和南亚地区，也出现了古代文明，且多以大河文明为主，例如印度河、恒河流域的古印度文明，长江、黄河流域的中国文明。独特的地理环境，加上其他历史因素，往往能使这些地区的小聚落发展成幅员辽阔的统一帝国。帝国周边地区的政治、经济与文化，一般都会在不同程度上受到帝国的影响，例如受中国影响颇大的朝鲜、日本和东南亚地区。

目录

189　重农兴商

201　千面英雄

221　哲学童年

蒙昧初开

　　远古时代，人类生活在一片荒芜之中，相当于一个人的童年时代，天真烂漫，无忧无虑，还没有产生记载自己历史的意识。由于缺乏文字资料，现代人在研究史前文明时，主要依据考古材料，包括史前人类生活过的遗址、人类和其他动物的化石、墓葬、壁画、史前工具等。

　　依据这些材料，现代学者大致勾画出了原始人类的生存图景：人是由猿进化而来，这个进化过程漫长而曲折。劳动在人类进化的过程中起到了关键作用，人类最初的生产很大程度上依靠自然，用直接的手段向自然索取，采集植物的果实，狩猎动物。人类一开始将自然状态的石块作为工具，后来慢慢懂得制造特定形状的石块；一开始只懂得保留自然火，后来学会了钻木取火。随着生产力的发展，农业和畜牧业也随之发展起来，人类也开始了最初的社会生活，有了特定的婚姻关系和社会关系。对自然界的想象造就了原始的宗教崇拜，进而产生了最原始的艺术。

　　史前人类留下了许多未解之谜，困惑着现代的研究者。人类起源于哪里？是起源于一个地方还是多个地方？尼安德特人是如何灭绝的，他们与现代人的祖先之间是什么关系？一些巨大的工程如英国和法国的巨石阵，在那么落后的条件下，是如何建成的？它们有什么用途？是否与外星人有关？

人猿相揖别
人类诞生

人猿相揖别，只几个石头磨过，小儿时节。铜铁炉中翻火焰，为问何时猜得，不过几千寒热。

——毛泽东《贺新郎·读史》

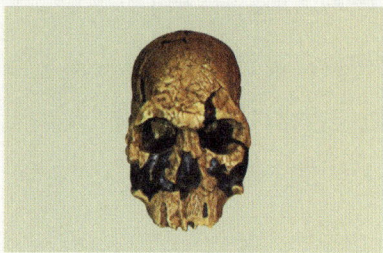

早期猿人。1972 年 8 月，一位肯尼亚人在石器层底下 36.5 米处发现了 150 多块单人头骨碎片化石。经复原后，除颅骨基部之外，大部分完好，暂时按化石标本的登记号码称之为"KNM-ER1470 号"（意思是：肯尼亚国立博物馆——东鲁道夫 1470 号）。此后，在那里又陆续发现了一些人类化石，有腿骨、左下颌骨等。人们把这些化石统称为 1470 号人。

作为宇宙之灵，人类对于自己的过去很感兴趣。"我从何而来？"是人类拷问自己的第一个问题。现代科学一般认为，人是由猿类进化而来，那么，这种进化是何时、何地、基于何种原因发生的呢？

人猿之缘

人类与猿类有许多联系。从外表上来说，人类与猿类有许多相似之处，两者的躯干相似，可以用两条腿走路，面部没有或很少有毛，没有尾巴。猿类五官的分布与位置关系，与人类非常相近。手掌纹路相似，牙齿都是 32 颗。此外，猿的面部可以做出多种表情，用以表达喜怒哀乐等情感诉求。它们还能发出多种声音，用以向同伴传递信息。此外，在身体构造、生理特点、体液、血液等多个方面，也可以发现人类与猿类的相似之处。

尽管有许多相似之处，人与猿之间也存在不少区别。例如，猿类主要依靠上肢行动，发达的臂力可以帮助他们在树丛间更好地生活，因而猿类一般上肢偏长，下肢偏短，这与人类相反。猿类的大拇指很短，不能和其他四指对握；脚趾长，大脚趾可以和其他四趾分开并拿东西；脚底扁平，没有脚弓。从语言上说，人类的语言也更为复杂和发达，猿类仅能发出较为简单的声音。人类的大脑也比猿类发达，脑容量远高于猿类，内部结构也更加复杂。

从猿到人

从猿到人的进化，是一个漫长曲折的过程。埃及的原上猿是最早的猿类，它们大约生活在 3000 万年前埃及北部的热带森林里。大约 2800 万年前，同样在埃及北部的热带雨林中出现了埃及猿。大

这是一张人类从古猿到智人进化过程的图片，从中我们可以看出，人类从古猿进化到智人，无论是身高、体型、脑容量都有了显著的变化。

4万年前的欧洲早期智人克罗马农（Cro-Magnon）孩童的手印，由艺术家口含颜料喷在手的周围而制成。

约2300万年前，出现了森林古猿。大约1400万年以前，出现了从猿到人的过渡性生物——腊玛古猿（Ramapithecus），腊玛古猿开始使用天然工具，双手逐渐变得灵巧，大脑逐步发育和增大，因而被称之为正在形成中的人。

大约400万—300万年以前，地球上出现了完全形成的人，最早的化石是在坦桑尼亚的拉托利底层发现的牙齿、骨骼以及足印。大约180万年前，出现了最早有使用工具迹象的人类化石，脑容量为670—750毫升，明显高于猿类。能制造工具，说明人类已经从猿类分化出来，这一转变具有决定性的意义。

在大约170万年前到30万或20万年前之间，早期人类发展到了直立人阶段，代表性的化石主要有爪哇猿人、北京猿人等。北京猿人的身高约为1.56米，脑容量达到了800—1200毫升，达到现代人的80%。

大约25万—4万年前，进入了早期智人阶段。早期智人的化石，在亚欧非三大洲都有发现。较具有代表性的有欧洲的尼安德特人、圣沙贝尔人，伊拉克的沙泥达人，中国的马坝人、丁村人等。智人的脑容量达到约1350毫升，已经非常接近现代人大约1400毫升的水平。

大约4万—1万年前，人类进化到了晚期智人阶段。晚期智人的化石遍布五大洲，代表性的化石

知识链接：现代人三大人种

一般认为，现代世界有三大人种，即蒙古人种、欧罗巴人种和尼格罗—澳大利亚人种。蒙古人种形成于中亚和东亚干燥的半荒漠和草原地带，现主要分布在北亚、中亚、东亚、东南亚和美洲；欧罗巴人种形成于南欧、北非和西南亚地区，皮肤呈白色或略白色，有的为棕色，现分布在欧洲、美洲、北非、西亚和印度等地；尼格罗人种大约起源于非洲东北部，澳大利亚人种起源于南亚地区，现分布于非洲中南部和东部、大洋洲、印度南部、斯里兰卡、马来西亚、印度尼西亚等地。

有欧洲的克罗马农人，中国的山顶洞人、柳江人，非洲南部的斯普灵布克人，加拿大的塔波尔人，澳大利亚的塔尔盖人等。距今1万年以后的人类，一般被认为是现代人了。现代人遍布全球，形成了现代人三大人种。

这个约有两万多年历史的儿童骨架，似乎同时拥有尼安德特人与智人的特征。有些科学家相信这是两个人种互相交配的证据。

采集狩猎和刀耕火种
史前生产

在农业产生之后，
颠沛流离的史前人类终于可以停下他们的脚步，
开始经营自己的家园。

史前时代，具有划时代意义的伟大创造是农业、畜牧业的发明。农牧业的产生，使人类进入运用自然规律，改造自然的新阶段。从此人们摆脱了单纯为生存而疲于奔命的桎梏。

这些石斧的顶端由早期迁至北美的移民所制成，用以作为狩猎的武器，属于新石器时代的工具。他们先凿出形状，再靠着砂岩研磨成斧。

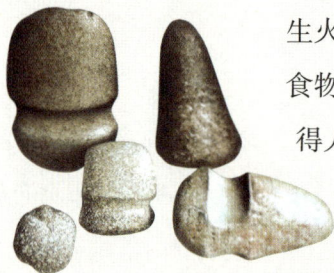

工具的革新

在石器时代，人类主要以石块为工具。最初，人们从地上顺手捡来石块或木棒作为工具，没有任何加工。天然的工具难免有诸多不便，经过了很长时间的经验积累，人类逐渐学会了对工具进行一定程度的改造。例如，他们将两块石头碰撞，产生较为锋利的石头；将长木棒截断，使其更为顺手。这些看似微小的进步，却花费了几百万年甚至千万年的时间，因为能够制造工具，意味着人和动物有了本质的区别。在旧石器时代晚期（距今约300万—1万年），人类已经可以制造相对轻便合手的工具，例如，人们已经开始使用刃口比较好的石头来刮、砍、刺动物的肉和骨头，开始使用复合型的工具来生产和劳作，在狩猎的过程中也发明了长矛、弓箭等武器。

旧石器时代一项重要的进步是对火的使用。人类最初使用的火，是保存的天然火，当火熄灭之后，就无法再制造火，所以人类会派专人负责守护火。后来，人们在不经意之间发现，打造石器的火花会引燃干燥的树叶，进而发现用力摩擦木屑可以生火。人类逐渐学会了使用火来取暖、照明、烹制食物、保卫洞穴不受野兽侵扰等。火的使用，也使得人类制造工具的技术不断进步。

到了新石器时代（距今约10000—5000年），石器变得更加小巧和合手，复合工具的数量也大大增加。金属器时代，人们开始用火来冶炼铜，并且用铜来制造工具。约在公元前3000—前2000年，人类无意中把铜矿和锡矿一起冶炼，得

使用火是人类文明的一大进步，是由直立人到智人转变的一个关键因素。火的使用提高了原始人类适应自然的能力，促进了体质的发展和脑的进化。原始人还懂得利用火照明、防寒、驱赶野兽。

原始人大都是狩猎者，在农耕出现之前，狩猎既是他们的生活方式，又是他们几乎唯一的生活来源。早期岩画作为人类留存下来的最早的原始艺术文物，生根于狩猎生活之中，大都是刻画各种动物的形象和狩猎的场面。

知识链接：史前亚洲农业

东亚的早期农业发源地主要分布在中国、印度和泰国。中国黄河中上游、长江中下游很早就种植粟和水稻。公元前5300年左右的河北磁山文化遗址中就有粟的堆积。公元前4900年，浙江河姆渡的居民已种植水稻。古印度约于公元前4500年开始栽培水稻。公元前7000年，泰国北部已种植豆类、葫芦、黄瓜等作物，至迟于公元前3500年已学会种水稻。

到了一种更为坚硬的金属——青铜。人们开始大量地用青铜来制造工具、打造武器。大约在公元前2000—前1000年，人类又掌握了炼铁的技术，进入了铁器时代，大大加速了人类文明的进程。

生产的进步

伴随着工具的进步，人类的生产活动也不断进步。

最初，人类并不懂得种植粮食和驯养动物，他们的食物来源于采集和狩猎。负责食物采集的主要是妇女，她们在居住地附近采集植物的果实、根、茎、叶。长期的采集使得人类发现，某些植物产量高，某些植物的果实味道甜美，人们开始注意和保护这些植物，防止人和动物的践踏。后来，人们发现这些植物的种子在落入土地中后会长出新的嫩芽，就开始人工种植这些植物。

这座小型的狗雕像已有5000年以上的历史，其来源为埃及。埃及的狗除了协助狩猎之外，更成为家庭的宠物。早期的狩猎采集者或许在狩猎中使用过所有狗的祖先：狼。

渐渐地，人们选择了几种高产、好养、果实味道较好的植物，开始了规律性的种植。印度人培育出了棉花、水稻，中国人培育出了麦、水稻、稷、粟等，印第安人培育出了马铃薯、玉米等。人工生产的植物，味道要比野生的更好，人类的精心培育也逐渐改良了某些植物的品种。

狩猎是人类获取肉食的手段。原始人类不大敢招惹凶猛的动物，例如老虎、狮子、野猪等，对于一些温顺的动物如鹿和羚羊，人类必须依靠集体的力量才能完成狩猎，因为动物们奔跑的速度一般快于人类。鱼是靠近水源的原始人较好的食物来源，因而在河流附近常发现简单的鱼叉等工具。后来，人类开始驯养比较小的动物，早在公元前12000年伊拉克帕勒高遗址中，就发现了驯养狗的迹象。中国大概在公元前7000年，开始驯养猪。在公元前3000年左右，人类开始驯养马和骆驼。

农业和畜牧业的发明经历了一个漫长的过程，人类的生产关系也随之复杂起来，最终形成了相互间的分工协作，为人类的进步和文明的发展创造了基本条件。

氏族社会
史前生活

在那里，我们采集，渔猎，编织，饮食与睡眠，
更多时候，无所事事，
看蚂蚁扛食行路，看蛛网被风吹散，
看夕阳倾落的快速，看月亮露脸的残酷，
那是史前生活，童年的诗。

——赖香吟《史前生活》

人类的史前生活远不如文学家描述的那般浪漫，那时的人类尚处童年，虽天真烂漫，充满童真，但也面临着生产力低下、社会组织关系混乱的困境，仍属蛮荒与原始的年代。随着生产水平的不断提高和人类的不断繁衍，原始人内部开始慢慢形成了一定的组织形式，有了最原始的社会生活。

母系氏族社会

最初，人类还没有形成社会组织，出于获取食物、抵抗野兽侵扰的需要，人们三五成群地生活在无边的森林之中。当时，性关系是紊乱的，还没有形成所谓的家庭，孩子们跟随母亲。后来，人类形成了血缘家族，原始群居时代杂乱的性关系被禁止，婚姻只能在同辈人之间进行。但是，人们逐渐发现同一家族的人结婚所生的孩子往往有缺陷，因此开始实行族外群婚，一个群体的男子会和另一个群体的女子互为夫妻，形成了外婚制群体，以母系为核心的氏族开始逐渐形成。

在母系社会中，人们往往只能确定生母，无法确定生父。在生产活动中，妇女擅长采集，在生产中发挥着主导的作用。男子则主要负责狩猎，但由于生产工具不够发达，狩猎存在不稳定性，因而男子在生产中并非主导力量。他们是战场上的主力，但需要缔结和约时，往往是妇女直接出面。氏族的财产分配，也由女性决定。

父系氏族社会

随着农业、畜牧业和手工业的出现，妇女的体力使得她们难以从事繁重的劳动，其所擅长的采集工作，逐渐沦为不太重要的辅助性活动，身强力壮的男人成为生产活动的主导。后来，生产力的发展使得人类开始有了剩余产品，不同群体之间为了掠夺剩余产品、抢占资源，开始了频繁的战争。作为战争的主力，男人的社会地位大大提升，人类渐渐

中国云南的摩梭人至今仍是母系社会，走婚是摩梭人的一种婚姻制度。在白天，男女很少单独相处，只有在聚会上以唱歌、跳舞的方式对意中人表达心意。男子若是对女子倾心的话，在白天约好女子后，会在半夜时分到女子的"花楼"，在天未亮的时候就必须离开。图为摩梭人姑娘在自己家里备好水酒美食，招待情人"阿肖"。

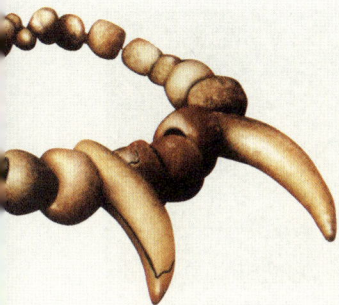

在氏族社会，男女常常把某些饰品作为情感的表达。这个用骨骼雕刻而成的项链在苏格兰东北部的斯卡拉布雷发现。斯卡拉布雷是新石器时代人类的一个定居点，位于苏格兰奥克尼群岛中最大的一个岛上的西海岸。

进入了父系氏族社会。

在父系氏族社会中，人们普遍实行一夫一妻制。男人逐渐掌握了社会财富，他们迫使女人离开自己的氏族嫁到男方的氏族，以便更好地控制女人。这样一来，男人的财产就可以留在自己的氏族里，由自己的子孙后代继承，男娶女嫁逐渐成为广泛的情形。

妇女对于逐渐丧失的地位并非没有反抗，她们进行了多种形式的斗争，而男人也采取了各种各样的反击。考古资料中常常可以发现一些有趣的故事，在某些地区，女子在成婚后会返回娘家，直到怀孕后才回到丈夫那里；某些地区，男人会去女方家抢亲，在成功之后再送上聘礼。

私有制与国家的产生

在氏族社会后期，随着剩余产品的逐渐增多与个体家庭的形成，一些氏族首领希望把财富传给自己的子孙。原来，氏族共同获取的产品，都为氏族成员所共有。后来氏族逐渐分化为家庭，随着家庭的出现，也出现了私有制。最开始占有私有财产的可能是氏族首领，为了积攒财富，他们破坏了氏族的公有制原则，不再将自己劳动所得拿出来共享，有时还会剥削其他成员。再后来，由于感觉单凭劳动致富太慢，有些不甘贫困的人就聚集起来，外出战争和劫掠，以便迅速富裕起来。

这个时期的部落成员之间分化还不太严重，一般外出参加战争和劫掠的战士，都是由氏族的男性成员组成，所以原始氏族部落的长老议事会、公民大会都还能发挥一定作用。但是，随着战争的发展和私人财富不断增多，一些部落酋长和军事首领的权威逐渐膨胀，议事会和公民大会的作用逐渐降低。部落酋长和军事首领逐渐构成了后来的王权基础，议事会和公民大会沦为附属于王权的官僚机构。氏族社会的军事民主制，逐渐让位给了更具统治效能的政治体制——国家。

最早的"维纳斯"。在原始社会的宗教中，生殖崇拜是其中重要的一种。知名的"维伦多夫的维纳斯"（Venus of Willendorf）雕像，已有 3 万年的历史。许多女性的特征都雕刻在石灰岩上，展现夸张的形态。

想象世界
史前崇拜

天地氤氲，万物化醇；男女构精，万物化生。

——《周易·系辞》

文字历史时期以前，人类的精神世界处于一片朦胧之中，他们对世界充满了好奇，同时也充满了敬畏。这种敬畏没有影响他们不断改造世界的步伐，却以宗教与崇拜的形式反映了出来。对世界的想象，对陌生事物的崇拜，构成了史前人类初级、幼稚，但却瑰丽、多彩的精神世界。

万物有灵

在原始社会，生产力还不够发达，人类对世界的认知还远远不够。面对许多自然现象，如打雷、闪电、雨雪、地震等，人类无法解释，于是就产生了一种神秘感和恐惧感。有时候，已经逝去的亲人或者动物，或是其他稀奇古怪的事情，会出现在人们的睡梦或者幻想之中。于是，人们开始用自己的理念来解释这一切。他们认为，人既有肉体，也有

火把节是中国彝语支各民族的原生崇拜活动，它与这些民族对火的崇拜有关。火把节被称为"东方的狂欢节"。不同的民族举行火把节的时间也不同，大多是在农历的六月二十四。图为四川凉山彝族火把节之夜。

灵魂。人死之后，肉身会化为乌有，但是灵魂永存。推而广之，他们认为所有的动物和植物也有灵魂，而灵魂的能力远超人类，因此他们既可以佑护人类，也可以为害人间。对于这些人类无法控制和解释的东西，他们只有顶礼膜拜，不敢有任何怠慢。所以一些我们看来并没有生命的东西，如风、火、雷、电、山、川、树、木，在原始人看来都是活生生的有灵魂的生灵，都有对应的神灵控制和掌握。

尽管对于现代人来说，万物有灵的观点不可信。但是在原始人眼中，宇宙万物都是有灵魂的，它们不仅有灵魂，而且会因为人类对待它们的态度，变换自己对待人类的态度。原始人在不断征服、改造自然的同时，也以这种最原始的敬畏之心爱护着自然，这种敬畏最终演化成了史前最早的崇拜。

图腾崇拜

在万物有灵的大背景下，人类开始选择一种与自己的族群有关的动物或植物进行崇拜，渐渐发展成了图腾崇拜。图腾的原意是指神的灵魂的载体。图腾崇拜与祖先崇拜关系密切，一个部落的图腾在神话中往往就是这个部落的祖先，或者是与祖先有某种神秘关联的动物或植物。对于作为图腾的动物或植物，人们是禁止猎杀和采集的。考古发现，居住在同一地区的不同氏族，往往会崇拜不同的图腾，因而他们所禁止猎杀和采集的动物和植物的种

雕刻和绘画着家世血统的图腾柱，常穿插着神话或历史事件的标志形象，建于北美洲西北海岸印第安人部落的房屋前面。图为美国阿拉斯加萨卡斯曼的图腾柱。

一话一说一世一界一

> **知识链接：图腾的发展**
>
> 图腾的发展大致经历了三个阶段。第一个阶段是初级阶段。图腾形象与自然形态十分相近，人类崇拜的是自然力。第二个阶段是鼎盛阶段。随着生产力的发展，人类想象力提高，祖先意识逐步加强，开始将自身与某种动物或植物联系起来，图腾形象逐渐转化为半人半兽或者半人半植物。第三阶段是祖先崇拜阶段。此时，生产力进一步发展，人类的自我意识、独立意识逐渐强化，开始将祖先作为图腾形象，认为他们是最佳的保护神。

类也不同，这在某种程度上避免了竞相猎杀。

图腾（totem）一词，源于北美印第安人阿尔衮琴部奥古布瓦方言，意为"他的亲族"。作为一种信仰观念，图腾崇拜在世界各民族中大部分都出现过。在中国，《诗经》中就有关于图腾的记载。例如，"天命玄鸟，将而生商"，玄鸟被商族视为祖先，是商族的图腾。在鄂伦春族神话中，雄性的熊被称为"雅亚"，意为祖父，将母熊称为"太贴"，意为祖母，熊就成了鄂伦春族的图腾。与之相似，鄂温克族人称雄熊为"和克"，称母熊为"恶我"，也分别是祖父与祖母的意思。在图腾中，动物相较于植物更占多数，因为原始人不懂得人类繁衍的道理，他们发现自己与动物更为相似，而与植物的相似性较低，因而通常将某种动物归为自己的祖先。

一般认为，图腾产生于母系氏族社会时期。那时生产力低下，人类还不能独立地支配自然力，对世界充满了憧憬和幻想。因为不能解释自身的繁衍，他们认为是图腾护佑的结果。

图腾头像的造型通常夸张，以达到震撼人心、令人敬畏的目的。图为美国夏威夷图腾头像。

多彩萌芽
史前艺术

有了艺术，世界开始有了色彩；
有了色彩，文明开始灿烂发光。

由于生产力低下，原始人似乎每天都疲于生计，忙碌于采集食物或者狩猎动物，他们的时代会有艺术吗？答案是肯定的，在人类形成与最初的发展历程中，艺术一直伴随左右。最初的艺术远远没有现在的复杂，一般较为简朴、真挚、直率，没有太多的理念与价值观念，但也能反映出原始时代人类的审美理想。

音乐与舞蹈

史前艺术的诞生经历了一个漫长的过程。在原始社会，生存固然是人类的第一需要，人们每天也确实不得不辛勤地劳动，去狩猎，去采集，以便获得足以维持生计的食物，但是随着生产工具的进步和劳动技术的提升，人们开始获得颇为丰硕的生活物资，庄稼有时候会大丰收，猎物有时候会很多，

上古时代，舞蹈充当着原始人交流思想和感情的工具。它的起源是与生产活动有关。手用以拍打，脚用以踩踏，在某种动作连续重复过程中，就产生有规律的节奏，再伴以呼喊或打击石块和木棍，最原始的舞蹈就出现了。

这些会让原始人类兴奋不已。这种兴奋有时候难以言表，他们就会自然而然地用有韵律的呼喊、用躯体的摆动来表达心中的喜悦。渐渐地，由于发泄和释放了积聚在内心的情绪，人类发现自己获得了一种愉悦和快感，音乐和舞蹈自然也就产生了。

与现代艺术的自觉创作不同，大部分的原始艺术都不是自觉创作的，其中很大一部分是与原始经济活动有关，直接取材于他们的日常生活，有对狩猎行为、战争过程、爱情生活的模仿，有些甚至是对动物的简单模仿。鄂伦春族的图腾是熊，他们到近现代还保存着图腾舞蹈和狩猎舞蹈。广西隆林苗族人会跳一种野猪舞，这种舞蹈反映了他们祖先狩猎时的情形。

有人认为，巫术在音乐和舞蹈的产生中起了重要作用。《墨子·非乐篇》引《汤之官刑》的话，说道"其恒舞于宫，是谓巫风"。"恒舞"就是乐舞的意思，乐舞是巫师的专职，他们的专长就是跳舞，通过舞蹈来与神明沟通。在过去，景颇族内有人去世时，族人就会跳一种特殊的舞蹈，名为"金再再"。在跳这种舞时，两个化着妆的男子会手持模板，跳动着做出驱赶鬼怪的动作。独龙族、景颇族等民族在举行杀牛祭祀时，会围着被杀死的牛和牛血翩翩起舞。

绘画和雕塑

在学会用符号传达意思后，原始人就认为绘画和雕塑是人与自然、超自然界进行交流的符号。与

话说世界

史前时代动物绘画，狩猎和饲养动物成为人们日常生活的重心，史前绘画很大一部分的对象是动物。图为法国拉斯科洞穴壁画的局部，展现史前的牲畜和其他野兽，可能是神话动物。

音乐和舞蹈一样，最初的绘画大部分也都与人类的生产活动有关。原始人在制作生产所需的各种工具时，出于美观和实用的需要，会把工具做成一定形状，有时还会画上一些图案。这些简单的图案，可能是用来记事或表达某种含义，但也具有某种装饰性的功能，表现出了原始人初级的审美观念和审美意识。

最初的装饰有几何纹、植物纹、动物纹、人物纹等。中国出土的新石器时代的陶器中，最为常见的纹样有鸟兽鱼虫等动物。西安半坡遗址出土的兽形器把钮、河南庙底沟出土的鸟头、山东胶县三里河出土的大汶口文化鸟兽形器，以及陕西华县柳子镇出土的鹰隼头形残篇，都来自于原始人十分熟悉的动物界。在西欧以及世界其他地方发现的史前壁画中，狩猎活动是重要的题材。法国比利尼一带及西班牙北部的洞穴壁画中，野牛、麋鹿和野马是重要内容。这些壁画中常会将动物被人类猎伤的伤痕表现出来，象征着艺术与生产的密切关系。

绘画与雕塑一般也与

图腾信仰有关。辽东半岛东沟县后洼遗址发现的6000年前的雕塑品中，动物尤其是鸟类占据了大多数。其中一件石雕正面是人头，背面则是一只回头鸟，两侧有鸟足。整个雕塑虽然简单且略显笨拙，但却依然生动传神。考古学家认为，这个雕塑是图腾信仰的产物。有人据此推测，后洼遗址的原始人是以鸟为图腾和守护神的。

史前时代的艺术，是艺术的萌芽阶段。尽管许多方面还不尽成熟，但为日后更为精进的艺术打下了坚实的基础。

画中野牛四肢蜷缩在一起，头深深埋下，背则高高隆起，显示出因受伤而痛苦不堪的样子。造型基本写实，并略带夸张，显示出原始艺术家敏锐的观察力和丰富的想象力。这幅《受伤的野牛》洞穴壁画发现于西班牙的阿尔塔米拉山洞（Cave of Altamira），是现已发现的人类最早、最著名的美术作品之一，距今约有两三万年的历史。

史前谜团（一）
现代人类起源地之谜

人类到底起源于何处？
"非洲老祖母"是否就是人类共同的祖先？
抑或人类有着不同的祖先？

人类的起源与现代人类的起源，是两个不同的问题。关于人类的起源，一般没有太大争议，人们普遍认为人类约在700万—500万年前起源于非洲。而对于现代人的起源，学术界则有较大争议，概括起来，一派学者认为现代人起源于非洲，另一派则认为现代人有多个起源地。

非洲起源说

较早提出非洲起源说的是美国科学家华莱士和威尔逊。1987年，这两位科学家在两个不同的实验室进行了基因研究，通过检测细胞线粒体内的遗传物质脱氧核糖核酸，他们得出了相同的结论，认为现代人祖先可追溯到大约15万年前非洲的一个女人，他们将这个女人称为"夏娃"。"夏娃"的后裔们首先在非洲生存了很长一段时间，不断地繁衍生息，后来，他们开始迁往世界各地。至于其他各地原有的原始人，有科学家认为他们因为冰川严寒而灭绝了，有些则认为他们被"夏娃"的后裔征服并且取代了。大约在6万—5万年前，"夏娃"的后裔们来到了中国，取代了中国内陆的原始人。

进入到21世纪之后，随着基因技术的进一步发展，剑桥大学的三位研究者再次使用基因研究，证实了非洲起源说的合理性，他们的文章发表在2005年3月7日的《科学》杂志上。他们对现代人类从非洲大陆向世界其他各洲迁移的地理位置和相应的人口基因进行分析研究，认为现代人应该起源于东非。

我国也有学者支持非洲起源说。2005年7月14日，中科院昆明动物所宿兵领导的研究小组在人类学权威杂志《美国人类遗传学》上发表论文，他们通过对父系遗传的Y染色体进行遗传标记的方法，对40个东亚南北方代表群体2332名男性个体进行了系统的比较分析，认为"东亚现代人"源出非洲，北方群体从我国长江以南迁徙形成。

非洲起源说衍生出来两个问题，其一是迁徙的

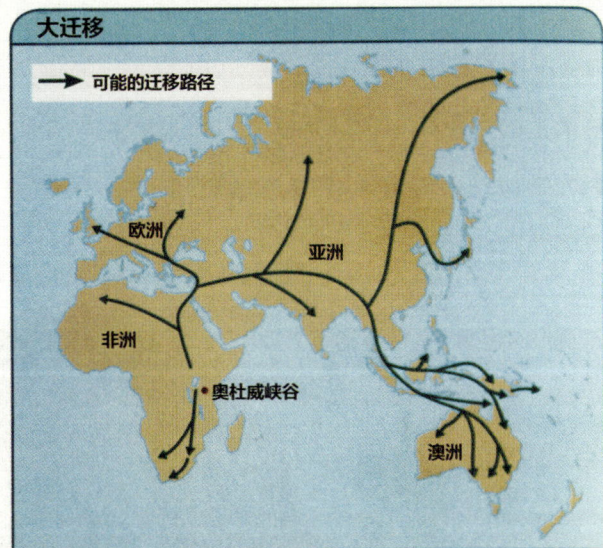

大迁移
→ 可能的迁移路径
欧洲　亚洲
非洲
·奥杜威峡谷
澳洲

有些专家相信首先迁移的原始人可能是匠人，他们是约190万年前生长在东非草原的原始人，身体强健且行动敏捷，可能是最早的善猎者。直立人是匠人的后代。这个地图显示的是原始人可能的迁移路线，是根据化石发现的踪迹推测而来。

最初的人类从亚洲越过陆桥或结冰的白令海峡抵达北美洲，狩猎采集者沿着美国阿拉斯加未结冰的廊道与河谷而行，缓缓地散漫在这个美洲，形成了印第安人。图为阿拉斯加阿尔塞克河河谷（Alsek River Valley）地带。

路线，其二是迁徙的时间。传统认为，现代人类的祖先从非洲先迁徙到了中东和中亚，然后经中东和中亚进入了欧洲和亚洲其他地区，时间大约是 10 万年前。但科学表明，现代人类的祖先是沿着印度洋海岸线走出非洲的，时间大约是在 19 万年前。

各地起源说

与非洲起源说不同，有不少科学家提出"多地区进化说"，尤其以东亚、中国学者的观点最具代表性。他们虽然承认最早的人类源自于非洲，但认为现代人是由进入各大洲的非洲人独立演变而成的。有些科学家的观点更为激进，他们否认人类起源于非洲，认为人类有多个起源中心，也各有自己的进化史。

这些观点同样有强有力的论据做支撑。例如，中国科学家寻找了多种证据用以反驳非洲起源说。他们认为，中国现代人是由本地最古老的原始人祖传下来的。这种观点的基础是中国境内发现的多种古人类化石，这些化石的时间范围从 200 多万年前延续到 1 万多年前，中间不曾中断，包括 200 多万年前的巫山人、湖北建始人、170 多万年前的元谋人、115 万年前的蓝田人、50 万年前的北京人、35 万年前的南京人、30 万年前的和县人、十几万

年前的长阳智人、2 万—1 万多年前的山顶洞人等，这说明中国从原始人类到现代人类的演化进程是连续的。所以，他们认为中国人是自己演化而来的，与"非洲人"无关。

另外，有些科学家的观点游离在非洲起源说和多地起源说之间。他们认为，"夏娃"的后裔在进入别的大陆后，不是简单取代了当地的土著，而是与他们杂交和融合在了一起。

非洲起源说和多地起源说，究竟哪个更符合人类历史的真相，还有待进一步的证据证明。

山顶洞人。1930 年，在北京市周口店龙骨山北京人遗址顶部的山顶洞，考古学家发现中国华北地区旧石器时代晚期的人类化石，属晚期智人。与人类化石一起，出土了石器、骨角器和穿孔饰物，并发现了中国迄今所知最早的埋葬。图为山顶洞人生活场景。

史前谜团（二）
尼安德特人的灭绝之谜

曾经在欧洲繁荣了成千上万年的"尼安德特人"，
仿佛在一夜之间消失得无影无踪。
他们是从哪里来，
又走向了何方？

尼安德特人，简称"尼人"，因其化石发现于德国尼安德特山洞而得名。从12万年前开始，尼人就统治着整个欧洲、西亚和北非，但是在大约3万年前，他们却消失了。现代人并不是尼人的一种，尼人与现代人是种系上的平行系群。这些古代人类灭绝了吗？为什么会灭绝？这些关于尼人的问题，引起了现代科学界的极大兴趣。

神秘的尼安德特人

1848年，科学家在直布罗陀发现了一个尼人的头骨化石，不过并没有引起大众足够重视。1856年，德国的尼安德特山洞中发现了一具包含头骨和部分体骨的尼人化石，引起了学界的激烈争论。有些科学家认为那就是现代人类祖先的化石，只不过是相对病态、低能、野蛮种族的人类。另外一些科学家却认为这些化石并非现代人类祖先的化石。双方久经争论，各持己见，难以说服对方。后来，随着越来越多的尼人化石在欧洲被发现，人们开始逐渐认识到尼人是介于直立人和现代人之间的一个阶段的人类。1908年，法国圣沙拜尔发现了尼人化石，经法国著名人类学家布勒研究并于1913年发表，圣沙拜尔人成了尼人类型的典型代表。

尼人大约生活在12万—3万年前，他们身高约为1.5—1.6米，颅骨容量为1200—1750毫升，几乎相当于或者超过现代人的1400—1600毫升。尼人的额头扁平，下颌圆滑，骨骼强健，有着耐寒的体魄特征。尼人一般居住在洞穴中，但有时也会露天建造营地。洞穴的入口会用石块垒住大部分，以防止大型野兽的侵扰。尼人会使用火，但他们可能仅能利用雷电或森林火灾提供的自然火源。尼人会制造并使用各种各样的石器和木制的长矛，用以猎取一些中小型的动物。有时候，他们也会吃大型食肉动物吃剩下的猎物。

尼人懂得照料病人或者伤员，对于死者也会进行埋葬。考古发现他们会用动物作牺牲，可能已经开始奉行某种原始的宗教，并且可能有了一些较为原始的信仰。

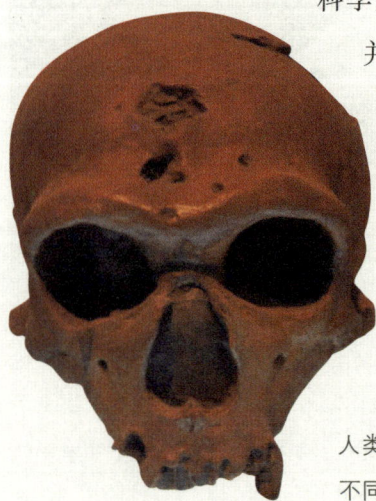

从1848年出自直布罗陀的一个尼人颅骨开始，在欧洲的许多地点又发现了更多的尼人类型化石。根据最新的考古发现，现代人并不是尼人的一种，就是说，尼人和现代人不同种。图为法国尼人头骨标本。

在尼人与克罗马农人的遗址所出土的骨制垂饰，约于3万年前制造，是由尼人还是克罗马农人制作，考古学界仍无法确认。

灭绝之谜

大约在3万年以前，尼人突然从地球上消失了。尼人完全灭绝了吗？他们是为何灭绝的？这些问题在科学界一直未有定论。

剑桥大学考古学系教授保罗迈拉尔等人对法国南部大量尼人及其早期智人的定居点遗址进行了考察和分析，发现尼人到智人的过渡时期大约是在5.5万—3.5万年前之间。在此期间，早期智人的数量大大超越了尼人，大概相当于尼人的9—10倍。不仅如此，早期智人的定居点面积、工具水平及密度、食物遗址数量也大于尼人，早期智人的社会网络也远比尼人更为复杂。因此，他们认为，早期智人的压倒性数量优势，迫使尼人迁徙到缺少食物和庇护所的地方。被迫迁徙之后，尼人又遭遇了大陆的气候恶化，最终灭绝了。

美国科学家认为，尼人的灭绝源于他们的近亲繁殖。由于早期智人数量众多，他们把尼人割裂成一个个小型定居点，尼人之间只能相互近亲繁殖，因而导致了一系列健康问题。小型群体不仅限制了复杂科技的可能性，还使得他们的基因日趋劣化，生命健康难以保证，最终走向灭绝。

亚利桑那州立大学的巴顿教授认为，尼人并没有消失，他们迫于文化和气候的压力与现代人类的祖先聚集到了一起，经过不断的融合与杂交，

一 话 一 说 一 世 一 界 一

知识链接：尼人灭绝说

巴黎国家科学研究院资深化石专家费尔南多－罗兹提出了一项更为大胆的理论，认为尼人被我们的祖先消灭了。在西班牙阿斯图里亚斯的一处地下洞穴，出土了8具约有4.3万年历史的尼人骸骨。这8具骸骨中有4具是年轻人，两具是青少年，另两具分别是年龄更小的儿童和一个婴儿。古生物学家发现，在这8具骸骨中，有许多骨头都有被切割和撕扯下来吃肉的痕迹。此外，这些骸骨手臂和大腿上较长的骨头，也曾被人为地断开，很明显是为了吸食骨头里含有营养的骨髓。有可能是尼人因饥饿相互自食，但也有可能是被智人猎食。

将基因融入了现代人类的基因库中。现代研究人员发现，源自尼人的基因和现代人某些疾病相关，包括抑郁症、心肌梗死及血液病等。

尼人已经开始埋葬死者，有时还举行葬礼。这是出土于阿尔卑斯山的尼人老人骨骼，他的衣服上面缝着长毛象牙的珠串，头上还戴有便帽。

史前谜团（三）
巨石列阵之谜

那些依然屹立的巨石，
像一个个沉默的巨人。
经由无数历史学家的考问，
仍然深埋着谜底。

原始人类留下来的谜团，不仅包含那些已经消失、只有化石流传下来的事物，还有一些保存相对完善的遗址。人们可以看到这些谜团，但却无法解释其中的许多现象，巨石列阵就是这样一个难题。在当时的生产力条件下，如何建成如此庞大的工程？它们有何用途？是否与外星生物有关？

英国巨石列阵

1130 年，英国一位神父偶然间在英国伦敦西南 100 多公里的威尔特郡索尔兹伯里平原发现了巨石阵（Stonehenge）。巨石阵大约建于公元前 4000—前 2000 年，由许多块排列成环形的巨大石块组成，是英国最为著名和神秘的史前遗址。

巨石阵的主体由几十块巨大的整块蓝砂岩石柱组成，大约占地 11 公顷。这些石柱里里外外围成了几个完整的同心圆，外围是直径约 90 米的环形土沟与土岗，内侧是紧挨着的 56 个圆形坑。巨石阵中心有许多巨石，最高的有 8 米，平均重量约 30 吨，有的横架在两根石柱上的巨石重达 7 吨。

在巨石阵的下方，人们用传感器探测到物体存在，据分析是 15 处未知的纪念碑，并且有大量人类活动的痕迹，极有可能是举行宗教仪式的场所。

巨石阵的宏伟和壮观令人惊异，但更令人迷惑的是巨石阵的建造过程。依据对当时生产水平的估算，建造如此大的工程是十分困难的，当时的人类究竟采用了哪些手段？科学家们只能推测，但无法提供权威的解释。较为靠谱的说法是，古人在将横梁放到石柱顶部的时候采用了"土屯法"。土屯法利用的是斜面原理，人们首先用土将柱子埋起来，形成一座石头要到达高度的山形，然后用斜坡把石头拉上去，下面用撬杠。等到将石头拉上去之后，再把土挖掉。但这也仅仅是推测而已，不能完全还原古人的做法。

巨石阵的用途也是一个谜团。人们通过观察发现，巨石阵与太阳有着密切关系。巨石阵的主轴线与通往石柱的古道和夏至初升的太阳在同一条线上，还有两块石头的连线指向冬至日落的方向。牛津大学的霍金斯教授通过仔细地观察和计算，认为

英国巨石阵是欧洲著名的史前时代文化神庙遗址，位于英格兰威尔特郡索尔兹伯里平原。2013 年 8 月，考古学家在此挖掘发现至少 63 具人类尸骨，推测最初这里曾是一个墓地，大约 100 年之后才开始建造巨石阵。

巨石阵的主要材料是蓝砂岩，小的有 5 吨，大的重达 50 吨。但在索尔兹伯里地区的山脉中并没有蓝砂岩，最后，考古学家在南威尔士普利赛力山脉中发现了蓝砂岩。

通过巨石阵石环和土环的结构关系，可以精确计算出太阳和月亮的 12 个方位，进而观测和推算日月星辰在不同季节的起落。有些科学家认为，巨石阵有宗教作用。1620 年，科学家在巨石阵附近挖掘到一些牛头骨，还有一些焚烧的痕迹。2003 年，伦敦大学研究人员迈克·帕克皮尔森也发现了一些动物骨骼和工具，暗示着巨石阵可能是一个与逝者有关的宗教活动场所。

知识链接：奥布里洞遗迹

英国巨石阵在史前时代分为三个时期建造，前后将近一千年。第一期大约从公元前 2750 年开始，考古学家称之为"巨石阵第一期"。在这一时期中，最令人费解的事是被称为"奥布里洞"的遗迹。这些洞是 17 世纪一位古文物学家约翰奥布里发现的。这些洞是在环状沟的内缘，同样围成一圈，总共有 56 个。牛津大学亚历山大·汤姆教授的研究指出，在综合英国境内其他环状石遗迹的研究后他发现，这些洞的排列与金字塔的构造有相同的地方，就是它们同样运用了"黄金分割比"。

法国巨石列阵

法国的卡纳克巨石阵与英国索尔兹伯里巨石阵不大相同。卡纳克巨石阵位于布列塔尼卡纳克周边，由石阵、支石墓、岩冢和独石组合而成，是世界上最大最集中的史前石阵。据考古学家分析，巨石阵最初有多达 1 万根巨石，当地村民千百年来不断将石块搬走自用，现在只剩下 3000 块，可以分为三大片。石块高度从 0.9 米到 3 米不等，成东西向排列，多为 8—10 行。巨石阵应建于公元前 3300 年左右的新石器时代，也有专家认为建于公元前 4500 年左右。

卡纳克巨石阵的建造同样有几种不同的说法。第一种说法明显带有传奇的色彩：这些巨石都是罗马士兵，他们奉命前来攻打此地，他们在这里受到了魔法诅咒，变成了石头；第二种说法认为，排列的石头下方是墓穴，整个巨石阵是块大墓地；第三种说法认为，巨石阵有宗教目的，它常被用来举行葬礼仪式时所用，是当地人的守护神，具有划分领地的作用；第四种说法认为，巨石阵其实是地震仪；也有学者认为，巨石阵的排列似乎与不同季节的太阳方位有关，是根据天文学或星相学建设而成的天文台。

法国卡纳克巨石阵是布列塔尼卡纳克周边发现的紧密聚集石器时代遗址的总称，由石阵、支石墓、岩冢和独石组合而成。凯尔特人树立的 3000 多块大石头，是世界上最大最集中的史前石阵。考古学家称其为"比金字塔更神秘"的石柱群。

王国兴衰

　　人类进入文明时代之后，社会关系日趋复杂，原始的氏族和部落已经难以满足需求，于是国家就产生了。有国家的地方就有政治，有政治的地方就有变局，有变局的地方自然也就出现了英雄。在古代世界的不同地区，政治情况发展各不相同，统一和分裂的变局，呼唤着智慧、勇敢的英雄出世。

　　遥远的上古时代，最早出现的是小规模的城市国家，它们互相征战、不断兼并，渐渐形成了较大规模的国家。锐意进取、雄才大略的大国国王，会以统一整个地区为己任，他们在国内立法、改革，关注民生，强化军队，逐渐发展壮大，在具备足够的实力后，就会走向对外征服的道路，有时还会建立起跨区域的大帝国。

　　一个个英雄人物成了历史最好的注脚。他们之中有致力于统一国家的法老，有一心推进社会变革和进步的立法者，有雄心勃勃、大杀四方的将领，有志向远大、心系天下的志士。每一个英雄都有不同的出身，不同的生长环境，不同的际遇，不同的成就，但是他们都有着坚韧不拔的意志，不惧困难的精神，或在强国之下成就伟业，或在弱邦之内革新图存，或在治世里指点江山，或在乱世间无限豪迈。

　　一场场战斗，一次次盛衰，就如大浪淘沙一般，留下了无数传奇故事，留下了千古风流人物。

人文地理

两河流域，通常指的是发源于土耳其亚美尼亚高原安纳托利亚山区的幼发拉底河和底格里斯河及其支流经过的地区。两河文明发生于两河流域中下游地区，是人类最早的文化摇篮，希腊语称这块地方为"美索不达米亚"（Mesopotamia），即两河之间的地方。两河文明是西亚最早的文明，包括苏美尔、阿卡德、巴比伦、亚述等文明。历史上，两河流域曾被不同的人种占据，因而被称为"储藏美索不达米亚、巴

话 说 世 界

两河逐鹿
美索不达米亚

啊！我们的女神，你何时能回到这荒凉的故土？
女神回答：
他追逐我，我像只小鸟逃离神殿；
他追逐我，我像只小鸟逃离城市。
哎，我的故乡，已经离我太远太远！

比伦、希腊、罗马、基督教、伊斯兰文化的大熔炉"。

两河之间，新月沃土

两河流域位于西亚中心，东部是伊朗高原，西边是小亚细亚和叙利亚，南部是阿拉伯与巴勒斯坦。底格里斯河和幼发拉底河中下游地区河流缓慢，大量淤泥沉积于此，形成了冲积平原，即美索不达米亚平原。平原从西北向东南延伸，形状好似一弯新月，平原以今巴格达稍北之处为界，北部称亚述，南部称巴比伦尼亚。巴比伦尼亚又可分为两部分，南部称苏美尔，北部为阿卡德。

美索不达米亚东北部山区属地中海气候，其余属亚热带干旱、半干旱气候。南部平原地势北高南低。北部地势起伏，南部多沼泽。这个地区土地肥沃，地形平坦，光照充足，气候干燥。两河的水源是土耳其东部的积雪，每年积雪融化之时，它们都会定期泛滥，时间一般在4月到6月。河流泛滥为发展农业提供了优越的条件，因而这片土地有"肥沃的新月地带"之称。从很早的时候开始，两河流域已经成为盛产大麦和椰枣的肥沃之地。农业的发达，为文明的发生提供了物质基础。

两河流域地貌。幼发拉底河和底格里斯河发源于今日土耳其东部的高山，后往东南方，流经现在的叙利亚及伊拉克北方而至波斯湾。两河冲击出一片肥沃的平原，诞生了众多的早期文明。

主角众多，轮番登场

苏美尔人是两河文明最早的缔造者，他们的来历至今不明。后来，先后统治这一地区的有阿卡德人、阿摩利人、亚述人、米底人、波斯人、希腊人。他们中间既有塞姆语人，也有印欧人，但是他们使

美索不达米亚平原的农民很早就发明了利用水的农具，桔槔就是其中之一。这是一种打水装置，其功能在减轻负重。桔槔的力学原理与现代的起重机一样，回旋柱的一头有重物，帮助提水人从另一头抬起水桶进行移动。

用的文字都是由苏美人创造的楔形文字。

公元前4500年，一些新的移民来到了两河流域南部的苏美尔，他们被称为苏美尔人。苏美尔文明是两河流域最早的文明。公元前3500年前后产生的乌鲁克文化时期，苏美尔地区开始形成国家。到公元前3000年末，苏美尔地区已经出现了一系列城市国家，较为著名的有乌鲁克、乌尔、乌玛、埃利都等。

公元前24世纪中后期，基什的萨尔贡一世推翻了国王，自称"基什之王"。他不断扩张，征服了一个个城市国家，将整个苏美尔和阿卡德统一起来，建立了一个空前强大的国家，实现了巴比伦尼亚的首次统一。

公元前22世纪，乌尔王乌尔纳姆赶走了前来入侵的游牧民族古提人，打败了乌鲁克，统一了两河流域南部，建立起了乌尔第三王朝。乌尔第三王朝时，国王权力高涨，开始被神化，地方贵族的权力被削弱，王室的经济地位空前加强。

公元前1894年，阿摩利人在两河流域定居并建立了巴比伦。在第六代国王汉谟拉比在位时，巴比伦逐渐发展壮大，建立起了强大的古巴比伦王国。古巴比伦王国统一了整个两河流域。

公元前1595年，赫梯人（又称"西台人"）攻占了巴比伦，掠夺了巴比伦国的大量财宝，带往了小亚细亚。赫梯人并没有在巴比伦驻足太久，他们很快撤回了小亚细亚，加喜特人得以占据了巴比伦，创立了新的王朝。公元前729年，亚述帝国吞并了巴比伦王国。公元前626年，亚述人派迦勒底人领袖驻守巴比伦，而迦勒底人却发动了反对亚述人的起义，建立了新巴比伦王国，并于公元前612年与米底王国联手灭亡了亚述帝国。新巴比伦王国于公元前539年被波斯人征服。后来，亚历山大及其后来的塞琉古帝国控制了两河流域。

话 说 世 界

楔形文字是最早的美索不达米亚书写系统，约在公元前3500年前后，苏美尔人用尖头的芦苇在平坦的泥块上书写。原始的图像记号简化为象征，形状如楔，故名"楔形文字"。

知识链接：楔形文字

公元前3200年前，苏美尔人发明了楔形文字。这种文字是目前所知最古老的文字之一。当时人们多将其刻写在石头和泥板上，笔画状似木楔，故而称之为"楔形文字"。楔形文字一经使用，就迅速在两河流域广泛传播，几乎成为该地区的通用语言。阿卡德人对它加以改造使其日臻成熟，后来的巴比伦人与亚述人也先后承继它。波斯帝国最早采用的古波斯文字便属于发展成熟的一种楔形文字。目前来看，人们发现最晚的一块刻有楔形文字的泥板日期为公元75年，此后楔形文字便消逝于历史长河而无从寻觅。

人类文明的曙光
苏美尔文明

多少民族在这里辛勤劳作，城市国家在这里生成，又在这里为争霸血流成河，他们前赴后继迎来了人类文明史上的曙光，它有一个美丽的名字，叫作苏美尔……

大约在公元前3500—前3100年间，两河流域出现了人类历史上最早的文明——苏美尔文明。当时，许多地区的人类还处于钻木取火的低级阶段，苏美尔文明则彰显出了相当高的姿态，引起了后人的广泛注意，甚至有人将苏美尔文明视为外星人的杰作。这些遐想难以当真，但足以说明苏美尔文明的先进。

文明兴起

苏美尔文明并非凭空突然产生，而是得益于西亚文明的长期孕育。在苏美尔人到达之前，西亚已经完成了从石器时代到金石并用时代的过渡。由于

苏美尔人是两河流域早期的定居民族。他们所建立的苏美尔文明是整个美索不达米亚文明中最早，同时也是全世界最早的文明。苏美尔文明主要位于美索不达米亚的南部，放射性碳十四的断代测试表明苏美尔文明的开端可以追溯至公元前3500年，约结束于公元前2000年，被闪米特人建立的巴比伦所代替。

社会生产力水平有限，早期的西亚人难以抵抗泛滥的河流，因而他们的活动空间局限于两河流域北部的高地和附近的山坡上。大约在公元前4500年，苏美尔人开始移民到两河流域南部的苏美尔地区。苏美尔人的名字是后来阿卡德人给他们取的，苏美尔人称自己为"黑头的人"（sag-gi-ga），称他们居住的地方为"文明的君主的地方"（ki-en-gir）。

苏美尔人并非武力征服者，考古发掘表明，美索不达米亚南部的居住文化是连续的，没有被入侵者所打断。最初的苏美尔人显示出了超出同期其他早期人类的智慧，他们会制造陶器，会制造斧头、渔网、陶制镰刀等工具；会种植多种植物，包括大麦、小麦、椰枣、洋葱、大蒜、韭菜和山葵等；会饲养山羊、绵羊、猪和牛等动物，会用牛来负重，用驴来做运输工具；还会打鱼和捕鸟。后来，他们还发明了车轮，引入了60分钟、60秒钟的计时系统。

要居住在两河流域下游，苏美尔人就必须建造水利设施，以控制泛滥的河流。苏美尔语中有不少运河、堤坝、水库这样的词汇，表明了他们显然掌握了这项能力，在相对干旱的地区，能够控制两个大河来保障灌溉和饮用，并且有效地控制河流泛滥，说明苏美尔人的治水水平颇高。

苏美尔人还善于建造大型建筑，他们经常在旧神庙的遗址上建造新神庙，使得神庙地基形成了多层塔形的高台，这种高台建筑被称为"吉古拉特"（Ziggurat）。大型建筑为我们提供了不少历史信息，从建筑遗址来看，早期苏美尔文明中已经出现了贫富分化的情况。神庙一般是一个区域的中心，靠近神庙的往往是较为豪华的房屋，应该属于富人和贵族。再远一点，是手工业者和贫民的住宅，最外层是农民的房舍。

在公元前3500年前后出现的乌鲁克文化，表明苏美尔地区已经处在国家形成的阶段。此时的手工业重点已经不再是陶器，而是金属器具。神庙建筑也比上个时期更为复杂和豪华，富人与贫民之间建筑的差距也更加明显。这个时候，苏美尔地区已经出现了一系列的城市国家。

城市国家

从构成形式来看，苏美尔的城市国家与后来的希腊城邦不乏相似之处，都是由一个作为中心的城

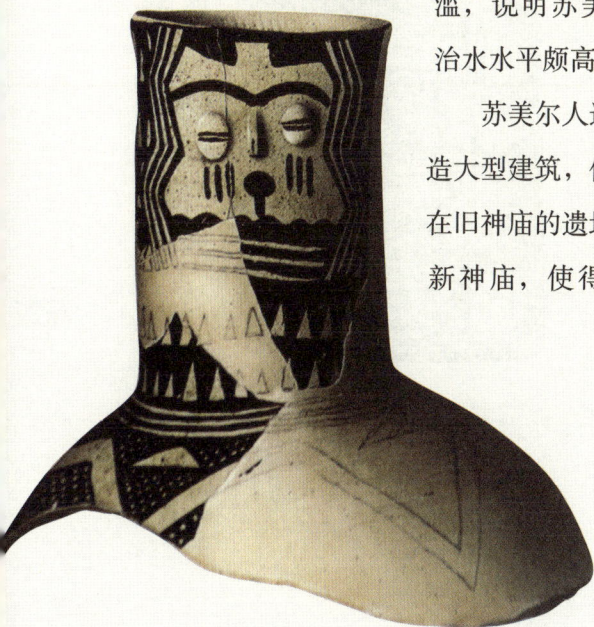

约公元前5200年制作的瓦罐残片，颈部漆有一个人头像。早期的涂漆通常由氧化铁及其他矿物制成。

一话一说一世一界一

神庙模拟图。苏美尔人在建筑方面也达到了古代很高的水平，最主要的建筑遗迹是塔庙。由于两河流域没有巨大的花岗石，苏美尔人用砖块建造塔庙。他们习惯于在旧神庙原址上建新庙，因历代续建，神庙地基变成了多层塔形的高台，顶端供奉着神龛。这种高台建筑，叫"吉古拉特"。

老会对首领有不小的牵制作用，可以选举、监督首领，掌握着国家的司法和税收。人民大会的作用是牵制国王和长老会，但是实际权力似乎有限。可能人民大会仅仅是由早期流传下来的形式而已。

市，结合周围的乡村而形成。城市国家一般规模不大，人口也不会太多，有些国家的成年男子数量或许不足万人，完全可以用小国寡民来形容。

从内部结构来看，苏美尔的城市国家与希腊城邦有着比较大的差距。

国家有一个首领，称为恩或恩西。首领一般为世袭，但有些时候也由选举产生。首领最重要的职责是管理公共事务，领导人民修建大型公共建筑，大概还掌握着国家的经济生活，在战时是军队的首领。后来，对于一些比较大的国家的首领，或者一些权力较大的首领，出现了另外一个称呼卢伽尔（Lugal）。卢伽尔的职责与恩相近，但享有更高的威望与影响。他们的墓室更为豪华，殉葬的金银珠宝也更多，表明他们有了较高的地位。这是他们与希腊城邦最大的不同。

国家内部通常还会有长老会和人民大会。长

刻有象形文字和标志所有权的苏美尔国王陶制圆筒印章。苏美尔城邦国王有三种称号，分别是"恩""恩西"和"卢伽尔"。其中，卢伽尔是较为强大的城邦国王的称号，但实际上这三种称号时常混用，并无太大区别。

神庙是城市国家的经济基础。神庙一般是国内最雄伟的建筑，拥有全国四分之一到三分之一的土地，因而控制着国家的经济命脉。神庙土地分为三个部分：一部分是祭田，由依附于神庙的农民耕种；一部分是口粮田，由神庙分配给管理人员或手工业者，作为他们的俸禄；一部分是出租地，由那些份地不足的神庙人员租种，他们必须上交一定数量的谷物或银子作为租金。神庙之外，农村公社也占有大量土地。这些土地分配给各大家族，由他们负责耕种。公社成员就是国家的公民，他们必须缴纳税租，还必须在战时服兵役。

诸王混战

城市国家的小国化，内部结构中财富分配的不平衡性，权力结构的不稳定性，往往会导致各种各样的问题。由于没有建立起稳定的世袭王权，王位继承常会引起内斗；国王和祭司之间在政治和经济权力上的争夺，会大大消耗国力；各个小城市国家之间，不具备征服另一个国家的能力，往往会为霸权而产生无休止的征战。根据苏美尔王表，在苏美尔人遭受大洪水之前，苏美尔王权先后由5个不同城市的8位首领所掌握。大洪水之后，王权又先后变换为其他多位首领。

诸王混战，导致了一系列的结果。各个城市国家为了安全，修筑起了高高的城墙。神庙和首领不断加剧对经济、政治地位的控制，对人民的压迫不断增强，激起了人民的反抗。各个城市国家间的混战和内斗，消耗了苏美尔国家的实力，为北方的阿卡德人的兴起与征服埋下了伏笔。

话 说 世 界

> **知识链接：吉尔伽美什**
>
> 吉尔伽美什是世界最古老的叙事诗《吉尔伽美什史诗》（*The Epic of Gilgamish*）的主人公。他是苏美尔地区城市国家乌鲁克的第五任国王，他的父亲是卢伽尔班达（Lugalbanda）。传说中，他三分之二是神，三分之一是人。最初，作为乌鲁克国家的国王，吉尔伽美什并不受人爱戴，他凭借权势欺压百姓，强迫城中居民修建城墙和庙宇，使得人们痛苦不堪。后来，天神阿鲁鲁派了一位名叫恩奇都的半人半兽的勇士与吉尔伽美什搏斗，两人使出浑身解数仍难分胜负，最后英雄相惜结拜为友。后来恩奇都被天神惩罚而死，吉尔伽美什经历千辛万苦寻得仙草，想使恩奇都重生。但仙草却不小心被一条蛇给叼走了，吉尔伽美什只好寻求神灵的帮助，以求得与老友重逢。恩奇都告诉他，人总有一死，不会永生。吉尔伽美什虽然没能救活恩奇都，但却领悟了人生的珍贵，开始善待百姓，成了一名好国王。吉尔伽美什的英雄事迹被人们长期传颂，寄托了人们对统治者、对自身的美好希望。

穿着典礼专用袍的女祭司像，所处年代约为公元前2400年。许多女祭司都服侍她们所崇拜的女神。苏美尔人崇拜许多不同的男神和女神，苏美尔人相信在拜神时，举行仪式很重要，这样神明才会保佑他们的城市。

47

最早的社会改革家
乌鲁卡基那

苏美尔城邦拉格什的国王，
世界上最早的改革家，
废除弊政，限制权贵，兴修水利，发展
农业生产，
平民利益的维护者。

乌鲁卡基那是苏美尔城邦拉格什的统治者（约公元前2378—前2371年在位），是世界上最早的社会改革家。据学者分析，乌鲁卡基那的名字读作"乌鲁伊尼木基那"（Uruinimgina），可能更为准确。

鱼跃龙门

乌鲁卡基那出身贵族之家，他的父亲是恩奇勒萨，并不是当时的拉格什统治者卢伽尔安达。因此，如果按照继承制的原则，乌鲁卡基那没有成为国王的机会，也就是说，他并不是靠世袭登上王位的。根据铭文记载，乌鲁卡基那是拉格什的神宁吉尔苏从36000人中挑选出来的，也有说法称他是神从3600人中挑选出来的。乌鲁卡基那怎么上台，今天学者说法不一，

乌鲁卡基那生活的时代，正是美索不达米亚从城邦向统一王国转变的前夕。在乌鲁卡基那执政以前，拉格什已经包括了拉格什城、吉尔苏城和尼那等地区，其规模已经不算小国寡民了。到乌鲁卡基那的时候，拉格什对外面临着各城邦彼此吞并的紧张局面，乌鲁卡基那在对外战争中巩固了王权。

有学者说支持乌鲁卡基那登上王位的是平民，有学者认为乌鲁卡基那是通过宫廷政变而登上王位的。

乌鲁卡基那登上王位之后，前国王卢伽尔安达仍然生活在拉格什，他的妻子去世之后，葬礼还是由乌鲁卡基那的妻子负责主持。这似乎又否定了暴力登台说。无论如何，乌鲁卡基那继承王位之后，并未责难上一任国王。在他执政的头一年，乌鲁卡基那称呼自己为"恩西"，这是当时对城市国家统治者的一般称谓。到第二年，乌鲁卡基那开始自称"卢伽尔"，卢伽尔的意思是全苏美尔的霸主，这个称谓似乎意味着乌鲁卡基那并不认同当时的苏美尔霸主基什的地位。虽然如此，乌鲁卡基那本人似乎也并不想挑战基什，因为他没有显示出征服其他苏美尔城市国家的意图。

改革社会

当时的拉格什城邦面临着内忧外患，乌鲁卡基那试图扭转这一局面，他决定在城邦发动改革。

他首先开通了通向妮娜地区的运河，这个举措无疑有利于农业的发展。第二年，他修建了吉尔苏的城墙，吉尔苏地区是拉格什的中心地区，这项工程大大捍卫了城邦的安全。之后，乌鲁卡基那还鼓励工商业，建造了一些作坊、公棚、神庙，促进了城邦的经济发展。

拉格什城邦复原图。拉格什城邦位于今天伊拉克境内的铁罗（Telloh），在幼发拉底河与底格里斯河相汇处的西北。由拉格什、吉尔苏和尼那等居民点组成。遗址分别在今伊拉克境内的希伯、泰罗和苏尔古尔。城邦最高大的建筑是神庙和王宫。考古学家认为，拉格什应该是当时世界上最大的城市。

知识链接：美国著名学者克勒莫在《历史从苏美尔开始》一书中提到的巴比伦文明在世界历史上的 27 个"第一"

1. 最早的学校；2. 最早的献媚事例；3. 最早的少年犯罪；4. 最早的"神经战"；5. 最早的两院制议会；6. 最早的史学家；7. 最早的减税事件；8. 最早的法典和立法者；9. 最早的判例；10. 最早的药典；11. 最早的农历；12. 最早的林荫园艺实验；13. 最早的宇宙进化论和宇宙论；14. 最早的伦理标准；15. 最早的"约伯"（古代犹太民族的族长）；16. 最早的格言和谚语；17. 最早的动物寓言；18. 最早的文学辩论；19. 最早的圣经故事；20. 最早的"挪亚"；21. 最早的复活故事；22. 最早的"圣乔治"（英国保护神）；23. 吉尔加美什的故事：最早的文学作品的移植；24. 史诗文学：人类最早的英雄时代；25. 最早的情歌；26. 最早的图书馆目录；27. 世界和平：人类最早的黄金时代。

乌鲁卡基那在改革中十分注意保障神庙的利益。铭文记载"他立宁吉尔苏为恩西房屋和恩西土地的主人……"，意思是，乌鲁卡基那将城邦首领从神庙处夺得的土地归还给了神庙。神庙是苏美尔城邦的经济命脉，但是后来神庙经济的管理权被城邦首领所掌握，变成了他们剥削民众的工具。他们利用神庙的耕牛耕种自家的土地，将他们的房屋和土地与神庙连成一片。乌鲁卡基那这一举措，实际上是恢复了神权在经济中的地位。

乌鲁卡基那重视平民的利益。他要求撤销在生产地的各类神庙管理人员，撤销驻扎在全国各地的税吏，禁止高级祭司或者官员恃强凌弱，欺压百姓。当时，平民在许多事务上需要缴税，这就给了贵族压迫平民的机会。乌鲁卡基那减免了结婚、离婚和丧葬的税收，释放了许多债务奴隶，恢复了由于各种原因沦为奴隶的公民的公民权。

乌鲁卡基那执政大约八年后，乌玛的统治者卢伽尔萨吉西攻陷了拉格什，焚烧了这座城市。只有吉尔苏城守住了，乌鲁卡基那继续在那里当国王。后来，阿卡德王国的萨尔贡一世建立了第一个统一王国，打败了卢伽尔萨吉西，乌鲁卡基那被任命为拉格什城的总督。

乌鲁卡基那之所以在历史上显得重要，是因为他留下了三块相当长的改革文书。图为乌鲁卡基那统治拉格什时期的一块泥板文书，泥书数次提到乌鲁卡基那的改革措施和规定。

西亚第一帝王
萨尔贡一世

他身世传奇，从万人之下一跃而为一国之君；他才能卓著，开创了一个前所未有的军事帝国；他手腕强硬，"使全国只有一张嘴"；他就是"真正的王""天下四方之王"。

——萨尔贡一世

萨尔贡一世是古代阿卡德王国（约公元前2371—前2191年）的开国之君，在历史上首次统一了两河流域。他富有谋略，以卑贱的出身登上了王位；他又具备杰出的军事能力和政治能力，对两河流域早期历史的发展影响深远。

萨尔贡一世的铜制头像。他以阿卡德城为首都，开创了阿卡德王朝，是世界上第一个建立常备军的君主，是美索不达米亚（两河流域）最早的统一者。

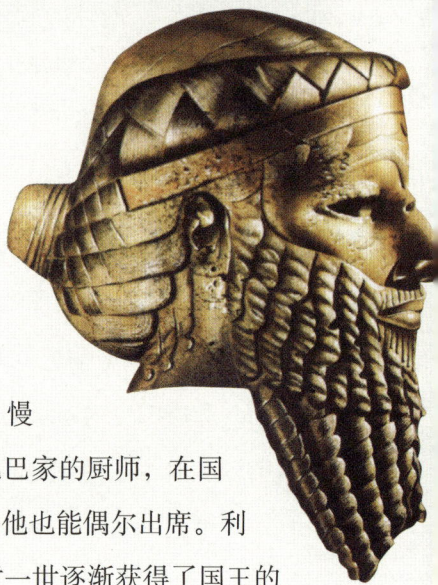

由园丁到国王

萨尔贡一世（Sargon，约公元前2371—前2316年在位）的出身十分低下，看起来与国王之位相距颇远。他的父母都是平民，母亲的社会地位卑微，父亲不知道跑到哪里去了，正所谓"母卑，父不知所在"。刚出生不久，萨尔贡一世的母亲就把还是婴儿的萨尔贡一世放在一个芦苇编织的篮子里，用沥青盖住篮口，然后把篮子放进了幼发拉底河岸边，任凭他被河流带走。有一个名叫阿奇的园丁正好路过这个地方，他将可怜的萨尔贡一世带回了家抚养。后来，萨尔贡一世在自传中写道："我那可怜的母亲，怀了我却见不得人。好容易生下我，却偷偷地把我藏在一只篮子里，还用沥青封住了篮口。"

萨尔贡一世长大之后也成了一名园丁，但他的养父阿奇却并不满足于此，他十分关心萨尔贡一世的前途，将他推荐到基什国王乌尔扎巴巴家里去做园丁。多才多艺的萨尔贡一世不仅能将花园照顾好，也做得一手好菜。慢慢地，他成了乌尔扎巴巴家的厨师，在国王家举行宴会的时候，他也能偶尔出席。利用这样的机会，萨尔贡一世逐渐获得了国王的宠信，成为乌尔扎巴巴手下的近臣。

后来，基什与乌玛之间爆发了战争，乌尔扎巴巴被卢伽尔萨吉西击败，地位发生动摇，王朝从此衰落。萨尔贡一世趁人民对国王失去信心的时候，悍然发动了政变，将乌尔扎巴巴推下了王座，自己篡夺了基什的王位。自此，萨尔贡一世完成了从园丁到国王的转变，但他的心机与凶狠，在这个过程中暴露无遗。

改旗易帜

登上基什王位之后，萨尔贡一世的野心进一步膨胀，他希望改变国号，改基什为阿卡德王国。但由于当时基什王国的贵族们还拥有相当的势力，萨

一话一说一世一界一

阿卡德圆筒印章所属年代约为公元前2250年。正中央是从东方群山中升起的太阳神沙玛什。右边是被涌流的水和鱼包围的水神艾阿，由另一尊神服侍。左边是带翼的女战神及爱神伊什塔尔和另一名战神。两河流域文明时期，印章通常只有政府才能拥有。

🦉 **知识链接：阿卡德王国的内政**

萨尔贡一世建立了中央专制政府，他让整个国家"只有一张嘴"。全国分为若干行政区，每个行政区都设长官，主要由阿卡德官廷子弟担任。萨尔贡一世兴修水利，修筑了许多大水渠，大大扩充和改善了两河流域的灌溉网。他还统一了阿卡德王国的度量衡。阿卡德国家的商业贸易，随着军事扩大到了更大范围。根据考古学家的研究，巴格达附近发现了古印度文字的印章，表明阿卡德王国的贸易扩大到了印度河流域。

尔贡一世还不敢轻举妄动，仍在表面上沿用基什的国号，称呼自己是基什王。

萨尔贡一世深知败军之主的下场，为了维护自身安全，他决定组建一支常备军。他挑选了5400名强壮的青年，将他们编为军队，组成了一支"近卫军"。萨尔贡一世待这些近卫军非常好，常常与他们一起用餐。他还注意加强对他们的训练，强化他们的军事技能。据说，萨尔贡一世的近卫军们有一项非常强悍的技能，就是他们的箭术十分高超，不仅射箭十分精准，而且势大力沉，常常令敌人闻风丧胆。此外，近卫军们还练习近距离搏击，当无法用弓箭消灭敌人时，近卫军们就在敌人靠近之后用他们擅长的搏击术徒手制服敌人。这支近卫军人数

虽然不多，因为训练得当，战斗力非常惊人，构成了萨尔贡一世军队的核心战斗力。当时的其他西亚国家并没有常备军，只有在战时才会临时组织军队，这些临时军不是常备军的对手，常常一战即溃。在以近卫军为首的军队的支持下，萨尔贡一世发动了约34次不同规模的对外战争，几乎都取得了胜利，这支军队是他能够成就丰功伟业的重要支柱。

有了军队作后盾，萨尔贡一世开始了改旗易帜工作。他首先将所有阿卡德人的国家都合并起来，然后建立了一座新城，命名为阿卡德，作为新的首都。从此之后，萨尔贡一世将自己称为阿卡德国王。

沙玛什，古代两河流域的太阳神，通常他同父亲月神辛、妹妹金星女神伊什塔尔被视为星辰三联神。雕刻品显示头戴王冠的太阳神沙玛什接见一位国王和其他两位神。中间的轮盘象征太阳。

青铜刀剑和头盔是两河流域王国士兵的基本装备。图为当时的长匕首和头盔，长匕首常以一片青铜浇筑而成。

知识链接：阿卡德人

阿卡德人是来自于阿拉伯沙漠地带的游牧民族。他们的文化落后于苏美尔人，据说他们定居巴比伦时"穿着草鞋，面有黑须，肩挂重锁"。阿卡德人没有自己的文字，但却因为"居无定所"而有很强的机动能力。他们以武力征服了苏美尔人，将苏美尔人的楔形文字稍加改良，作为自己的文字。不仅在文字上，在天文历法、数字、文学、宗教等领域都学习和借鉴了苏美尔人。萨尔贡一世将相关的苏美尔书籍进行了编目，收藏于书库之中，形成了两河流域最早的书库。阿卡德人具有很强的学习能力，尤其擅长在模仿中创新，他们将苏美尔人的圆形泥板改为了方形泥板，好处是易于存放；他们在学习苏美尔人的雕刻艺术之后，逐渐在雕刻图章的技艺上超过了苏美尔人。

征战天下

一山不容二虎，建立阿卡德王国之后，萨尔贡一世与两河流域的另一位霸主乌玛国王卢伽尔萨吉西之间就难逃一战。起初，卢伽尔萨吉西想不战而屈人之兵，他派出使者去到阿卡德，试图劝降萨尔贡一世。谁知萨尔贡一世不仅未被劝降，反而认为卢伽尔萨吉西的做法是一个不错的主意，他也派使者到乌玛，反过来劝降卢伽尔萨吉西。双方几经会谈，毫无收获。于是决定还是用最擅长的方法——战争来解决问题。

但此时的卢伽尔萨吉西其实并不具备雄厚的实力，在与苏美尔另一个强国拉格什的战斗中，乌玛虽然取得了胜利，但是损失惨重。与萨尔贡一世谈判破裂之后，卢伽尔萨吉西率领大军前去迎击萨尔贡一世。卢伽尔萨吉西组织了50个苏美尔城邦的联军，人数至少在一两万人以上。当苏美尔联军遇到萨尔贡一世的常备军时，发现根本不是对手，很快就被阿卡德军队击败了。卢伽尔萨吉西本人沦为俘虏，萨尔贡一世用套狗的绳子将他套住，对他百般侮辱，并把他一路拖到主神恩利尔的神庙门口，作为牺牲烧死奉献给了恩利尔。萨尔贡一世还霸占了卢伽尔萨吉西的妻子，让她做了自己的侍妾。

接下来，萨尔贡一世率大军继续南下，经过多年征战，相继征服了乌尔、拉格什、乌鲁克、乌玛等城邦，"洗剑于波斯湾"。至此，萨尔贡一世结束了两河流域的分裂局面，统一了这一地区。后来，他又"越海而突入东部"，击败埃兰、苏撒、阿凡和巴拉西等城市。之后，萨尔贡一世又出兵北方，征服了苏巴尔图王国，从而几乎征服并统一了整个美索不达米亚。接着，萨尔贡一世还攻取了叙利亚和巴勒斯坦。据说，萨尔贡一世和埃及

两河流域土地肥沃，吸引着很多民族来此定居或经商，阿拉伯人就是其中一支。图左是阿拉伯男人雕像，图中是阿拉伯夫妻雕像，图右是阿拉伯妇女雕像。

的法老还有接触。

一系列的征战使得萨尔贡一世建立起了庞大的帝国，他曾自豪地说："恩利尔把上国、玛耶尔、亚尔木提和伊布拉直到柏树林和白银山的地方都给了我。"

不过，遗憾的是，萨尔贡一世建立起来的庞大帝国，未能逃脱衰败的命运。后期，中央集权几乎崩溃，人民起义不断。公元前2191年，古提人入侵，摧毁了阿卡德的王国。但萨尔贡一世统一两河的功绩和对这个地区早期历史所作的贡献，没有随着阿卡德王国的衰落而被人们所遗忘，他的功绩可以和汉谟拉比、美尼斯、秦始皇等人相媲美。

知识链接：卢伽尔萨吉西

卢伽尔萨吉西是古代苏美尔乌玛城邦的国王。他的父亲是乌玛的祭司，名字叫作布布。卢伽尔萨吉西最初也是乌玛的祭司，后来他篡夺了乌玛的王位，成为了城邦的国王。卢伽尔萨吉西具有很强的领导能力和军事才能，他经过多次战争，征服了美索不达米亚的大部分地区。最被人们记忆的，是他对拉格什的征服，打败了乌鲁卡基那，使得人类历史上第一次社会改革以失败而告终。但与拉格什的战争消耗了乌玛的大部分实力，在与阿卡德王国争霸两河流域的战争中，卢伽尔萨吉西被萨尔贡一世的常备军所击败，他本人也被萨尔贡一世俘虏并处死。

两河时代不仅有战争，也有休闲娱乐生活。大约公元前2500年的木板游戏，在乌尔的王室墓地中发现。这个游戏可能是根据掷骰子决定移动步数，再在木板上移动。

古巴比伦之王
汉谟拉比

强大之王，巴比伦之王，阿穆鲁的全国之王，苏美尔、阿卡德之王，世界四方之王。

汉谟拉比是古巴比伦第一王朝的第六位国王，他统一了整个两河流域，亲手缔造了巴比伦帝国。汉谟拉比在位期间，制定了著名的《汉谟拉比法典》，这是世界历史上第一部完整保存下来的成文法典，对后世影响深远。

韬光养晦

公元前1894年，阿摩利人苏穆阿布姆建立了

汉谟拉比王的浮雕头像。汉谟拉比在巴比伦大兴土木建筑，但同时加强了巴比伦王国的国防及土地灌溉。

古巴比伦第一王朝。巴比伦当时只是一个刚刚割据自立的小国，几乎没有任何影响力，在兵荒马乱的两河流域，它只能不断地寻求大国的庇护，时常都会依附于别国。

汉谟拉比（Hammurabi，约公元前1792—前1750年在位）的父亲就是巴比伦的国王，因而他从小就长于宫廷之中。他深知巴比伦国的弱小，也体会到小国时刻都需要寄人篱下的感觉。也许从父辈们的叹息声，从外使高傲的眉宇间，汉谟拉比深深了解到作为一国之主，尤其是小国之主的无奈。

公元前1792年，汉谟拉比继承了父亲的事业，登上了巴比伦国的王位。由于自小就对国情有清醒的认识，他即位之后尽管有雄才大略，也知道要先站稳脚跟，他表现得十分低调，向北方的亚述称臣。但汉谟拉比并非久居人下之主，尽管没有表露出来野心，他在暗地里积极扩充实力。他修建了城墙，以巩固城邦的防御；重建了庙宇，以祈求神灵的佑护；制定了法律，以实现国内的安宁；消除内争，以团结全国民心。

终于，在积攒了六年之后，汉谟拉比开始寻求对外扩张。

合纵连横

与传统帝国兴起时大杀四方不同，汉谟拉比的扩张策略较为谨慎，他重视军事，但更重视外交，常常上演"合纵杀横""连横灭纵"的好戏。不得不说，这与他从小的历练与观察关系密切，也与他

一话一说一世一界一

伊什塔尔城门（Ishtar Gate）是古代巴比伦内城8个城门之一，位于城北，是新巴比伦帝国尼布甲尼撒二世于公元前575年下令修建的。图为城门上的狮子马赛克，狮子气势如虹，雄伟刚健，表现出新生不久的巴比伦王国的朝气和霸气。

对本国实力的清醒认识有关。

最初，巴比伦与拉尔萨结盟，击败了前来入侵的埃兰人。在埃兰军队退却之后，汉谟拉比埋怨拉尔萨在同盟时并未尽力，要出兵讨伐在南方的拉尔萨。

为了与拉尔萨作战，汉谟拉比意识到他必须与北方的马里建立良好关系，以免在与拉尔萨作战时后方失守。于是，汉谟拉比不断寻求与马里的同盟，他与马里国王吉姆里利姆在信函往来中互相称呼对方为兄弟，约定在一方进行军事行动时，另一方须提供有力支援。在马里看来，巴比伦是值得信赖的同盟者。在马里试图摆脱亚述控制时，汉谟拉比提供了帮助；在马里遭受草原部落和埃什努那入侵时，汉谟拉比派军队协助了马里，公元前1764年，汉谟拉比不忘为自己的兄弟出气，出兵击败了埃什努那。

有了与马里的同盟，汉谟拉比巩固了后方。在他即位的第31年，巴比伦对拉尔萨发动了决定性的进攻。汉谟拉比可能采用了决堤放水的手段，重创河流下游的拉尔萨，使其遭受了重大损失。之后，巴比伦围困拉尔萨最后的几座要塞达数月之久，终于击败了这个强敌。拉尔萨的国王黎姆新狼狈逃窜至埃兰。

在击败拉尔萨之后，汉谟拉比向自己的兄弟露出了獠牙。公元前1759年，他挥师直奔马里城下。马

宗教庆典是巴比伦人很重要的活动，庆典活动会举行盛大的游行。图中是巴比伦王国时代的女神雕像，状似喷泉，位于宫殿的庭院内。

古巴比伦城郭方正，固若金汤，巴比伦王国在两河王国中曾经盛极一时，今天从城市建筑废墟中可以管窥一斑。

里国王，也就是汉谟拉比曾经的兄弟吉姆里利姆只能投降，宣布臣服于汉谟拉比。但两年之后，他起兵叛乱，遭到了汉谟拉比的残酷镇压，并将马里的王宫烧成了灰烬。

随后，汉谟拉比又出兵亚述，战胜了曾经作为自己宗主国的亚述及其盟友。在汉谟拉比在位的第38年，他又故技重施，用河流强灌埃什努那城，据说杀死了全城的人。

在一系列外交和军事手段之下，汉谟拉比将巴比伦王国扩张到了极限，统一了两河流域，建立了一个从波斯湾到地中海的中央集权的帝国。

治理帝国

汉谟拉比在位时，巴比伦国力强盛。这位国王非常勤政，据说他对于国家的一切重要事务都事必躬亲，控制了国家的政治、军事、外交、司法和宗教等一切大权。汉谟拉比极力宣扬君权神授，他说："安努与恩利尔为人类福祉计，命令我，荣耀而畏神的君主，汉谟拉比，发扬正义于世，灭除不法邪恶之人，使强不凌弱，使我有如沙玛什（即太阳、正义之神），昭临黔首，光耀大地"。

汉谟拉比在调遣军队、制定法律、开凿运河、

昙花一现的赫梯王国（Hittie Empire）

赫梯大约在公元前19世纪中期形成国家，是重要的古代国家之一。在公元前16世纪后半叶，赫梯国王铁列平进行了一场改革，确立了王位继承原则，巩固了赫梯王权，使得国家逐渐强盛。公元前15世纪末至公元前13世纪中期，赫梯达到最强盛状态，他们摧毁了米坦尼王国，趁埃及法老埃赫那吞改革之际，吞并了不少埃及在西亚的领土。在埃及法老拉美西斯二世统治时期，埃及与赫梯发生了激烈冲突，双方在卡迭石会战，导致两败俱伤。赫梯元气大伤，国家开始不断发生内乱，最终走向了衰落。公元前13世纪末，海上民族劫掠赫梯，将赫梯帝国拆得七零八碎。公元前8世纪末，赫梯的残余实力被亚述灭亡。有关赫梯人的记载，仅仅在《圣经·旧约》中有些许记载。在20世纪发现大量楔形文字泥板文书后，才对赫梯有更多的了解。

巴比伦的丰年有足够的粮食外销，以交换木材、玉石等商品。乌尔是重要的贸易城，是波斯湾商船的集散中心。这块浮雕展现商人领着驮满货品的骆驼，所属年代约为公元前700年。

赫梯战神。在赫梯王国的首都哈图萨的皇宫大门上，守护战神以战斧及弧形匕首作为武器装饰于身。

征收赋税、整顿吏治等问题上也会亲自过问，他严密控制着中央和地方的政府，有时还会直接任命、管理低级官吏。他还可以直接逮捕政府官员。为了维护专制统治，汉谟拉比组建了一支常备军。士兵们享有世袭的份地，有较高的地位。他还严令禁止军官侵吞士兵的财物，违者处死。

汉谟拉比建立了庞大的官僚体系。除了中央各部门的官僚，他在地方上也设置了完备的官僚体系。一些大的地区设总督管理，较大的城市则会委派名为"沙尔那库"的官员管理，小城市则会委派名为"拉比亚努姆"的官员管理。除去国家直接控制的城市外，还有一些自治市。西帕尔的商人监督官就是从富裕的家庭中选出的，他们任期只有一年，但能自己负责城市的税收、公共建筑的修建、码头管理等事务。

汉谟拉比十分重视经济的发展。地方赋税、全国水利系统由国家统一负责管理。汉谟拉比十分重视水利设施的建设，在他即位的第8、9、24、33年的年号都是开凿河渠之年。为了修建大型公共建筑，汉谟拉比指挥调配劳力，他还控制了地方神庙经济。在他的治理下，古巴比伦王国的天

知识链接：寻找通天塔

通天塔（Tower of Babel）又名巴别塔、巴贝尔塔、分音塔等。根据《圣经·旧约·创世记》第11章记载，当时的人们试图联合起来兴建一个通往天堂的高塔。上帝想挫败人类的计划，就让人类分别掌握不同的语言，相互之间难以沟通，以致难以齐心协力，因而未能实现这个宏伟的计划。古巴比伦时期，几位国王都曾整修过通天塔，但是外来征服者却一次次摧毁它。根据希罗多德的记载，通天塔建立在许多层巨大的高台上，高台共有8层之多，最上面的高台上建有马尔杜克神庙。通天塔是巴比伦最高的建筑，在国家的任何一个地方都可以看到它。通天塔的主要用途是宗教方面的，另外它还有彰显巴比伦国王个人荣耀之意，也是世俗王权讨好僧侣祭司集团的表现。

文、历法、建筑、艺术等方面都达到上古文明所难得的高度，可以称得上两河流域古代文明的全盛时代。

通天塔模拟图

黑石堪比天
《汉谟拉比法典》

神引导我将正义带到人间，毁灭邪恶与罪恶，我仿佛是太阳从东方升起……给人间带来光明与希望。

——汉谟拉比在其修订的法典中自诩

《汉谟拉比法典》（*The Code of Hammurabi*）是世界上所发现的最早的成文法典，它由古巴比伦国王汉谟拉比所颁布，是最具代表性的楔形文字法典。法典是我们了解古巴比伦王国乃至整个两河流域的政治、社会、经济的宝贵资源，具有非常珍贵的历史价值，是古巴比伦留给世界的重要财产。

法典内容

作为一名勤政的国王，汉谟拉比对所有军国大事都事必躬亲。由于事务实在繁忙，他发现几乎无法招架，就让大臣把过去的一些法律条文收集起来，包括不少已

《汉谟拉比法典》。中埃兰苏萨王朝时期，国王舒特鲁克 – 纳洪特（Shutruk-Na-hhunte，约公元前1185—前1155 年）击败巴比伦王国，将著名的《汉谟拉比法典》石柱及许多珍宝掠往苏萨。《汉谟拉比法典》石柱成为埃兰的战利品。

经形成的社会习惯，编成一部法典。在汉谟拉比执政的第 35 年，他下令将法典刻写到一个高 2.25 米的黑色玄武岩石柱上，竖立在巴比伦的神殿里。

石碑的上部是一个浮雕，刻画着太阳神和正义之神沙玛什授予汉谟拉比王权的画面，表示汉谟拉比的王权来自于神，因而神圣不可侵犯。太阳神正襟危坐，形体高大，胡须整齐，头戴宝冠，身披长袍。汉谟拉比戴着王冠，神情庄严肃穆。石碑下部是法典，由序言、正文和结语三部分构成，全文共3900 行。其中，序言和结语讲了制定法典的目的，是发扬正义、惩恶扬善、锄强扶弱、灭除不法。在序言中，汉谟拉比宣称自己的权力由恩利尔授予，他的统治合法正义，颇得神灵喜爱。在结语中，汉谟拉比要求臣民们遵守法令，后人不能对法令进行任何修改，因为法令是汉谟拉比遵从神的意志而制定的，修改法令就相当于修改神灵的金口玉言。

法令正文共有 282 条，几乎包含政治、社会生活的方方面面，包含现代意义上的商法、诉讼法、民法、刑法、婚姻法等内容，对包括诉讼与审判、盗窃罪的处理、雇佣关系的管理、商业与高利贷、婚姻与家庭、遗产处理、伤害处罚、奴隶管理等诸多内容作出了规定。法典还包括一些习惯法的残余，例如同态复仇原则和神灵审判等。

《汉谟拉比法典》一方面包含阿摩利人的习惯

君权神授。《汉谟拉比法典》顶端雕刻，显示汉谟拉比站在太阳及正义守护神沙玛什（Shamash）面前，接受王权象征的权杖。

法，另一方面包含两河流域其他城邦的立法成果，是两者的杂糅体。

价值与意义

《汉谟拉比法典》是迄今世界上最早的成文法典，为人们研究古代巴比伦的政治、社会与经济提供了极其重要的资料。法典的艺术性也不可小觑，载有法典的石碑雕刻精细，表面光滑，具有非常高的艺术价值。

就法典内容而言，《汉谟拉比法典》依然是由贵族制定的法令，它公开确认奴隶主的统治地位。但是，考虑到近现代尚且有奴隶制存在，我们似乎不应过分要求古巴比伦时代的统治者们，因为他们所处的时代本来就是奴隶制时代，奴隶主颁布符合自己需要的法典实属自然。重要的是，通过将许多习惯记载下来，客观上也阻止了奴隶主更为苛刻的剥削和压迫，某种程度上起到了保护奴隶的作用。

法典内容反映出来的信息，具备相当高的历史价值。例如，从法典对君权神授的描述可以看出，两河流域的君主专制制度在古巴比伦达到了前所未有的高峰。法典还反映出古巴比伦的社会结构，我们可以从中看出许多有用的历史信息，为研究古巴比伦的历史提供了最为基础、根本性的资料。

从法学角度来看，《汉谟拉比法典》对后世的法律文化产生了深远影响。尽管法典中存在许多不足之处，例如法典没有出现过监狱等劳改措施，所有的惩罚除了罚款，就是处死，显得颇为严厉，它还是影响了古巴比伦之外的其他国家如赫梯、亚述、新巴比伦等地的法律。法典的重要性，还体现在它对希伯来法的影响，希伯来法对西方法律文化产生了不小的影响。据学者分析，中世纪天主教教会法中某些立法思想和原则就可以在《汉谟拉比法典》中找到源头。

《汉谟拉比法典》石柱上镌刻的法典铭文，共3500行，是垂直书写的楔形文字，共包括282则条文。法典是建立在苏美尔立法原则基础上的，其中糅合了闪族人的新发明。

亚述中兴
提格拉特帕拉沙尔三世

他上台时，国家危机四伏；
他去世时，帝国达到强盛。

提格拉特帕拉沙尔三世是亚述新王国时期的国王。他在位期间，将积贫积弱的亚述扭转为强大的帝国，使得亚述从衰弱走向了强盛，被认为是亚述帝国的创建者。

临危受命

提格拉特帕拉沙尔三世（Tiglath-Pileser Ⅲ，公元前745—前727年在位）在其本人的铭文中自称是亚述国王阿达德尼拉列三世的儿子，但这个说法不一定准确，他可能并非出生于王室家庭，因为并没有其他材料佐证。在亚述尼拉里统治时期，提格拉特帕拉沙尔并没有在中央任职，而是一名地方大员，在卡拉赫担任总督。公元前745年，国内爆发了一场以推翻国王为目的的内战，亚述尼拉里在内战中死去，提格拉特帕拉沙尔三世得到了王位。有些历史学家认为，发动内乱的正是提格拉特帕拉

提格拉特帕拉沙尔三世登上王位后，励精图治，大刀阔斧改革，提升了政府效率，加强了军队的战斗力，使得亚述从不被人重视的小国一跃成为两河流域首屈一指的军事强国。

沙尔三世本人。

登上王位之后，提格拉特帕拉沙尔发现他接手的是一项棘手的工作。就国内环境而言，在他成为国王前的将近一个世纪，亚述国内时常有暴乱发生，原先征服的地区，许多已经宣布独立或者快要独立，有些地区还拒绝纳贡，表现出了强烈的离心力。就国外环境而言，乌拉尔图在帝国北方逐渐兴起，切断了多条亚述通往叙利亚、小亚细亚、外高加索和波斯的通路。因此，国家的各种收入都大大减少，无力供养强大的军队，使得军心涣散，几乎没有战斗力。

内忧外患的环境下，提格拉特帕拉沙尔三世决心改革，以求挽大厦于既倒。

全面改革

针对军队问题，提格拉特帕拉沙尔作出了如下改革：首先，实行募兵制，国家负责供养以组成常备军，此举大大增加了军队的人数；其次，在中央军外，各地方也分别建立地方兵团，以保卫地方。地方军团可能由地方财政供养，但听候中央调令。再次，在值得信赖的被征服地区也可以招募当地人员充军；最后，建立工兵兵种，负责维修作战道路、堡垒的任务。

针对政令不通的问题，提格拉特帕拉沙尔进行了改革：他将原来的大区划分为若干小区，用省区

提格拉特帕拉沙尔三世王宫的雕刻，国王（中）坐在战车上去狩猎。

知识链接：亚述女王萨穆－拉玛特

萨穆－拉玛特（Sammu-ramat，约公元前8世纪）是亚述国家著名的女王，她的丈夫是亚述国王沙姆希阿达德五世（Shamshi-Adad V）。在丈夫死后，由于其子尚幼，不能行使国王之权，萨穆－拉玛特便担任了数年的摄政王。有人认为，萨穆－拉玛特是传说中的亚述女王塞米拉米斯（Semiramis）的原型。在传说中，塞米拉米斯冒充自己的儿子成为亚述国王。

长官替代总督进行管理。省区长官的权力比总督小，负责收取赋税、军需品。为了控制地方，他还特别任命委任官，治理地方政务。此外，他建立了一个用驿站传递信息的情报网，以便更好地加强对地方的控制。

因为过去的高压政策常常导致被征服地区的反抗和俘虏的叛乱，提格拉特帕拉沙尔三世从根本上改革了相应策略。他善待俘虏，允许俘虏携带妻儿、财物。但是，他会将一个地区的居民分成若干小股，将他们分别安置在不同的地区，以防他们组织起来反抗亚述的统治，这种制度叫作纳萨胡。虽然如此，俘虏的地位还是十分低下，他们实际上仍被当做奴隶看待，劳动成果大部分都要上缴给主

人，而且没有人身自由。尽管如此，较之以前的待遇也有了不小的提升。

改革革除了积弊，使得亚述的实力大大提升，从而开始了对外征服之路。提格拉特帕拉沙尔相继征服了阿拉米亚人、巴比伦，占领了米底、埃兰的一些地区，攻克了阿巴德城、叙利亚、黎巴嫩山区的许多城市。公元前737年，他率军击败了乌拉尔图军。之后，他又战胜了大马士革军。提格拉特帕拉沙尔三世在军事上的辉煌胜利，使得原先叛离帝国的许多城市和地区又重新归顺，帝国版图空前扩大。

公元前727年，提格拉特帕拉沙尔三世去世，他的儿子萨尔玛拉萨尔五世即位。

这块浮雕上，国王将长矛刺入跃起的狮子身上。为显示狩猎这些动物有多么凶险，有另一只狮子正攻击国王的备用马匹。

左手毁灭，右手建造
尼布甲尼撒二世

在历史的长河中，他是仅次于汉谟拉比的巴比伦明君；

在犹太人的记忆里，他是凶狠残暴的敌国祸主。

尼布甲尼撒二世是新巴比伦王国最著名的国王，他的声誉仅次于汉谟拉比。提到他，人们想到最多的还是精美瑰丽的空中花园和惨无人道的巴比伦之囚。尼布甲尼撒二世的形象，在盛世的缔造者与安宁的破坏者之间摇摆，留给了后人无限的评点之资。

缔造盛世

尼布甲尼撒二世（Nebuchadrezzar II，约公元前630—前561年）的父亲，是新巴比伦王国的开国君主那波帕拉沙尔。那波帕拉沙尔原是巴比伦南部地区迦勒底人的国王，公元前626年，他夺取了亚述统治下的巴比伦城，建立了新巴比伦王国，同米底王国联姻交好。公元前612年，他趁亚述帝国内乱之际，联合米底人攻陷了亚述都城尼尼微。

尼布甲尼撒在青年时期就表现出了非凡的能力。当时，新建立的巴比伦王国并不稳固，埃及和埃及支持下的亚述残余势力对他们虎视眈眈，巴比伦亟需加强势力，以抗外敌。有一次，那波帕拉沙尔在战斗中感到体力难支，这位征战一生的老人不得不返回巴比伦，青年尼布甲尼撒被委以重任，率军作战。年少英俊的尼布甲尼撒在率军之初，就取得了节节胜利，公元前605年，尼布甲尼撒率军与强敌埃及作战，他在哈马什全歼了埃及军队。这大大提高了他的威望，加强了他在国内的影响。

公元前605年8月，老国王那波帕拉沙尔去世，尼布甲尼撒立即赶回巴比伦，即位为王。由于在国内名声很大，加上属合法继承，巴比伦地区各城市都表示支持。

尼布甲尼撒即位之后，延续了对外征服的国策。从公元前604年到公元前602年，他率领大军发动了对叙利亚、巴勒斯坦地区各个小国的征服，迫使大马士革、西顿、推罗以及犹太国王纳贡称臣。

不仅有一系列的对外扩张，尼布甲尼撒还重视国内建设。他扩大了统治基础，争取到祭司集团的支持；建设了许多灌溉设施，不断开垦荒地，鼓励工商业发展。新巴比伦王国达到极盛状态。

摧毁安宁

在犹太人的叙述中，

尼布甲尼撒二世模拟头像。尼布甲尼撒二世曾征服了犹太国和耶路撒冷，并在他的首都巴比伦建成著名的空中花园。在巴比伦语中，他的名字意思是"皇冠的保护和继承者尼布"，或"保卫边疆者尼布"。

知识链接：空中花园之谜

尼布甲尼撒曾娶过一位米底公主安美依迪丝（Amyitis），这个公主常常会思念故乡。尼布甲尼撒令人堆起了一座人工山丘，上面种满了各种各样的奇花异木，修建了许多亭台楼阁，远看犹如在空中的花园一样。这就是著名的"空中花园"，被誉为古代世界七大奇迹之一。由于缺乏史料记载，花园也已经不复存在，它在人们心中成了一个谜。

公元前586年，耶路撒冷被攻破，大批民众、工匠、祭司和王室成员被掳往巴比伦，史称"巴比伦之囚"。图为犹太人被新巴比伦军队从耶路撒冷掳走的场景。

尼布甲尼撒二世几乎完全是负面的形象，这与"巴比伦之囚"事件有关。

公元前604—前602年之间，犹太王国被巴比伦征服，并俯首称臣。公元前601年，尼布甲尼撒与老对手埃及再次作战，损失惨重，不得不撤军回国，一直安分守己的犹太国王约雅敬突然脱离巴比伦，转而投靠埃及。

尼布甲尼撒对于约雅敬的叛乱异常暴怒，他在补充军需之后，于公元前598年发动了对犹太王国的战斗。他围困耶路撒冷达两月之久，犹太国王及其母亲、妃子和大臣迫于国内的亲巴比伦势力，出城投降。这个时候的犹太国王，已经是约雅敬的儿子约雅斤，愤怒的尼布甲尼撒将他及其犹太王室成员统统捆绑起来，押往巴比伦。他把约雅斤的叔叔探雅立为犹太王，让其改名为西底家。

公元前588年，哈夫拉登上埃及王位之后，发动了对巴勒斯坦地区的进攻。尽管有耶利米、以西结等人反对，犹太国王西底家仍然再次投靠了埃及人。尼布甲尼撒忍无可忍，决定严惩犹太人。他包围了耶路撒冷，对其进行了长达18个月的围困，终于在公元前586年攻陷了这座犹太人圣城。再次与西底家相见，尼布甲尼撒被狂怒冲昏了头脑，彻底失去了理智，他当着西底家的面，杀光了他的儿子，挖掉了西底家的眼睛，用铜链拴着他押到了巴比伦。他将耶路撒冷洗劫一空，放火烧掉了神庙、王宫和民宅，将全城的居民都押送到了巴比伦地区。这就是著名的"巴比伦之囚"。

空中花园模拟图。巴比伦空中花园，又称"悬苑"。由巴比伦王国的尼布甲尼撒二世在巴比伦城为其患思乡病的王妃安美依迪丝修建，现已不存在。

63

人文地理

古埃及是世界四大文明古国之一，以独特的文化在人类早期历史上留下了灿烂的一笔。埃及的法老、金字塔、狮身人面像、木乃伊，营造出了一个神秘雄浑的古国形象。

尼罗河的馈赠

埃及地处非洲东北部，北边是闻名遐迩的地中海，东边是红海，西侧则是浩瀚的撒哈拉大沙漠，南边有尼罗河上游的埃塞俄比亚，东北隔西奈半

埃及地貌。埃及属于沙漠型国家，除了尼罗河河谷、三角洲和西部沙漠的绿洲以外，国土 86% 以上为沙漠。尼罗河三角洲是世界上最大的三角洲之一，尼罗河三角洲土地肥沃，人口密集，是古埃及文明的发源地。

尼罗河的赠礼
古埃及文明

万岁，尼罗河！
你来到这片大地，
平安地到来，给埃及以生命。
隐秘之神，你已将黑夜引导到白昼，
我们庆祝你，给我们指引。
你种植了拉神（太阳神）开垦的花园，
给一切行走者以生命；
永不停息地浇灌着大地，
沿着你从天国下降的旅程。
食品的珍爱者，赐予谷物的人，
普塔神啊，你给每个家带来了光明！

—— 《尼罗河颂》

岛与亚洲相望。埃及的地理位置相对隔绝，因而不太容易像两河流域那样发生高频率的内部混战。与两河流域相似的是，由于高山阻隔了印度洋的季风，埃及全境干旱少雨，只有尼罗河三角洲地区有少量降雨。在古代，缺水就意味着无法发展农业，自然也就无法孕育文明，这片相对孤立、安全的土地或许会因为无法提供足够的粮食而失去萌生文明的机会。

幸运的是，尼罗河解决了供水的问题。尼罗河由发源于非洲中部的白尼罗河和发源于苏丹的青尼罗河汇合而成，全长 6670 公里，是世界上最长的河流，自南向北流经埃及，注入地中海，给埃及带来了充足的水源。尼罗河每年 7 月至 11 月都会定期泛滥，不仅使尼罗河周围形成了很多的塘堰，还会携带上游大量的泥沙，在尼罗河两岸沉积下来。这些泥沙含有大量矿物质和腐殖质，成为肥沃的黑色土壤，相当于每年给尼罗河下游土地普遍施了一次肥。

尼罗河还带来了大量的鱼类，以及以鱼类为生的鸟类和其他动

物，它们构成了埃及人重要的肉食来源。

人种与语言

由于有着出色的地理位置，埃及很早就有人类居住。大约在 200 万年以前，埃及就存在原始的直立人。目前在埃及发现最早的人类活动遗迹，大约属于 175 万年前。不过，究竟是哪些人创造了早期埃及文化？依然是一个尚待解决的问题。埃及最早的居民可能是北非土著，他们讲哈姆语。后来，西亚讲塞姆语的民族进入了埃及，与当地土著逐渐融合，形成了独特的人种。

古代埃及流传下来大量的雕刻和绘画，为我们一窥古埃及人提供了重要参考。从这些材料中可以看出，古代埃及人在体形和外貌上都与其他古代西亚北非的人种不同，他们身材较高，皮肤较黑，黑发，低额头，密睫毛，黑眼珠，直鼻，宽脸。这种体格特征，或许是不同民族融合的结果。

古埃及的象形文字早在公元前 5000 年就已出现。古埃及文字主要用于宗教活动，为僧侣贵族掌握。随着基督教成为罗马帝国国教，埃及本土宗教遭到禁止，古埃及象形文字也逐渐为世人淡忘。

1789 年，拿破仑远征埃及。法国人发现了大量上古史料，特别是一块刻有古埃及象形文字、古埃及通俗体文字和古希腊文的"罗塞塔石碑"（Rosetta Stone）。法国天才语言学家商博良比对三种文字，断定这是一篇文献的三种文字版本，由此古埃及象形文字之谜慢慢解开。但是古埃及象形文字毕竟历经近 5000 年的演化，随着时间推移而出现了大量的变体，这给释读工作带来了最大困难。商博良经过十几年艰苦卓绝的努力，最后发现了古埃及象形文字变体的规律与特征，为后人研究古埃及象形文字打开了一扇大门。

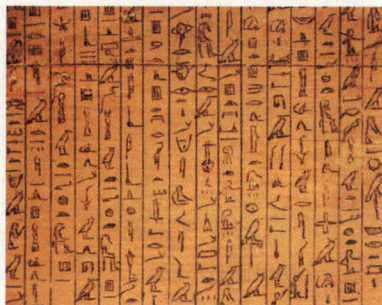

埃及象形文字是世界上最古老的文字之一。古埃及人认为他们的文字是月神、智慧与数学之神图特（Thoth）造的，和中国人"仓颉造字"的传说很相似。古埃及语属于闪－含语系埃及－科普特语族。现在，科普特语还用在宗教仪式上。

罗塞塔石碑高 1.14 米，宽 0.73 米，制作于公元前 196 年，刻有古埃及国王托勒密五世登基的诏书。石碑上用希腊文字、古埃及文字和当时的通俗体文字刻了同样的内容，这使得考古学家得以解读出已经失传千余年的埃及象形文字之意义与结构。

🦉 **知识链接：埃及的宗教**

埃及宗教为多神教，神灵众多，总数达 2000 多个。埃及人相信万物有灵，认为大地、空气、河流、动物、植物等都是有神灵相附的。重要的神灵有鹰神荷鲁斯，太阳神拉，冥神奥西里斯，死者守护神伊西斯等。在埃及历史上，王权与神权斗争的戏码屡屡上演，祭祀阶层是埃及政治、社会生活中一支重要的力量。

统一上下埃及
美尼斯

在所有的上古帝王中，他是最早的一个；他毕生只做了一件事，但却被人们记忆了数千年。

美尼斯是古埃及历史上第一个法老，他统一了上下埃及，建立了埃及第一王朝，使古埃及首次形成了统一国家，开启了法老统治的时代。埃及后来能成为四大文明古国，首功当推美尼斯，他是留下赫赫威名的上古帝王中最早的一个。

一统埃及

埃及最早的国家类型与两河流域类似，都是城市国家。希腊人称这些城市为"诺姆"，意思是放牧的地方，中文将其译为州。诺姆实际上就是一个个的独立国家，每个国家都不大，包含一个中心城市和周围的乡村。最初，各个诺姆之间基本都是平等关系，每个诺姆都有自己的守护神和旗帜。为了争夺地盘、水源和劳动力，相邻的诺姆之间会爆发冲突或者战争。渐渐地，一些实力强大的诺姆就成了一方霸主。在希拉康波里，考古学家发现了王室墓地以及一些权标头、王徽等标志，似乎表明希拉康波里是诺姆

在上埃及，早在法老王之前，代表文明的城市已经出现。图为埃及史前时代的女性雕像。

中的霸主之一。但这时候的霸权可能还不够稳定，会在各个诺姆之间变换。

在不断的混战之中，上下埃及分别形成了强大的王国。南方的河谷地带为上埃及，崇尚白色，国王头戴白冠，国库称白屋，守护神是鹰神荷鲁斯；北方的三角洲地带为下埃及，崇尚红色，国王头戴红冠，国库称红屋，守护神是蜜蜂或眼镜蛇神。美尼斯（Menes）并非最早有统一埃及想法的人，他的前辈蝎王就尝试过统一埃及的战争，不过没有成功。大约在公元前3100年左右，上埃及国王美尼斯率大军侵入下埃及，经过三天三夜的浴血奋战，征服了下埃及。后来，美尼斯在决战的地方建立了一座要塞——白城，即希腊人后来所称的"孟菲斯城"。这座城地理位置重要，可以加强对下埃及的控制，防止他们反攻。

千古一帝

作为上下埃及的统一者和埃及第一王朝的开创者，美尼斯并没有被胜利冲昏头脑。他知道自己刚刚立足，根基还不稳，所以采取了一系列措施，想赢得下埃及人民的拥护和爱戴。在下埃及时，他并不标榜自己代表埃及，他戴着下埃及的王冠，表示自己尊重下埃及的百姓。他还允许下埃及人民继续信奉自己的保护神。只有当他回到上埃及时，他才宣称自己是上下埃及的主人。另外，美尼斯在上下埃及分别设立了国库，让两个地区各自管理财政。他还在上下埃及保留了各自的宗教中心，设立了

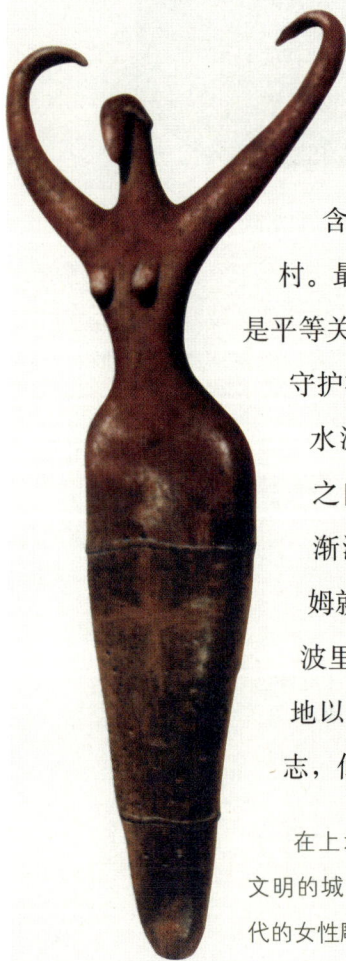

一话一说一世一界一

在今天留下赫赫威名的上古帝王中，古埃及的美尼斯恐怕是年代最早的一个了。他是古埃及第一王朝的建立者，是古埃及国家统一的奠基者。古埃及是世界古国中的古国，而美尼斯正是站在这一切开端处的特殊人物。

圣城。

据说美尼斯在位 62 年，最后，他在一次打猎时不幸被一头河马袭击身亡了。

尽管美尼斯在埃及历史上具有无可比拟的地位与重要性，但是关于他是否为真实的历史人物仍存疑问。目前还没有考古学证据证实他的存在，但有学者通过对象形文字、人物生活年代和生平事迹的分析，认为美尼斯与纳尔迈是同一个人。还有观点认为，统一上下埃及的不是美尼斯，而是考古上可以证明的纳尔迈。除此之外，关于美尼斯的真伪、

图为纳尔迈调色板。当前还没有考古学证据证明美尼斯的存在，但许多史学家通过象形文字注音、生活年代和生平事迹的分析，认为美尼斯同已被文物所证实的上古帝王纳尔迈就是同一个人。

🦉 知识链接：纳尔迈调色板

纳尔迈调色板（Narmer Palette）是一块盾形石雕板，出土于埃及的希拉康波里。调色板高 63 厘米，两面雕刻着纳尔迈统治埃及的画面。调色板的正面刻画着头戴白冠的纳尔迈，他左手揪着敌人的头发，右手高高举起了权杖，作出攻击的姿势，那个敌人跪在地上，双手摊开，被纳尔迈控弄得动弹不了。国王脚下还有两名正在逃跑的敌人，他们表情惶恐，十分狼狈。调色板的反面分为上、中、下三栏。上面一栏描绘了举行凯旋仪式的场景；中间一栏是两只相互缠绕的怪兽，象征着上下埃及的统一；下面一栏纳尔迈化身成了一个勇猛雄壮的公牛，正在践踏敌人、摧毁敌城。

身份，还有不少其他观点。但是，至少可以肯定的是，确实存在一个历史人物统一了上下埃及，埃及人和为数不少的现代人，选择相信这个人物就是美尼斯。

埃及最大金字塔的主人
胡夫

他是成功的埃及国王，曾率军远征获胜。他也是残暴的埃及法老，用一生在为死亡作准备。

胡夫全名胡尼胡夫，是古埃及第四王朝的第二位法老（约公元前2590—前2568年在位）。古埃及史学家马涅托将胡夫写作莎菲斯（Suphis），希腊作家希罗多德将胡夫写成为齐阿普斯（Cheops），狄奥多鲁斯则将胡夫称为齐米斯（Chemmis），胡夫以其建造的金字塔而闻名于世。

加强集权

胡夫（Khufu）的父亲斯尼夫鲁是埃及古王国时期第四王朝的创立者，母亲是希泰弗瑞斯，希泰弗瑞斯的父亲是第三王朝的最后一位法老。

胡夫即位时大约只有20多岁，他大约统治了23年。胡夫统治时期，他好像继续了前辈们远征西奈半岛和努比亚的策略，巩固了从尼罗河三角洲到努比亚的帝国。在瓦底·马格哈拉附近的岩石上，保留着纪念胡夫远征胜利的浮雕，写着"赫努姆·胡夫，伟大的神，犹恩提乌（西奈半岛的土著部

落）的摧毁者"。但是在这次远征之后，胡夫没有发动过其他远征。

胡夫加强了王权统治，他将神权与王权进一步融合，称自己是活着的荷鲁斯（法老的守护神）。

法老王权力的象征可从法老的塑像得知：王冠、权杖、前额上有眼镜蛇和秃鹰守护标志。图坦卡蒙的木乃伊被保存在三层的黄金棺木内，图为被保存在黄金棺木内的图坦卡蒙的木乃伊。

> **知识链接：木乃伊的制作**
>
> 古埃及人重视死远大于重视生，他们认为现世是短暂的，人死后可以获得永生。在这种观念下，埃及人发展出一套死亡文化，而制作木乃伊则是这套死亡文化的核心。
>
> 希罗多德在公元前5世纪曾亲眼目睹了木乃伊的制作过程：尸体通过船由尼罗河东岸送往西岸。然后由祭师引导着，抬进进行防腐处理的帐篷里。尸体先被清洗干净，然后工匠们在僧侣单调的挽歌中开始动刀。第一位操刀手在死者尸体腹部左侧划开一个刀口，与此同时，其他工匠将大部分内脏器官掏出，进行防腐处理后分别装进4个石制器皿。死者的脑子同时也被干净地掏出，只有心脏留在原处。胸腔洗净后涂上液态树脂，防止虫蛀。几十天后，尸体干化，工匠们用在树脂里浸泡过的麻布将腹腔重新填满，把取内脏时割开的口子缝合，尸体外面用松树油、蜡、泡碱和树脂合成的物质加以涂抹，最后洒上香料，最后将木乃伊放入墓室。

埃及人相信来世，并认为转世之后仍需躯壳，因而产生了制作木乃伊保存肉体的工艺。一般情况下，木乃伊会被放入量身定做的木棺里。

他将他的长子立为维西尔，相当于宰相，王室集团掌握了埃及的一切大权。

胡夫有9个儿子和15个女儿。他死后，他的两个儿子杰德弗列和哈夫拉先后继承了王位，不过也有说法认为哈夫拉是胡夫的兄弟。

修筑陵墓

由于历史资料有限，今天史学家对胡夫的生平了解并不详细，但是他修建的金字塔，以及修建金字塔的过程却广为人所知。

根据希罗多德的记载，胡夫为了修建金字塔，关闭了所有的神庙，禁止任何人在那里奉献牺牲。强迫所有埃及人为建造金字塔工作，每10万人组成一批，一批工作3个月，待到他们体力不支，需要休息时，会再换10万人来接替他们。就这样，日复一日，总共用了30年的时间才建成，其中10年的时间用来修路，20年的时间用来修筑金字塔。

胡夫为了建设金字塔，置劳动人民的生命于不顾，用非常残暴的高压政策强迫他们劳作，将人民拖入了灾难的深渊。为了筹集修建金字塔的费用，胡夫花光了他所有的钱，可还是不够，他竟然指使自己的女儿去妓院卖淫，让她勒索一定数量的酬金。她在父亲的强迫下，只好听命，为了给自己留

日本绳文人

在亚洲，日本处于绳文时代即石器时代的晚期，时间大约是从约1万年前到公元前1世纪前后。绳文人是现代日本人的祖先之一，他们身高不高，成年男性身高不足160厘米，女性不足150厘米。主要面部特征是前额中央突出，眉毛浓，大眼睛，厚嘴唇。他们与来自东亚的弥生人不断融合，形成了现代日本人。

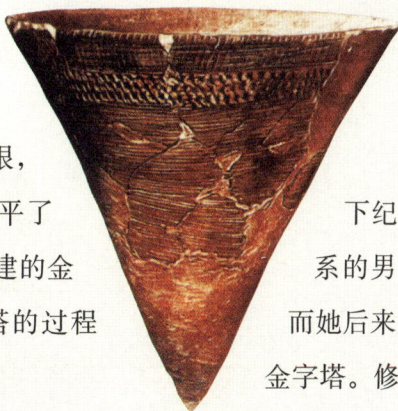

日本陶器。圆锥形的日本炒菜锅，有典型的绳文记号，制作年代约在公元前6000年左右。

下纪念物，她要求所有与她发生关系的男子都要为工程提供一块石料，而她后来用这些石料为自己修建了一座金字塔。修建胡夫金字塔花费了大量的资金，据说仅仅是劳动者所消耗的萝卜、葱和蒜的数量，就花费了1600塔兰特的银子，这还只是很少的一部分。

第70—71页：胡夫金字塔

屹立在尼罗河西岸的金字塔群落共80余座，其中最为著名、规模最大的是胡夫金字塔，原高146.5米，现在减损为137.20米，底边长原为230.38米，现在为227.5米，倾斜角度为51.9度。塔身共计250层级，用了230万块平均2.5吨重的石材砌成，总重量约为570万吨，至今仍让我们惊讶的是它完美的比例与其精准的天文定向。

金字塔外面有五个用以置放长舟的大坑遗迹。考古学家们在其中一个坑中发掘出一条长舟——太阳船。

一话一说一世一界一

"埃及拿破仑"
图特摩斯三世

他是古代世界的战神，
一生之中从未尝败绩；
他是雄才大略的法老，
使埃及一跃成为大帝国。

图特摩斯三世是古埃及新王国时期第十八王朝的第五位法老。第十八王朝是埃及国力最为强盛的一个朝代，王朝延续时间最长，所控制的疆域也最大。正是在这个王朝，埃及完成了一个从地域性王国到洲际大国的转变，而这一切的奠基者，正是图特摩斯三世。

坎坷掌玺路

按照中国的传统观点，图特摩斯三世（Thutmose III，约公元前1504—前1450年在位）并非嫡出，他的母亲是图特摩斯二世的二王妃伊西丝，而非王后哈特舍普苏特。哈特舍普苏特膝下无子，只有女儿。公元前1504年，图特摩斯二世去世，因为正宫无子，在阿蒙神庙僧侣的支持下，王位就旁落到了年约10岁的图特摩斯三世身上。据说，僧侣阶层之所以支持图特摩斯三世，是因为他在幼年时曾在寺庙里做过小僧侣，会照顾他们的利益。为了平衡，也为了稳固王室权力，图特摩斯三世与王后的女儿涅菲鲁勒订了婚约，王后哈特舍普苏特趁机成为"摄政王"。

由于法老年幼，野心勃勃的哈特舍普苏特成了实际的掌权者。在图特摩斯三世即位的第二年，哈特舍普苏特就开始采用象征国王的标志、徽章和服装，成为埃及的女王。考虑到埃及向来没有女王执政的习惯，法老也以太阳神之子自称，女王只好把自己化妆为男人。她开始穿男性衣服，梳男性的发型，脸上还贴上了假胡须，就连工匠为她竖立的雕像也是男性的形象。

哈特舍普苏特掌握着政权，她在对外政策上没有大的建树，但在内政方面还是颇有些手腕。在女王权势的笼罩下，图特摩斯三世产生了很复杂的心理，一方面他渴望权力，渴望亲自执政；另一方面又慑于女王的权力，不敢声张。这种情况随着他年龄越来越大，也变得越来越明

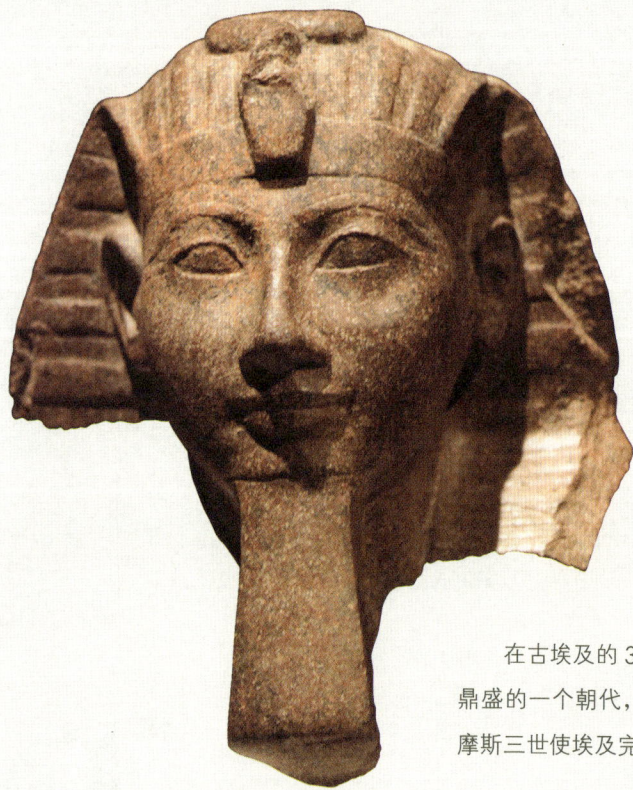

在古埃及的31个王朝中，第十八王朝是延续时间最长、版图最大、国力最鼎盛的一个朝代，图特摩斯三世则是这个王朝的集大成者。通常认为，是图特摩斯三世使埃及完成了从一个地域性王国向洲际大帝国的质变。

海洋和沙漠的天然屏障，使得埃及较少受到外国的影响，埃及文明得以深入到努比亚（今天苏丹）。图为行军中的努比亚弓箭手木俑，这些是在法老墓室中发现的。

非常喜欢军营生活，似乎在军营里找到了自由和快乐，他积极地参加所有军事训练，尤其擅长箭术和马术，这为他后来征战四方奠定了坚实的基本功。

图特摩斯三世成年后，被任命为军队的统帅，他率军远征努比亚，取得不小的战果。公元前1482年的一天，女王哈特舍普苏特突然死亡，图特摩斯三世终于等来了王位。女王的死因尚不清楚，但可以肯定的是，埃及王室内部发生严重内斗。图特摩斯三世上台后，下令清除了女王执政期间留下的所有痕迹，焚毁了她所有的雕像，抹掉了各地建筑物上女王的名字。等待了22年的

显。女王对图特摩斯三世还不错，让他接受国王应该的教育。于是，图特摩斯三世有了机会与军队在一起。不知是不是为宫廷生活所累，图特摩斯三世

美吉多战场废墟。人类有史记载的第一场古老战争，就是在美吉多（今天以色列属地）发生的战争。战争双方是埃及法老图特摩斯三世与迦南联军。在《圣经》预言里，美吉多是末日战争的地点。

家，企图共同对抗埃及人。图特摩斯与敌军在巴勒斯塔北部的美吉多城（Megiddo）附近展开交锋，埃及军队大胜，但是他们并没有趁机穷追到底，而是被敌人抛下的金银财宝给拖住了，失去了及时拿下城堡的机会。后来，他们不得不围攻了 7 个月之久，才最后攻陷了这座城市。之后，图特摩斯三世又数次袭击叙利亚、巴勒斯坦的沿海城市。在第六次远征时，图特摩斯三世拿下了卡迭石。

埃及的兴起，引起了西亚大国米坦尼的忧虑。米坦尼国王也非等闲之辈，他整顿军务，准备与埃及一决雌雄。不过，数次大战中，埃及都获得了绝对的优势，公元前 1472 年的一次战斗中，图特摩斯跨过了幼发拉底河，随时可能兵临米坦尼老巢。米坦尼国王见状不得不屈服，他赶紧向埃及纳贡，表示臣服于埃及，才避免了被灭国的危险。米坦尼的屈服，使得整个西亚地区大为震动，各国急忙向埃及示好，亚述和巴比伦与埃及修好，巴比伦还与图特摩斯三世联姻，将一位公主嫁给他为妃。在南部，图特摩斯三世也发动了征服战争，将埃及的南部疆界扩展到了尼罗河的第四瀑布。

随着图特摩斯三世的名声远扬，埃及的势力也达到历史上的顶点，许多地区的王国纷纷前来纳贡，整个东地中海成了图特摩斯三世的"后院"，爱琴海诸岛、克里特、塞浦路斯都囊括进了埃及的海上势力之中。

图特摩斯三世的对外征服给后人留下了深刻印象，他的继承者们再也无人取得可与之媲美的成就。于是，图特摩斯三世后来也有了"第一位世界英雄""古埃及的拿破仑"等称号。不过，图特摩斯三世有一点肯定强于拿破仑，那就是他这一生所经历的大大小小的战役之中，从未吃过"滑铁卢"败仗。

卡纳克神庙有众多柱厅。最高的石柱高达 23 米，直径 5 米，是古代建筑中最高大的石柱。在门楼和柱厅圆柱上有丰富的浮雕和彩画，并附有铭文，既表现宗教内容，又是歌颂国王业绩。

图特摩斯三世，终于开始亲自执政。

不怠征服志

在哈特舍普苏特统治期间，邻国都服从于埃及的统治，每年按时交纳贡赋。但是在新王登基之后，一些国家开始想趁乱脱离埃及。在军队的支持下，新上任的图特摩斯三世迅速稳定了国内局势，做好了对外军事扩张的准备。

图特摩斯三世的第一个目标是以卡迭石为首的叙利亚、巴勒斯坦联军。他们联合了多个国

跋扈帝王心

图特摩斯三世每次征服，埃及军队都会破坏城镇，屠杀人民，还将被征服地区大量的牲畜和俘虏作为战利品带回埃及。在国王战利品的清单和奉献给神庙的礼品目录上也列举了他所征服的248座城池的名字。这些侵略战争都被记载在卡纳克神庙的象形铭文《图特摩斯三世年代记》上。

为了维护被征服地区的稳定，图特摩斯三世每每征服一个地区，都会废黜当地的国王，然后用一些他信赖的贵族代替他们，并且给予这些贵族一定程度的自治权。由于对这些人并不放心，为了防止他们暴乱，这些统治者的长子都被接到埃及接受教育。一是作为人质，以便使得这些统治者们不敢胡作非为；二是培养这些长子们对待埃及的感情，以便他们继承王位后，依然会效忠埃及。这种控制被征服地区的方法，后来被许多帝国所采纳。

🦉 知识链接：方尖碑

方尖碑是古埃及继金字塔之外的另一杰作，一般认为是古埃及崇拜太阳的纪念碑。方尖碑底部为方柱，顶端似金字塔尖，由下而上逐渐缩小，常以金、铜或金银合金包裹，在阳光照耀下闪闪发光，十分漂亮。方尖碑一般由整块花岗岩制成，埃及法老们常常在上面刻字，一般是他们对外征服的光辉战绩，也有铭刻他们祈求神灵保护，或者向神庙献祭的礼物清单。现存最完整的方尖碑是法老辛努塞尔特一世时期所立，高20.7米，重121吨，是法老为庆祝加冕而建。近代以来，由于西方发达国家对埃及的文化掠夺，方尖碑被散布到了世界各地，埃及国内只剩下5块。

除了大肆扩张之外，图特摩斯三世在国内也常常大兴土木。他兴建了许多神庙，扩大了卡纳克的阿蒙神庙，建造了两座方尖碑装饰希拉康波里的太阳神庙。不少征服带回的奇珍异宝，都被他献给了神庙。在他统治30周年之际，图特摩斯三世先后建造了两座华丽的花岗岩方尖碑，彰显他的文治武功。

图特摩斯三世统治的最后12年，基本上没有再发生大的战争，帝国处于安宁之中。图特摩斯三世将他与哈特舍普苏特之女梅丽特所生的儿子，即阿蒙霍特普二世立为继承人，与他共同治理国家。公元前1450年，图特摩斯三世去世，他并没有修建金字塔，被葬在了底比斯西部"王陵之谷"的偏僻处。

方尖碑一般以整块的花岗岩雕成，重达几百吨，它的四面均刻有象形文字，说明这种石碑的三种不同目的：宗教性（常用以奉献太阳神阿蒙）、纪念性（常用以纪念法老在位若干年事迹）和装饰性。同时，方尖碑也是埃及帝国权威的强有力的象征。

恣意妄为的太阳之子
埃赫那吞

你升起在地平线上时是如此俊美，
啊，充满活力的阿吞，万物生长之源！
你照耀着东方的地平线，
你用光芒照抚着每一块土地。

——《阿吞颂诗》

埃赫那吞原名阿蒙霍特普四世，是古埃及第十八王朝的法老。埃赫那吞在位时，进行了著名的埃赫那吞宗教改革，希望用阿吞神（Aten，旭日初生时的太阳神）崇拜来对抗阿蒙神（万物创造者）祭司的势力，改革反映了古埃及王权与神权之间的激烈冲突，改革最终未能取得成功。

埃赫那吞的改革并不是纯粹的宗教性质的改革，而是在宗教改革外衣掩盖下的统治阶层内部的政治斗争。这场斗争不仅打击了阿蒙神庙僧侣集团的保守势力，在政权、宗教、文学艺术等领域也具有革新的性质。

改革背景

在古埃及，阿蒙神庙祭司们一直是一支重要的力量。在埃赫那吞（Akhenaton，约公元前1379—前1362年在位）时代，神庙祭司势力的扩张，引起了埃及军队的反感，因为他们在外浴血奋战获得的战利品，许多都要上交给神庙。看到自己辛辛苦苦拿命换来的财富，白白落在祭司们手里，军队上下充满了怨气。同时，由于神庙占有大量土地和劳动力，侵占了不少官僚集团的利益，使得他们也希望削弱祭司集团，打击神庙的势力。

埃赫那吞从小就看到阿蒙神庙的强大势力，深知祭司们的骄横，所以早就对阿蒙神祭司有所不满。后来，埃赫那吞登上王位，就决意打击阿蒙神祭司的势力。为了保险起见，埃赫那吞征求了他父母的意见，老法老因为忌惮阿蒙神祭司的势力，劝儿子千万不要那么做，以免王位受到影响。埃赫那吞并没有听进去老法老的建议，因为他对阿蒙神的仇恨与不满由来已久，尽管知道会面临许多困难，他还是决定冒险一试。

埃赫那吞分析了国内的形式：当时埃及的统治集团主要有两支重要力量，一部分是老贵族，包括宫廷贵族、地方贵族和显赫的祭司集团；另一部分是新兴贵族，他们主要是军事贵族，因为作战有功而获得了地位。埃赫那吞决定拉拢新兴贵族，将他们作为宗教改革的主力军。

强转乾坤

最初，埃赫那吞并没有太过激进，他想采用一种比较温和的办法来实施宗教改革。埃赫那吞在底比斯为拉神建造神庙，称自己是拉神（太阳神）的最高祭司，企图通过提高赫里奥波里斯的拉神的地位，起到间接打击阿蒙神祭司势力的效果。骄横的底比斯阿蒙神祭司们看到这个情况，立即向埃赫那吞表达了强烈的反对与抗议。

埃赫那吞看到祭司们的抵抗，立即火冒三丈，心想温和的不行，那就来强硬的。大约在他即位的第5年或第6年，埃赫那吞宣布只有太阳神阿吞才是唯一值得崇拜的神，他废止了阿蒙神崇拜。埃赫那吞关闭了阿蒙神的所有神庙，也关闭了其他神灵的神庙，赶走了神庙中的祭司。

为了完全消除阿蒙神的影响，埃赫那吞下令，全国范围内，无论是公共场所还是私人场所，只要与阿蒙神有关的，无论是图像或文字，都要统统抹掉。正是从那个时刻起，埃赫那吞废弃了他的原名，即阿蒙霍特普四世（意为

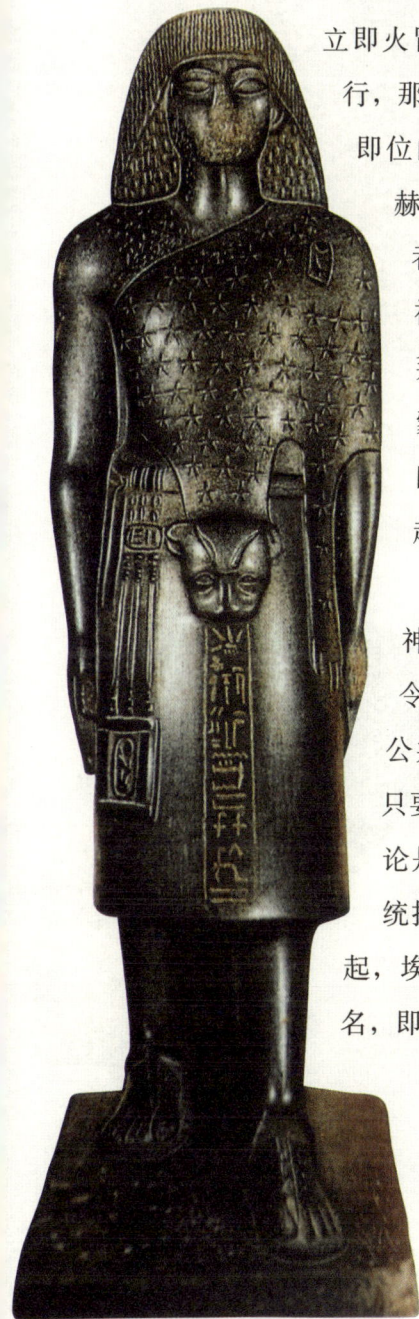

新王国时期身着豹皮的祭司雕像。在古埃及除了朝臣与高官之外，高级祭司是王室之外的最高阶层。

"阿蒙满意者"），改成埃赫那吞，即"阿吞的光辉"。

接着，埃赫那吞开始大力推动阿吞神崇拜。他自称是阿吞神的最高祭司，让人编写了许多歌颂阿吞神的颂诗，鼓励文学艺术家大力创作赞美阿吞神和他本人的作品，还大力支持工匠们制作有关阿吞神的雕像、壁画等。

最重要的是，为了更彻底地摆脱阿蒙神庙祭司的影响，埃赫那吞不惜将都城从底比斯迁出，在底比斯以北300公里处另建了新都，取名为"埃赫塔吞"，意为"阿吞的世界"。埃赫那吞非常重视建设埃赫塔吞，修建了王宫、府邸、神庙、国家机关等许多大规模建筑，十分豪华。

功败垂成

在埃赫那吞的宗教改革事业进行得轰轰烈烈的时候，国事逐渐被疏远了。国政日益荒废，国家内外都呈现出一片颓势。

阿吞神原本只是太阳的象征，新王朝时期被神格化，第十八王朝埃赫那吞法老又将其奉为绝对的、唯一的神。阿吞神普降恩德，以太阳圆盘和手型阳光形象出现。阿吞神教义主张神是没有形态的，主张所有人平等，不分贵族与奴隶，反对战争。

在国外，原来与埃及修好的米坦尼国王被人杀害，登基的王子是赫梯人的女婿，因而将米坦尼拉向了赫梯一边，与正向南扩张的赫梯联合在了一起。由于受到赫梯人的威胁，巴勒斯坦和叙利亚及两河流域的亲埃及势力，纷纷向埃赫那吞求援，但他们并没有得到埃及国王的回应。因而，这些地区爆发了严重的骚乱，埃及在这些地区的控制能力严重削弱。

国外的危机，引发了国内的一系列问题。作为支持改革的中坚力量，军队以及新官僚此时无仗可打，虽然他们知道敌人正在逐渐侵吞埃及的势力，但是法老却忙于宗教事务，对战争并不热衷。无仗可打的军人们自然就断了财路，他们对改革的热情大大下降。那些被打压的阿蒙神祭司们，看到军队动摇，立即抓住了机会。他们不断煽动对国王和新宗教的不满，使得改革遭遇了巨大挑战。这个时候，民众们发现宗教改革并没有给他们带来任何好处，反而因为修建新都的缘故，使得他们遭受了新

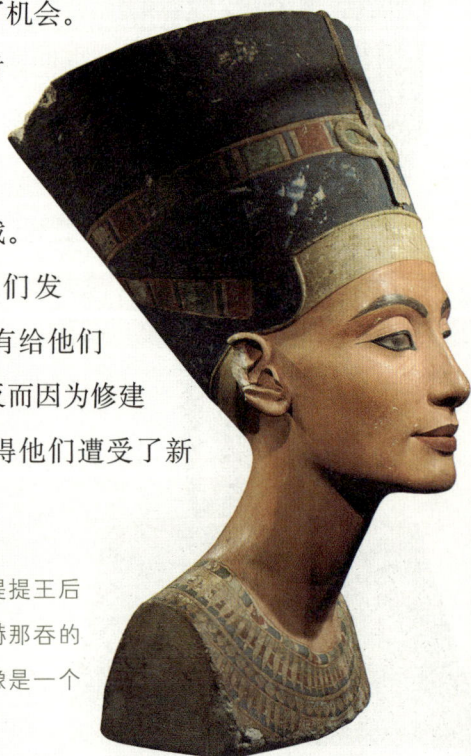

美貌的涅菲尔提提王后头部雕像，她是埃赫那吞的妻子，她的装扮就像是一个统治者。

抄写员雕像，这尊象牙雕像为中王国时期的艺术作品。抄写员或作家都是管理者、书籍保存者或税收计算员。带着卷捆莎草纸的抄写员常出现在埃及的艺术品中。

知识链接：古埃及历史上最美的女人——涅菲尔提提

涅菲尔提提是埃赫那吞的妻子，大约出生于公元前14世纪前半叶。据说，涅菲尔提提来自于异国他乡，是通过联姻的方式嫁到了埃及。不过，也有人说她就出生在埃及。最初，涅菲尔提提是阿蒙霍特普三世的妻子，在他死后，涅菲尔提提又嫁给了阿蒙霍特普四世，即埃赫那吞。涅菲尔提提从小接受过良好的教育，她天资聪慧、通晓多门学科，从小就帮父亲处理政务，表现出了非凡的政治能力。涅菲尔提提是标准的埃及美女，她长着鹰钩鼻和高面颊。当涅菲尔提提只有11岁的时候，她就已经如出水芙蓉一般非常美丽了。埃赫那吞有次见到她，竟然被她的美貌惊讶得说不出话来。她后来成为了埃赫那吞的贤内助，在法老推行宗教改革期间提供了不少帮助。涅菲尔提提的雕塑收藏于德国柏林国家博物馆，后人将这个雕塑与法国卢浮宫收藏的《米洛的维纳斯》相提并论，认为这是两座最美丽的女子雕像。

一轮的压迫与剥削，因而对新宗教也产生了抵触情绪。

埃赫那吞意识到了危机的存在，他采取了一些措施想挽救改革，但无奈支持改革的几个动机都已动摇，最重要的是民心已经不再，他的措施都收效甚微。埃赫那吞执政的最后三年，他让他的女婿斯门卡勒做了共同摄政王，与他一起管理国家，但这个举措也于事无补。斯门卡勒夫妇在底比斯居住了三年，但可能正是由于宗教改革的原因，他们在那里被人杀害了。孤苦伶仃的埃赫那吞深感绝望，公元前1362年，他也去世了。埃赫那吞逝世之后，他的儿子图坦哈屯继位，可他还只是一个小孩，不

可能掌握政权。在祭司集团的压力下，图坦哈屯逐步取消了埃赫那吞的改革措施，像改革初期一样，将一切与阿吞神有关的东西，重新换回成了阿蒙神。

后来，在第十九王朝赫列姆赫布在位期间，他停止了埃赫那吞的改革，将既有的改革进程也纷纷推翻。从那时开始，埃赫那吞开始被称为"埃赫塔吞的罪人"。曾经辉煌一时的新都埃赫塔吞，也被宣布为不洁之地，被彻底荒废了。至此，这场王权与神权的抗衡，这场统治集团内部的权力争夺，彻底画上了句号。

法老巨星
拉美西斯二世

他是极盛埃及的最后一位法老，
在他之后，埃及一落千丈。
他是法老界的一位巨星，
南征北战，鲜有败绩
大兴土木，彰显天威。

拉美西斯二世是古埃及第十九王朝法老，他执政的年代，是埃及新王国极盛时代的尾声。拉

拉美西斯二世是古埃及历史上最为重要的法老之一。然而他统治的时代已是古埃及衰落的前夜，国家巨大的开销加快了国力的下降。拉美西斯二世死后，埃及就开始走下坡。

美西斯作战勇猛，取得过许多辉煌的胜利；妻妾成群，有百余名儿女；好大喜功，修建了大量巨型建筑。这位巨星法老非常长寿，在埃及人普遍寿命只有40多岁的时代，他活到了91岁高龄。拉美西斯去世后，埃及国力一落千丈，霸主地位一去不返。

法老的典范

拉美西斯二世（Ramesses II，约公元前1303—前1213年）可以被称为法老的典范，他出生于法老王室之家，未经较大挫折就较为顺利地继承了王位。他的人生充满了传奇，有许多值得后人铭记的故事。在他治理下，埃及国力强盛，雄霸一方，令四方臣服；他作战勇猛，又颇得上天眷顾，每每危险之时都能逢凶化吉，取得了一系列的胜利；他爱情美满，与王后虽是政治婚姻的开头，但发展出了真爱。他还拥有诸多妃嫔，膝下儿女无数；他身体健康强壮，精力充沛，活了一个在当时看来非常高寿的岁数；最为重要的是，他的国民爱戴他的统治，将他视为法老的典范，甚至在他去世的数百年之后，人们仍然缅怀他的赫赫功绩。

拉美西斯大约出生于公元前1303年，他的父亲是法老塞提一世（Seti I），母亲是一位能征善战的将军之女杜雅（Tuya）。塞提一家共有四个儿女，拉美西斯是他们的第二个儿子，但由于长子早夭，

拉美西斯得以登上王位。小时候，拉美西斯就表现出了极高的天赋，在法老学校，他学习刻苦，积极地掌握一名法老所应掌握的知识，10岁时就开始在军队中任职，15岁时就跟随父亲征战沙场，在学习和实践中，掌握了一名法老所必需的技能。

大概在拉美西斯25岁的时候，塞提一世去世，拉美西斯登上王位，开始掌握这个庞大的帝国。年轻的拉美西斯踌躇满志，想成就一番超越前辈的事业。

一战倾城

拉美西斯一生征战无数，但其中最惊险，也是最值得骄傲的一战，当属卡迭石之战（Battle of Kadesh）。

为了争夺对叙利亚的绝对控制权，埃及与赫梯之间爆发了严重冲突。公元前1285年，拉美西斯亲率埃及大军2万，战车200辆，开赴赫梯在叙利亚的重镇卡迭石。赫梯人此时的国王是穆瓦塔里什

知识链接：银板和约

公元前1284年左右，经过卡迭石之战，埃及和赫梯两败俱伤，双方都有意达成和解。赫梯国王哈图西里斯在一块银板上写了和议草案，然后寄送埃及。拉美西斯二世在这个草案的基础上，拟定了自己的草案，然后寄回了赫梯。双方约定：永久和平，不再敌对，永远保持军事同盟关系。银板和约的全文刻写在埃及神庙的墙壁上和赫梯档案库里，表明双方对这个和约的重视程度。后来，拉美西斯还娶了哈图西里斯三世的长女为妻，更密切了双方的关系。和约实质上是两大帝国为划分在叙利亚和巴勒斯坦地区的势力范围而签订的，但却在客观上阻止了战争，维持了较长时间的和平。

（Muwatalish），他拥兵1万，战车3500辆，坐镇卡迭石迎击拉美西斯。

卡迭石战役是埃及与赫梯争夺叙利亚地区统治权的系列战役之一，拉美西斯二世率军与赫梯国王穆瓦塔里什争夺赫梯在叙利亚的主要基地和军事要塞卡迭石（位于叙利亚霍姆斯城附近）。战后缔结的和约是历史上保留至今最早的有文字记载的国际军事条约文书。

在奥龙特河附近，埃及军队俘获了两名贝都因人，他们自称是赫梯逃兵，实际却是赫梯人的奸细，他们骗埃及人说有重要情报，他们见到法老，告诉他穆瓦塔里什的军队还在很远的地方，来不及增援卡迭石。拉美西斯不知是计，闻之大喜，未等大军集结完毕，就立即率领一个支队孤军深入，侵入卡迭石西北平原地带。

就在这个时候，埃及人抓住了两个敌军士兵，经过审问，拉美西斯才发现自己上了当，陷入了敌人的包围圈，但此时天色已晚，来不及回大本营。就在这个时刻，躲在城堡内的赫梯人突然战声陡起，对埃及人发动了猛攻，猝不及防的埃及军队在赫梯人的冲击下溃不成军，四下逃窜。拉美西斯也陷入了敌人包围之中，幸亏他的护卫们奋不顾身，击退了敌人的进攻。正在危急时刻，赫梯人的士兵们发现了埃及军营里的财物，纷纷跑过去抢夺，给了拉美西斯喘息之机。埃及其他支队的后续部队也终于赶了过来，双方战斗至次日黄昏才停战。

卡迭石之战让埃及和赫梯都损失不小，他们发现两败俱伤将给其他敌人以可乘之机。原来，亚述这个时候已经兴起，威胁到了埃及与赫梯，如果埃及与赫梯再继续战斗下去，那么获益的无疑将是亚述人。于是他们商量停战，埃及与赫梯争霸之战基本结束。

在国内，拉美西斯大兴土木，修建了许多宏伟建筑，把他战争的经历铭刻在浮雕上，让人们记住那些惊心动魄的时刻，以及他所取得的伟大胜利。据说，拉美西斯在他王宫的墙壁上，在阿布辛拜勒、卡纳克、卢克索的神庙里，都描绘了卡迭石之战的场景，内容包括埃及人军队的雄姿，安营扎寨的布置，捕获俘虏的场景，当然，最主要的还是拉美西斯的勇猛和顽强。

身后之名

对于一个帝王来说，在位时赢得别人的赞许或许很容易，但是在逝世数百年之后，还能得到后人的称赞，就更为难得了。

大约在公元前 1213 年，拉美西斯去世了，他的遗体被制成了木乃伊，被埃及人以一个法老所能享受到的最隆重的方式下葬。拉美西斯活到了 90 多岁，他一生先后册封了 8 位王后，有 100 多个儿女。在他去世之后，王位继承人名单中第 13 位继承者莫尼普塔（Merenptah）继承了王位，这个时候，他已经是 60 岁了。拉美西斯活着的时候，是埃及人的传奇，他死了之后，关于他死亡的史诗也被人传诵。拉美西斯在后世埃及人心中的地位，仅举一例便可证明：

拉美西斯去世几百年以后，大流士三世率领波斯大军

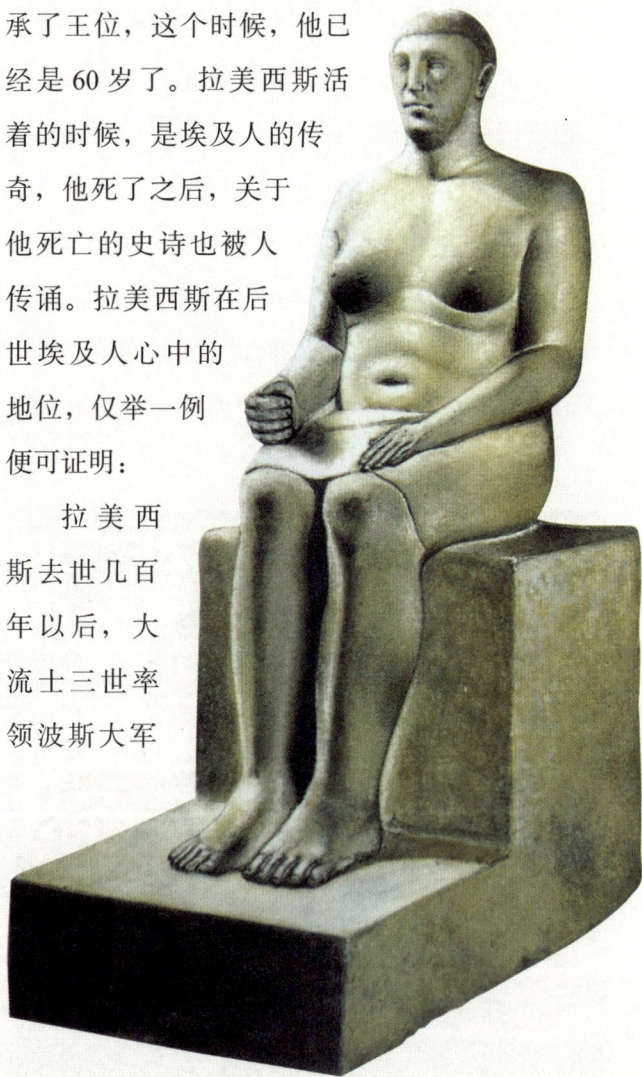

古埃及有较为完善的政府机构，官员队伍庞大。这是一座政府官员的雕像，他看起来非常的丰腴，好似过着优渥的生活。

阿布辛拜勒神庙位于埃及阿斯旺以南280公里处，距今已有3300年的历史了。它坐落于纳赛尔湖西岸，由依崖凿建的牌楼门、巨型拉美西斯二世摩崖雕像、前后柱厅及神堂等组成。阿布辛拜勒和它下游至菲莱岛的许多遗迹一起作为努比亚遗址，被联合国教科文组织指定为世界遗产。

进驻埃及。他来到阿布辛拜勒神庙，想将自己的石像放在神庙前面，但被埃及的祭司们拒绝了。祭司们说，尽管大流士三世取得了许多功业，但也无法与拉美西斯相提并论。因为拉美西斯不仅征服了与大流士三世一样多的民族，他们还征服了斯奇提亚人，这是大流士三世不曾做到的。

如果埃及祭司的话还有对拉美西斯的偏爱的话，大流士三世接下来的行动就更能说明问题了。他听了祭司们的话，居然认可了。这位不可一世的波斯大王，也承认自己与拉美西斯存在差距。

拉美西斯去世之后，埃及很快就衰落了，拉美西斯成了这个极盛帝国的最后一个标志。每当埃及人回忆起曾经的辉煌岁月，他们也就自然会想到这位法老巨星。

阿布辛拜勒神庙（Abu Simbel Temple）位于埃及南方城市阿斯旺以南280公里处，由古埃及新王国第十九王朝法老拉美西斯二世所建，距今已有3300多年历史，是埃及最重要的旅游景点和文化遗址之一。神庙高30米，宽36米，深60米，门前有四座巨型的拉美西斯坐像。旁边还有拉美西斯的母亲、妻子、子女的小型雕像。进入牌楼门后，还有第二道室门，之后还有左右两排的柱廊大厅，这些石柱承载着神庙大部分的压力。大厅四周都是精美的壁画，主要记载了拉美西斯对外作战的卓越战功。神庙内部有一个大列柱室，由8座拉美西斯的立像构成，这个室的墙壁上刻画了卡迭石之战的壮观景象。神庙最里面是一间小石室，摆放了四尊埃及神灵，其中一尊是神格化了的拉美西斯二世。1813年，瑞士学者布克哈特最先发现了这座神庙的一部分，后来意大利人贝尔佐尼对神庙进行了挖掘。数十年前，埃及决定修筑阿斯旺高坝，联合国教科文组织呼吁世界各国拯救努比亚，包括阿布辛贝勒在内的神庙被拆散后化整为零地转移到安全地带，然后依据旧貌进行了重建。

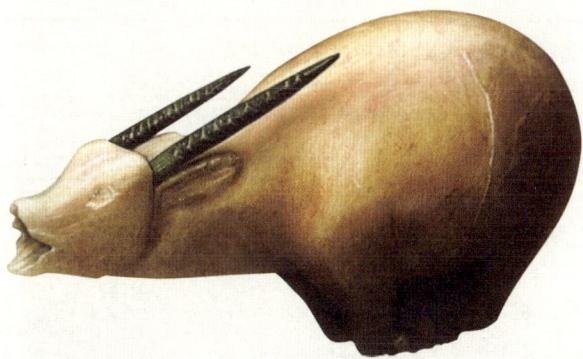

努比亚羚羊罐。努比亚被埃及征服后，一直充当着纳贡的角色。埃及人喜欢吃努比亚人所进贡的羚羊。

回光返照
尼科二世

百足之虫，死而不僵，强弩之末，仍有余威。

尼科二世是其父普萨美提克一世政策的继承者，特别重视发展贸易。腓尼基水手在他的支持下完成了第一次环绕非洲的航行。尼科二世在位时，埃及完成了尼罗河—红海运河，只是后来担心可能发生水位变化又将之放弃。

子承父业

尼科二世（Necho II，公元前 610—前 595 年在位），是埃及第二十六王朝即赛伊特王朝的第三位法老。他的爷爷是尼科一世（Necho I），死于公元前 664 年。

尼科二世的父亲是普萨美提克一世（Pamitik I）。尼科一世死后，战胜尼罗河三角洲小王国统治者的任务就落在了普萨美提克一世身上，在完成这一目标之后，需要再继续以他实至名归的军事实力和权威获得实实在在的法老名号。普萨美提克一世是如何实现这些目标的，只能依靠推测，希罗多德的记述和其他一些古典作家的

尼科一世是古埃及第二十六王朝的始祖，公元前 672—前 664 年在位，曾作为亚述人的总督统治埃及尼罗河三角洲赛斯城，也曾联合其他诸侯反抗。被击败后忠于亚述。其子普萨美提克一世建立第二十六王朝。

虎父无犬子，尼科二世就是这句话的现实版。尼科二世继续执行其父普萨美提克一世发展贸易的政策。尼科二世对外扩张并不成功，败于巴比伦国王尼布甲尼撒二世，被迫放弃在叙利亚和巴勒斯坦的领地。

作品并不能解决这一疑问。可能的解释就是普萨美提克为了使王位巩固，接受了来自吕底亚的帮助，对亚述怀有感恩之心。普萨美提克一共统治了 54 年，虽然资料稀少，但是极有可能在小亚细亚行动频繁，且和亚述联合在一起。尼科二世继承了其父亲的政策，结盟亚述的政策基本没有改变，以富有活力、远见卓识而闻名于晚期埃及时期。关于尼科二世的资料主要集中在其对外政策方面，即如何应对迦勒底（Chaldean）扩张这一威胁。

对外征服

尼科二世严重依赖常年驻守在埃及的希腊和卡里亚人雇佣军。他在陆上的军事力量的主要补给依靠一支战舰，有三列桨座的一种船。这种战船的目的在于及时应对任何可能出现的对埃及水路夹击的局面，能够支援尼科二世在近东军事力量的西翼。根据希罗多德的记载，尼科二世十分注重海上防御，建立了自己的海军。

这难得的浮雕描绘了尼科二世面对女神哈索尔，女神戴一只秃鹫头饰，头饰顶端是太阳圆盘和牛角。"女神"的铭文是"我授予你普天之下莫非王臣"。

他在叙利亚巴勒斯坦的征战的首要目的是为了支援亚述，以强迫迦勒底的势力撤出该地，在初期的时候，尼科二世是成功的。尼科二世出现在战场上，没有记载在巴比伦和埃及的文献中，是在《圣经·旧约》中得到证实。他在公元前609年的美吉多战役中打败了犹太国王约西亚（Josiah），扫清了他向美索不达米亚平原的主干道上的障碍。他在卡舍米施建立了一个基地，一直维持到公元前605年他灾难性的溃败。迦勒底人因此将埃及人逼退到三角洲的东侧。

在公元前601—前600年，尼科二世战胜了美吉多和加沙。巴比伦的军营在这一时期加强了防守，快到年底的时候，有传言说尼科二世就要打过来了。于是尼布甲尼撒二世亲自率兵，和埃及的军队在从三角洲冲积平原到加沙的这一地带狭路相逢。这一战斗，地势有利于战车、骑兵和弓箭手，双方都没有战胜对方，都因此而损失惨重，以至于巴比伦在接下来的一年时间里都不可以出兵，来休整、重新训练和装备军队。虽然埃及人实力可能最远渗透到加沙地区，这次战役使得赛伊特对亚洲的陆路控制彻底丧失。犹太国王自认为这一结果有利

于埃及，因此，对于巴比伦强迫和犹太王国建立关系这一事件断然拒绝。犹太最终的命运就是尼布甲尼撒派兵洗劫犹太城镇，在公元前597年占领了耶路撒冷。

在红海地区，尼科二世也派驻军队。因为埃及长期以来就和这一地区保持密切的商业利益关系。于是，他打算建立运河，以期连通图米拉特河谷和尼罗河。他在红海建有战船，设想着在遭遇伊多玛（Edomite）或者沙滨（Sabean）的威胁时，商业贸易依然可以有一个安全的通道照常进行，不会因可能的战争而影响贸易。

根据20世纪后半期的研究材料，尼科二世也派出了对努比亚的驻扎军队，因为在这一地区，他所花的心思远远超乎之前学者们的预测。

美吉多战争发生地的鸟瞰图

人文地理

恒河文明
古印度文明

两条静谧的河流，
一片神秘的大陆，
一个传承千年的文明。

古印度是一个含义较广的地理概念，大致包含今天的巴基斯坦、印度、孟加拉等国。我国最早将印度称为"身毒"，从唐代玄奘所著《大唐西域记》开始改称印度。这片土地上奔流着两条河流，一条是印度河，起自中国的西藏，从克什米尔南入巴基斯坦，滋润着这片干旱的土地；另一条是恒河，一样发源于西藏，向东南流过肥沃的恒河平原，然后向东穿越今天的孟加拉国。古印度以发达的宗教、繁荣的文化为标志，给印度带来了灿烂的文化，同时也带来了厚重的包袱。

北部平原南部丘陵

古印度所在的位置称为南亚次大陆，其北为喜马拉雅山，西为阿拉伯海，东为孟加拉湾，中央是印度半岛。南亚次大陆三面环水，一面临山，为印度提供了天然屏障，使它成为一个相对独立的地理单元。不过印度境内多山脉、河流、沙漠，所以又被切割成一个一个的小部分。在印度历史上，跨越这些障碍，组成统一的国家，并非易事。古印度最早出现文明的地方，是中央地区的印度河—恒河平原，这里气候温暖湿润，土地平坦肥沃，有利于发展农业。后来建立起的强大国家，一般也以这个地区为中心。

印度北部是山岳地区，中部是印度河—恒河平原，南部是德干高原以及东西两侧的海岸平原。印度总面积的40%为平原，25%是山地，其他是高原，山地和高原的海拔都不太高，地势较为平缓。

印度大体属热带季风气候，全年降水量并不稳定，随多种气候因素的变化而变化，一年之中大致可分为三个不同的阶段，每年4月至6月为暑季，天气炎热，降水不多；7月至9月为雨季，降水较大，比较湿润；10月至次年3月为凉季，天气较为寒冷。冬天时，由于受喜马拉雅山脉屏障影响，很少有寒流或冷高压南下影响印度。印度的土地肥沃，大部分都可发展农业，农作物一年四季均可生长，为文明的繁荣提供了物质基础。

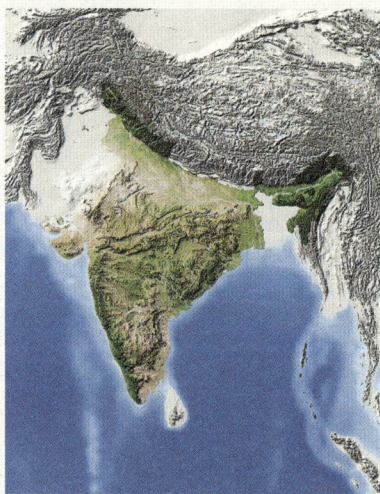

印度半岛"一面围山，三面环海"的地理位置构成了天然屏障，使得古印度处于相对封闭状态，只有西北与中亚一条陆上通道，近代历史之前，进入或入侵印度都是从这条通道而来。

此为赤陶所做的避邪物，上面有一艘印度的船只。

种族和语言

　　古印度最早的居民是孟达人和汉藏人，可能还有达罗毗荼人，后者就是印度河流域早期文明的缔造者。印度西北部与喜马拉雅山相连的地方有一些东北到西南走向的山脉，将印度与中亚地区隔开，但这些山脉都有一些可以穿越的山口，后来主宰印度的雅利安人、波斯人、希腊人、阿拉伯人、突厥人、蒙古人几乎都是从这些山口进入印度，他们带来了新的文化和宗教，使印度自古以来就成为一个多种族、多宗教的国家，民族和宗教矛盾也很集中。印度就像是一个文化的大熔炉，独特的历史背景使得它包含多种文化，再加上它有五大民族，构成了一个巨大的文化博物馆。

　　印度的语言文字与民族一样复杂，囊括了世界上一些主要语系。有四大语系，1000多种方言。据统计，印度共有1652种语言及方言，其中使用人数超过百万的达33种之多。印度古代通用的语言是梵语，属印欧语系印度雅利安语支，主要流行于公元前6世纪至14世纪。梵语有丰富的文学作品，诸如吠陀文学、《罗摩衍那》《摩诃婆罗多》两大史诗等。巴利语也是古印度一种重要的语言。它是一种书面语言，见于佛教经典，后来随着佛教的传播而流传到缅甸、泰国、斯里兰卡等国。

　　10世纪前后，印度各地出现了许多方言，最重要的是印地语和乌尔都语等。大致说来，印度主要有印欧语系、达罗毗荼语系、汉藏语系和澳亚语系四大语系。

　　印度74%的人口使用印欧语系语言，印欧语系又以印地语和乌尔都语为代表。印地语目前是印度的国语，北印度是印地语的主要使用地区。其书

　　这是来自印度南方，约属4世纪的婆罗米铭文。11世纪发展出来书写梵文的天城体字母，也是从婆罗米文字派衍生出来的。许多学者相信，婆罗米文字是由书写用的字母所发展而成的，并在印度的村落使用，直到2000年为止。

雅利安人相信兼具雷雨与战争之神的因陀罗，每年都会以雷电为武器将旱灾巨蛇杀死。因此雅利安人对他极其颂扬崇拜。

文明更迭

古印度最早的文明称为哈拉巴文化（Harappa Civilization），大约兴起于公元前 3000 年，是一种典型的城市文化，主要分布在哈拉巴、摩亨佐·达罗和甘瓦里瓦拉三座大城市，这些城市的人口平均有 3.5 万人以上。一般认为哈拉巴文化的创造者是达罗毗荼人。哈拉巴文化被入侵的雅利安人所毁灭，时间大约为公元前 2000 年代中后期。

随着雅利安人的入侵，印度进入了吠陀时代（Vedic Age）。吠陀一词的原意是"知识"，雅利安人自认为是高贵的种族，将土著描写成为低等的蛮族人。雅利安人的宗教经典《吠陀》，记载了这个时期的历史。《吠陀》共分四部，分别是《梨俱吠陀》（反映公元前 1500—前 900 年的历史，为早期吠陀时代）、《婆摩吠陀》《耶柔吠陀》和《阿闼婆吠陀》，后三部吠陀加上解释它们的奥义书、森林书等，构成了后期吠陀时代的历史（约公元前 900—前 600 年）。后期吠陀时代，婆罗门教形成，将社会分解成四个等级（瓦尔纳），婆罗门为祭司贵族，刹帝利为军事贵族，吠舍为普通大众，首陀罗是卑贱者。

写文字称为天城体，这种字体一般认为是从婆罗米文字发展而来的。乌尔都语是印度另一种重要的语言，使用乌尔都语的主要是穆斯林，因而在印度比较敏感。

达罗毗荼语是印度第二种主要语言，自成一个语系，操达罗毗荼语系的人口约占 18%。南印度广泛使用这一语言。达罗毗荼语又分为南部语族、东南语族、中部语族和北部语族。而东北地区许多民族的语言属于汉藏语系。

自印度河流域出土的金属制天平与一组砝码。印度河流域的商人利用切割的立方体石头来当作称重的砝码，重量在整个区域内统一。

公元前6世纪，印度进入了列国时代，文化中心转移到了恒河中下游。由于佛教产生于这个时期，因而列国时代又称早期佛教时代。列国时代的印度共有16个大国，大部分都在恒河中下游地区，只有两国位于印度西北部。这16个国家绝大多数是君主国，有少数是共和国。随着这一时期铁器的广泛使用，使得印度生产力有了较大提升，建立了许多有名的大城市。这16个国家为争夺资源，发动了旷日持久的战争，最后，摩揭陀王国征服了北部印度。

公元前4世纪末，亚历山大远征印度，但士兵长期在外征战，十分思念故土，因而产生厌战情绪，亚历山大被迫撤军。亚历山大死后，旃陀罗·笈多用权力真空迅速崛起，建立了孔雀王朝，后来发展成了孔雀帝国，是古典印度文明最后的巅峰时代。

摩亨佐·达罗，又称"死亡之丘"（Mound of the Dead），是印度河流域文明的重要城市，大约于公元前2600年建成，位于今天巴基斯坦的信德省的拉尔卡纳县南部。一些考古学家认为它是由白种雅利安人入侵之前的达罗毗荼人所缔造的都市文明。

一话一说一世一界一

知识链接：摩亨佐·达罗遗址

摩亨佐·达罗遗址是印度列入世界遗产名录的著名遗址，也是哈拉巴文化的三大中心城市之一。摩亨佐·达罗建在一座高丘上，占地约85万平方米，目的在于抵御印度河泛滥的洪水。全城由一条180多米宽的街道分成东西两区，东为居民区，西为城堡设施。城市内没有西方文明那种高耸的柱子，而基本由朴实的砖结构房屋组成。摩亨佐·达罗遗址最引人注目的地方就是长12米、宽7米、深2.5米的"大浴池"，城中的每一户人家，都备有相当完善的下水道设施，是同时代的古代文明遗址中所罕见的。因其规划的严谨和完善，该遗址被诸多远古史学者公认为"世界上最为神秘的古代文明都市"。

"高贵种族"的到来
吠陀时代

当他们分解普鲁沙时,将他分成了多少块?他的嘴和双臂叫什么?他的双腿和两足叫什么?

婆罗门是他的嘴,他的双臂成为罗阇尼亚。他的双腿成为吠舍,从两足生出首陀罗。月亮由心意而生,太阳由两眼产生。从嘴生出了因陀罗和火神阿耆尼,呼吸产生了风瓦驭。由脐生出了太空,他的头形成了天空。大地由两脚而生,他的双耳生出四方。世界就这样形成了。

—— 《梨俱吠陀》

哈拉巴文化衰亡之后,一些自称"雅利安"的白种人部落出现在了印度,他们的故乡可能是中亚高加索山以北地区,由印度西北方的山口进入了印度河中游的旁遮普地区。雅利安人属游牧民族,文化相对落后,他们渐渐吸收了土著达罗毗荼人的先进文化,转化成了农耕民族。关于这个时期的史料大多保存在四部《吠陀》之中,故称作吠陀时代。

雅利安人来了

"雅利安"这个名字,在他们本族语中意味着"高贵之人",雅利安人将土著的达罗毗荼人称为"达休",意为"贱民"。称呼虽然如此,雅利安人却不见得更为高贵。他们是中亚地区的游牧部落,尚未形成统一,内部由不同的集团构成,集团之间多有战争。他们的宗教一般没有偶像崇拜,男神的地位一般高于女神。根据《梨俱吠陀》的记载,雅利安人进入印度之后,与达罗毗荼等土著人展开了

旷日持久的战争,并最终获得了胜利。

雅利安人的文化远不及达罗毗荼人发达,意识到这一点之后,他们开始学习达罗毗荼人的文化。最为明显的表现是,他们的生活方式逐渐由游牧变为了农耕。雅利安人的氏族部落也不再适合国家形态的需要,氏族内部贫富差距逐渐拉大,渐渐形成

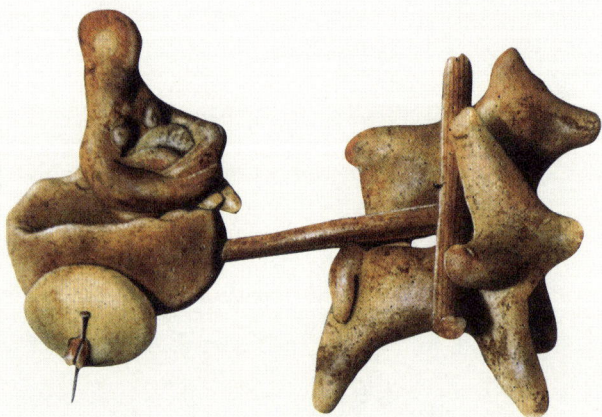

在哈拉巴出土的两牛拉车泥俑。在雅利安人到达印度之前,印度农业已经相当发达,印度河每年的泛滥,为农业创造了很好的条件。

印度雅利安人彼此之间的部落战争。他们用青铜武器和马拉战车来战斗。战斗中获得的战利品由部落的首领和勇士分配。

《摩奴法典》是古印度婆罗门教的经典之一,作者是"人类的始祖"摩奴,其基础是摩奴法经,大约写于公元前2世纪到公元2世纪。现在流传下来的《摩奴法典》共有12章,2684条,涵盖的内容包括创世神话、婆罗门教徒的行为规范、民法、刑法、继承法、种姓制度、赎罪、因果报应等,是婆罗门教维护自身利益、统治地位的重要工具。

了一种等级森严的制度,梵文称作"瓦尔纳",意思是"颜色、品质",一般译作种姓制度。

人分贵贱

种姓制度的形成,是吠陀时代的一项重要事件。在种姓制度中,印度人被分成了几个等级:婆罗门(Brahman)、刹帝利(Kshatriya)、吠舍(Vai-sya)和首陀罗(Sudra)。

婆罗门是祭司阶层,属于最高等级的种姓。在印度神话中,他们是由梵天的嘴巴而生的,因而具有端正的相貌、高尚的品德。他们掌握神权,传授圣书,地位最高。婆罗门等级不用缴纳各种税收,因为人们认为他们对宗教、神灵的虔诚,已经偿还了他们所应担负的税赋。婆罗门种姓非常高贵,他们神圣不可侵犯,不能被处以死刑或任何形式的体罚。为了使自己更加纯净,婆罗门等级一般以素食为生。

刹帝利意为"权力",成员为军事贵族,或称武士阶级,包括国王和各级官吏,都属于第二等级。吠舍为平民大众,包括农民、牧民、手工业者和商人等,属于第三等级,他们是没有任何特权的普通公民,必须按规定缴纳赋税。

从左至右分别是婆罗门、刹帝利、吠舍、首陀罗。种姓制度是古印度文化的一个组成部分。要对印度文化有很好的了解,对种姓制度的基本认识是很重要的。

清道夫、掘墓人、收尸者、洗衣妇等。不同等级的人，不能在同一张桌子上吃饭，也不能喝从同一口井里打的水，甚至不能待在一个房间里。

不同种姓的人在法律面前也不平等。如果一个低级种姓的人伤害了高级种姓的人，他将面临十分残酷的惩罚。根据《摩奴法典》的记载，如果一个低级种姓的人用肢体伤害了某位高种姓的人，那么他的这部分肢体就要被割断；如果他用手举起棍棒等武器，那么就必须割断他的手。

发生同样的侵犯行为，不同等级所遭受的惩罚也不同。例如，如果刹帝利等级的人诽谤了婆罗门，他将被罚款100旁那；如果是吠舍进行了诽谤，他将被罚款150—200旁那；如果是首陀罗，则他要遭受酷刑，裁判官会往他的口中、耳中浇灌滚烫的水或油。如果首陀罗被杀害，高级种姓的人只需要用牲畜来赔偿就可以。

命运天定

种姓制度显然存在诸多不公平、不合理之处，高级种姓的人作威作福，毫无忌惮；低级种姓的人备受压迫，胆战心惊。可以想见，这种局面必然会引起动荡，低级种姓的人难免会奋起反抗。为了防止这种情况的发生，高级种姓的人们开始革新吠陀宗教，进行重大的改变，以便适应新型社会等级制度的需要，婆罗门教就这样产生了。

婆罗门教以"吠陀天启""祭祀万能""婆罗门至上"为三大纲领，强调婆罗门的无限权威。所谓的"吠陀天启"，指的是《吠陀》乃是由古代圣人受神的启示书写而成的，是神圣的知识；而"祭祀万能"，指的是婆罗门教的祭祀活动有特别重要的意义，负责掌握祭祀活动的人，能作为神和人之间的媒介。"婆罗门至上"指的是婆罗门种姓高于其他种姓，婆罗门是"人间之身"，他们掌握着所有

娑罗室伐底（Sarasvati）是婆罗门教女神，大梵天之妻，为语言、知识女神，传说她是梵语及天城体字母的创造者，是艺术和科学的保护者。有时也作为毗湿奴之妻，形象美丽，肤色白皙，有四只手：一手持琴（象征艺术），一手弹琴，一手持书籍（象征智慧与写作），一手持念珠（象征虔诚），有时则持莲花。坐骑为天鹅。

首陀罗属于第四等级，包括土著居民和雅利安人中的贫穷破产者。他们地位低下，从事各种繁重、卑贱的劳动，其中许多人沦为雇工或奴隶。

在种姓制度中，人的社会地位几乎完全由家庭出身决定。每个家庭都有固定的职业，世袭不变，种族之间严禁通婚。如果不同种姓的男女相爱，并且结婚生子，他们的孩子会被排斥于任何种姓之外，称为"旃荼罗"，意为"贱民"。他们被认为是"不可触碰者"，最受鄙视，其社会地位比首陀罗还要低。贱民只能从事最低贱的职业，诸如刽子手、

知识。

他们宣称，通过祭祀可以实现人和神之间的沟通。婆罗门的三大诸神是神格化的自然神：梵天、毗湿奴和湿婆。三大主神掌管着宇宙的方方面面，主宰着世间万物。

梵天（Brahma）是宇宙的造物主，他创造了宇宙，主宰着人类的命运。毗湿奴是守护之神，负责维护世界的和平，不仅有很强的保护能力，还能降妖除魔。湿婆额头上有一只眼，能发射神火，烧毁一切，而毁灭之后又能再生，象征着生、死、变化、衰亡和再生的力量。

婆罗门教还有一个重要的思想，即"业报轮回"理念。这个观念认为，人死之后，灵魂会在另一个躯体里复活。重新转世之后，他的出身将由他前世的修行所决定。行善的人，来世会修一个好地位；作恶的人，就会在来生遭受众多困难。如果信奉神明，处处奉行吠陀奥义，来世就可成神，称为"天道"；次等的修行，来世可投入"祖道"，转化为人间的各个种姓；至于那些不信奉神灵的，违反婆罗门教义的，将会沦为"兽道"，投入地狱之中。这就是所谓的"三道四生"。

婆罗门教的教义宣称，人本世的生活和地位是由前世修行而得来的，实际上是教导人们要安于现状，忏悔自己前世的罪恶。他们还宣称，人来世的生活和地位，也是由今生的修行所决定的，为了在来世过得好，人们此生就必须好好修行，遵守婆罗门的教义，不得抱怨、反抗。婆罗门教的实质，是通过精神层面的枷锁，限制和约束低级种姓的人。

梵天亦称造书天、婆罗贺摩天、净天，华人地区俗称四面佛，是印度教的创造之神，梵文字母的创制者。与毗湿奴、湿婆并称三主神。在南传佛教的东南亚，尤其在泰国得到很大的发挥。据说梵天能保佑人间富贵吉祥，所以在东南亚有非常多的信众。

纷乱的开始
列国时代

这是一个政治上纷争的时代，诸侯争霸；
这是一个思想上繁荣的时代，百家争鸣。

公元前 6 世纪—前 4 世纪，在印度的大地上涌现了许多小邦，彼此之间因兼并土地和争夺霸权而战争不断，没有形成一个统一的国家。同时，这个时代却是印度历史上思想最为繁荣的时代，婆罗门教不再是钳制印度的唯一宗教，一些具有反婆罗门教色彩的宗教开始兴起，佛教就是在这一背景之下产生的，因而这个时期也被称为早期佛教时代。

诸王争霸

公元前 6 世纪初，印度次大陆有数十个过渡型的小国，经过不少次兼并战争，最终形成了 16 个大国。这些大国分别是鸯伽、摩揭陀、伽尸、居萨罗、跋祇、末罗、跋沙、支提、般阇罗、居楼、婆蹉、苏罗娑、阿般提、阿湿波、犍陀罗和剑浮沙。犍陀罗和剑浮沙位于印度西北部，其他国家基本在恒河地区。列国时代，印度文明的中心从印度河转移到了恒河流域。之所以如此，是因为印度河流域先后被波斯与马其顿占领。

这 16 个国家大多采用君主政体，只有少数采用共和制。国王掌握国家大权，他负责征收赋税，派遣劳役。国王一般有一位顾问，叫作"普罗塔西"；还有一位主管军事的将军，叫作"森纳帕提"；此外，还有一位叫"摩诃摩特罗"的大臣和一位叫"维耶瓦哈里伽"的法官。比较重要的地方，国王还会派遣总督管理，一般由王子担任，以防权力旁落。可见，列国时代的王权有了进一步加强。实行共和制的国家，一般规模都不大，国力也比君主国要弱小，更容易被征服。

后来，在佛教兴起的时候，摩揭陀国在统治者频毗沙罗治下开始强盛起来，他娶了很多妻子，据说足足有 500 位之多，每个妻子来的时候，都给他带来了不菲的嫁妆。利用这些资产，他内修政治，扩张军队，开始了对外征服的步伐，到公元前 4 世纪时，摩揭陀几乎统一了整个北部印度。

百家争鸣

列国时期，由于诸邦纷争，民不聊生，人们寻求精神层面的解脱；另一方面，生产力的发展，使

摩揭陀国银币。摩揭陀是印度古国。又作摩羯陀国、摩伽陀国、摩竭陀国、摩竭提国、默竭陀国、默竭提国、摩诃陀国。意译无害国、不恶处国、致甘露处国、善胜国。释迦牟尼住世时为印度十六大国之一。位于今比哈尔（Bihar），首府巴特那，即华氏城。

加尔各答的耆那教神庙。耆那教又称耆教（意为圣人），是印度传统宗教之一，创始人称作大雄，其教徒主要集中在西印度。耆那教徒人文理性高于宗教，正确的信仰、知识、操行会导致解脱之路，进而达到灵魂的理想境界。

知识链接：中土佛教经典中的列国时代

中国佛教经典中关于列国时代的记录能够帮助我们更好地了解那个时代。佛经中经常提到的王舍城、华氏城、舍卫城，均是 16 个大国中繁华的首都。佛经曾提到的跋祇国"数相集会，讲议正事"，可见当时各国亦盛行贵族共和制。列国时代，恒河中下游经济最为发达，城市众多，工商业兴盛。当时铁器已普遍使用，农业生产水平和产量大有提高，据佛经中所记，手工行业就有 18 种之多。

得印度的社会结构发生了重大变化。原先的高级种姓，如婆罗门祭司们由于没有抓住积累财富的机会，开始沦落为贫苦之人，原来相对低级的种姓刹帝利的地位则有不小提升，他们成了国家实际的掌权者，掌握着国家的权力机关。由于国家不安定，有些更低级的种姓人员取得了国家的控制权，甚至成了国王；有些则积攒了许多财富，成为富甲一方的财主。在掌握了权力或金钱之后，低级种姓的人开始不满于他们的社会地位，对规定了他们社会地位的婆罗门教也逐渐不满，具有反婆罗门教性质的其他宗教开始应运而生。

顺世论派开始在这个时期兴起，顺世论在梵文中的意思是"流行在人民中的观点"。它反对婆罗门教的业报轮回说，认为世界是由地、水、风、火四大元素构成的，人死后意识也会消亡，不存在灵魂。

耆那教在当时影响也颇大。该派的创始人被尊为大雄。耆那教认为人是有肉体和灵魂的，但人的最高理想不是转为更高种姓的人，而是使灵魂彻底脱离躯体，摆脱轮回。耆那教不许杀生，即使最小的蚊虫也不可杀害。耆那教重视刹帝利等级的利益，认为国王最为重要，国王的命令不可违抗。由于迎合了统治者的利益，耆那教受到各国君主的欢迎。

佛教也在这个时期兴起了。佛教的创始人是乔达摩·悉达多（Siddhartha Gautama），他原是一国王子，后来悟道成佛。佛教主张所有种姓一律平等，只要身体力行地实践佛教的主张，都可以达到涅槃，实现解脱。佛教不主张献祭，因而广受社会下层所喜爱，开始迅速传布。

反婆罗门教思潮的兴起，是人民反抗婆罗门教精神压迫的产物，是各个阶级的主张在思想意识形态领域的反映。从客观上来说，这些思潮的碰撞，产生了灿烂瑰丽的文化。

乔达摩·悉达多，因父为释迦族，成道后被尊称为释迦牟尼，也就是"释迦族的圣人"的意思。古印度北部迦毗罗卫国（今尼泊尔境内）的王子，是佛教的开启者。

大象与战车
孔雀帝国和阿育王

他们是饲养孔雀的村民，
却指挥着帝国的大象与战车。

孔雀王朝（约公元前324—前188年），不仅有着美丽的名字，还是印度历史上最著名的王朝，是第一个基本统一印度全境的政权。阿育王是孔雀王朝最著名的帝王，他勤修政治，重视国事，将孔雀王朝的疆域拓展到最大。由于阿育王的重视，佛教在这个时期开始兴盛并向外传播。

孔雀帝国建立

难陀王朝统治时期，摩揭陀王国在恒河下游日益强大，西北印度却仍是一盘散沙。亚历山大在一系列征战之后，开始染指印度河流域，他指挥着攻无不克的马其顿军队打败了一些国家。不过，亚历山大军队的将士们由于长期征战在外，思恋国土，加上不适应印度的环境气候，开始产生了厌战情绪，迫使亚历山大撤军。其后，一个名叫旃陀罗·笈多的人成为印度起义军的领袖，将马其顿及其代理人的势力驱逐出了印度。

旃陀罗·笈多（Candragupta）出身贫贱，据说他家只是一个养孔雀的，父亲是一个部落首领，在旃陀罗·笈多尚处幼年之时，他的父亲死于一场战斗，只有依靠村里的好心人抚养。当亚历山大在印度时，他曾前去觐见，但据说因言语不敬惹恼了亚历山大，被后者下令处死。旃陀罗·笈多赶紧逃跑，出身于婆罗门家庭的考底利耶（Kautilya）认为他有前途，就把他留在了身边。考底利耶利用自己

的资财资助旃陀罗·笈多，两人招募了一支军队，战胜了马其顿人，光复了西北印度。

赶走马其顿人之后，旃陀罗·笈多就将目标转向了恒河流域的难陀王朝。难陀王朝的军力强大，他们拥有2万骑兵、20万步兵、3000头战象、2000辆战车。不过，难陀王朝虽然军力强大，但却暗含

5世纪的浮雕，取材自《罗摩衍那》中的一个场景。笈多时期，两部重要的印度史《罗摩衍那》和《摩诃婆罗多》，分别被改编成伟大和优美的梵文形式。

阿育王迎接佛舍利浮雕。阿育王是古代印度摩揭陀国孔雀王朝的第三代国王，又被称为"无忧王"。早年好战杀戮，统一了整个南亚次大陆和今阿富汗的一部分地区，晚年笃信佛教，放下屠刀。他统治的时期是古印度史上空前强盛的时代。

危机，因为他们的统治并不得人心，太多的赋税、劳役让百姓民不聊生，天怨人怒。旃陀罗·笈多率军出征讨伐难陀王朝时，难陀王朝的百姓和军队甚至都不积极抵抗。旃陀罗·笈多灭亡了难陀王朝，建立起孔雀帝国，统一了南亚次大陆北部。

一话一说一世一界一

知识链接：考底利耶

考底利耶是古印度著名的政治家，曾资助并协同旃陀罗·笈多组织起义，将马其顿人赶出印度。之后，又帮助旃陀罗·笈多推翻了难陀王朝，建立了孔雀王朝。考底利耶对政治颇有见解，具有相当的理论功底，著有《政事论》一书。

考底利耶生于婆罗门家庭，出身高贵。不幸的是，他的父亲在他出生之后很快就死去了，他的母亲将他抚养成人，对他影响很大。考底利耶自小学习刻苦，上知天文，下知地理。考底利耶虽然关心国家大事，但一直没有受到难陀王朝王室的重视，反而受到了他们的嘲讽和轻视。考底利耶在遇到旃陀罗·笈多之后，将他作为自己的明主，以导师和顾问的身份教导旃陀罗·笈多，使他取得了一系列的胜利。

考底利耶的《政事论》是一部问答的著作，涉及内政、外交、军事、经济、法律、民政等多个方面。《政事论》凡 15 卷，180 篇，最重要的内容是关于国家各行政部门的问题，论述了各个部门的职能，大臣们在各项事务中的职责等。考底利耶主张国王享有绝对权力，极端宣扬国王在国家中的作用，强调以暴力的恐怖统治来控制国家。尽管如此，《政事论》仍是非常珍贵的历史遗产，值得后人重视和研究。

阿育王即位

旃陀罗·笈多去世之后，宾头沙罗继承了王位。宾头沙罗之后，阿育王（Asoka，公元前273—前232年在位）夺取了王位，成为孔雀帝国第三任国王。

阿育王的母亲据说出身高贵，属婆罗门种姓，有倾国倾城之容貌。在阿育王出生时，宾头沙罗感

叹道"我今无忧"，因此阿育王取名为"阿育"，在梵文里意思就是"无忧"。

宾头沙罗死后，他的众多子女开始争夺王位。据说，宾头沙罗弥留之际，传令在外带兵的长子修私摩回国掌权，并命令阿育王前去接替修私摩。阿育王知道修私摩是要回国继承大统，因而听从了大臣成户的策略，在华氏城按兵不动。不久，宾头沙

阿育王登基后，大举进犯羯陵伽，并最终征服了羯陵伽国，史称羯陵伽之战（Kalinga War）。这场残酷的战争改变了阿育王的命运，他从此皈依佛教。

罗逝世，阿育王马上称王。修私摩听到消息之后，带兵火速返回华氏城。成户又为阿育王出了一条计策，他用木头刻出来一个阿育王的形状，又刻出来军士们的形状，将它摆放到东城门。第二日，修私摩攻城的时候，看到阿育王和军士们都不动，便径直走了过来，掉进了成户事先挖好的火坑里。修私摩随后死在了那里，他并不是阿育王走向王位的过程中杀掉的唯一的兄弟，据说阿育王谋杀了99个兄弟姐妹，这个数据显然夸张，但多少也反映出阿育王夺权过程的残暴。

大约在阿育王夺得王位之后的第四年，他才举行了正式的登基大典。

皈依我佛

即位之初，阿育王便显示出了雄才大略。他先是残酷镇压了西北印度的叛乱，然后就开始准备对恒河下游的羯陵伽发动远征。羯陵伽的力量不容小觑，它不仅军事强大，据说有步兵6万、骑兵1000、战象700头，而且颇为富庶，海外贸易发达。但是，孔雀帝国的国力更为强大，双方的战斗进行得非常激烈，据说有10万人被杀，15万人被俘虏。击败羯陵伽，使得孔雀帝国的版图几乎扩张到了整个南亚次大陆，成为印度历史上第一个大帝国，孔雀帝国达到极盛。

羯陵伽战争之后，阿育王开始扭转了帝国策略。有人认为，他看到太多的人在战斗中被杀死，心中深感悔恨和自责，受到佛教高僧的感召，决定皈依佛门，以佛教提倡的仁爱治天下。但是，更多的人认为，阿育王是因为知道仅靠武力难以治理天下，才宣

阿育王柱。阿育王曾在帝国境内建立许多刻有佛教经文的石柱，这根上头刻有法轮与狮头的石头柱，就是其中一根。现已成为今日印度的国徽。

阿育王夫妻浮雕

阿育王为了宣扬圣法，在全国各地都设立起了石柱，在这些石柱上刻着他的诏令和圣法内容，还有他的一些征略事迹。今天，已发现的有十柱。最著名的阿育王石柱有两处，一处在印度瓦纳腊西的鹿野苑，阿育王为纪念释迦牟尼在这里第一次传法收徒，于公元前3世纪建立了一个大理石石柱，以莲花为底，四面刻有狮、象、牛、马，柱身上有禁止毁佛的铭文。顶上雕着四只狮子，这个石柱成为后来印度的象征。另一处在尼泊尔的蓝毗尼遗址，据说阿育王曾参拜过这个释迦牟尼诞生地，所以在这里设立一根近8米高的上面有分别朝向四个方向的四头狮子石柱，这个石柱在玄奘的《大唐西域记》中亦有记载。

扬佛教以劝导人们重视家庭、孝敬父母、善待他人。但无论如何，阿育王成了佛教的推行者：他废除了斗兽之类的血腥娱乐，限制牺牲祭祀，节制宫廷狩猎游戏。

阿育王的佛法以佛教伦理道德观为基础，强调仁慈和虔诚，他的宗教观念认为行动比仪式更重要。刚开始，阿育王虽然皈依佛教，还是"俗家弟子"的身份。后来，他可能正式成为一名僧人。他独尊佛法，积极宣扬佛教，赞助了在华氏城召开的佛教第三次结集。

虽然大力推行宗教，阿育王作为一个国王也并没有荒废政务。相反，他是一位十分勤勉的国王。

根据敕令记载，阿育王要求臣子们可以在任何时候向自己报告有关人民的事务，不管他是在吃饭，还是在后宫、厕所、轿上、花园里，他都会立即处理这些事务。他还建设了一系列积极的公共福利事业，例如在公路边挖水井、种植树木，以便为走商行旅的人服务；他还建设医院和兽医院，种植药草，为需要的人和动物服务。这些政务措施，与他推行的佛法存在相通之处。

阿育王是国家的最高统领，在他之下有太子和第一大臣。此外还有大臣会议，负责为国王提供建议。边远地区通常设总督，由王子担任，总督之下设"省长"，称为普罗第希诃。

公元前236年，阿育王因病去世。史书中关于阿育王的继承者记载不一，暂无定论，不过有三位王子在文学传说中较为重要，分别是摩晒陀、鸠那罗和伽劳诃。

人文地理

西方之源
古希腊文明

我们全都是希腊人，
我们的法律、我们的文学、我们的宗教，根源皆在希腊。

——雪莱

下英雄的战歌……

山脉纵横，河流交错，把古希腊分割成一块块小平原、小山丘和小河流。濒临地中海、爱琴海，利于航行，景色秀丽，气候温和。还有利于形成古代希腊天然的政治单位——小国寡民的城邦。

古希腊人创造了灿烂的文明，他们在哲学思想、诗歌、建筑、政治、文学、戏剧、神话等多个领域有很深的造诣，是现代西方文明的主要源头。光辉的希腊文明，犹如灿烂的夜空，群星璀璨，有苏格拉底、柏拉图、亚里士多德等哲人深邃的哲思，有埃斯库罗斯、索福克勒斯、阿里斯托芬等作家动人的剧作，有品达、萨佛等诗人迷人的诗篇，有奥林匹斯山上众神的身影，有特洛伊城

地中海畔的青蛙

"古希腊"并不是一个统一国家，而是一个地区的总称。古希腊位于欧洲南部，地中海东北部，扼亚、欧、非三大洲要冲，地理范围大致以巴尔干半岛为中心，还包括爱琴海诸岛、小亚细亚西部沿岸、爱奥尼亚群岛以及意大利南部与西西里岛的殖民地。在古典时代，希腊人生活的地理范围东可到黑海东岸，西可到西班牙，北可到南俄草原，南可到埃及和北非。柏拉图曾总结说，希腊人像是一群青蛙，生

克里特岛上总共有 4 个米诺王宫，克诺索斯宫是其中最大的一个。在克诺索斯宫仍可以看到两个很大的石铺院子、为数较多的储藏室、寺庙、个人房间以及剧院。王宫的一些地方有四五层楼那么高。

活在地中海这个大池塘边上。不过，希腊人的活动中心基本上是巴尔干半岛。

巴尔干半岛境内多山，石头较多，但缺少土壤，不利于农作物的生长。只有在一些小的冲积平原，才可以种植葡萄、橄榄、谷物等。古希腊以地中海式气候为主，降雨多在冬季，而农作物生长的夏季，却缺少降雨，一些河流甚至会干涸断流，不利于农业灌溉，因此并不利于从事农业和畜牧业。但是，地中海气候颇为温和，使得希腊人养成了户外运动的好习惯。巴尔干半岛的海岸线十分曲折，形成了许多优良的港湾，加上爱琴海中岛屿星罗棋布，十分有利于从事海外贸易，航海成为希腊人生活中的一个基本内容。

城邦是希腊最典型的政治组织形式。最初的文明衰落以后，希腊开始出现许多城邦。多数城邦由一个中心城市结合周围的乡镇而组成，人口一般有几千到数万人不等。古希腊最多的时候有上千个城邦，这些城邦有时还会组成联盟。创造希腊古典文明的，就是这成百上千个围绕在地中海周边的城邦。

文明更迭

最早的希腊文明是爱琴文明（约公元前 3200—前 1200 年），属希腊地区的青铜文明。爱琴文明的中心是克里特与迈锡尼，因此又称克里特—迈锡尼文明。大约在公元前 3000 年，克里特开始进入文明时期。爱琴文明是由什么人创造的，至今仍是一个谜，考古发掘的材料表明，古代的克里特人和今天的克里特人差别不大，他们长头，黑发，褐眼，似乎是混合人种。克里特的国王米诺斯，组建了希腊第一支海军，是第一个海上霸主。大约在公元前

2000 年初，一股外来移民进入希腊，战胜了当地居民，创造了迈锡尼文明。

迈锡尼文明衰落之后，希腊进入了"英雄时代"（约公元前 1200—前 750 年），也称为"黑暗时代"。这个时代的考古材料不多，但荷马史诗中有不少反映这个时期社会经济状况的内容。黑暗时代实际上远

迈锡尼文明深受克里特文明的影响，这个迈锡尼时代的章鱼瓶，上有一只八爪章鱼，瞪大的眼睛古朴可爱，是克里特人喜欢的图案之一。

🦉 **知识链接：独特的波利斯**（Polis）

希腊半岛多山，山脉将陆地阻隔为一个个地理上相互隔绝的小单位，造就了一系列"小国寡民"、独立自治城邦国家的政治格局。无论是中文的"城邦"还是英文的"City States（城市国家）"，都不能很好地表达波利斯的内涵。在古希腊人心中，城邦最重要的组成部分是人，城邦是公民的精神共同体。有了紧密参与政治生活的公民，才配称之为城邦。多利安人入主希腊后，城邦的雏形开始显现。它的出现和发展给希腊文化的繁荣带来不可估量的影响。希腊城邦的民主政治是旷古未有的，最典型的代表是雅典和斯巴达。

公元前 8 世纪的青铜制吟唱诗人像。《荷马史诗》大致创作于这个时期。

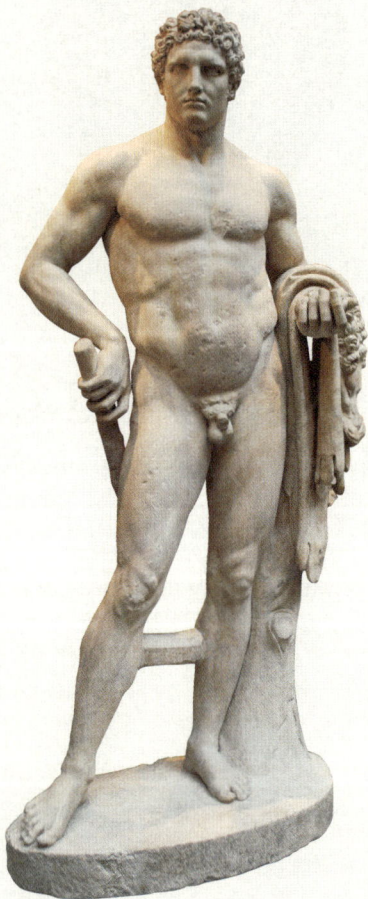

古希腊人物雕塑。青年男子强壮健美，反映着古希腊人对于完美男人的形体要求。

没有想象中那么"黑暗"，也没有将爱琴文明与后来的希腊文明割裂开来。在这个时期，迈锡尼文明中央集权瓦解，出现了城邦的早期形态。

英雄时代之后是"古风时代"（约公元前 750—前 500 年）。在古风时代，希腊城邦开始逐渐兴起。希腊人在这个时期开始向外大量殖民，建造了一个个的希腊殖民地，大致确定了古希腊文明的地理范围。与此同时，希腊掀起了一股全新的政治浪潮，出现了许多依靠平民力量控制了城邦政权的僭主，他们依靠平民的力量控制了城邦。

古风时代之后是"古典时代"（约公元前 500—前 338 年）。这个时期，希腊人击败了来犯的波斯人，大大增强了希腊人的族群意识与民族自豪感；作为提洛同盟的雅典，一跃成为希腊最重要的城邦之一，与斯巴达之间展开了一场旷日持久的战争。古典时代，民主制度在雅典最终确立，伯里克利时期的雅典达到了民主政治的巅峰。虽然这个时代后期，城邦之间的混战使得希腊文明走向了衰落，但这个时代产生的灿烂文化，对后世产生了深远的影响，很大程度上塑造了西方文明的早期形态。

古典时代末期，马其顿人征服了希腊，亚历山大率马其顿—希腊人远征东方，促进了希腊文明的传播以及与东方文明的融合。

民族与语言

古希腊有句民谚：

"你是希腊人？不，我是海伦人。"

公元前 9—前 8 世纪，希腊历史发生了转折。一支属于印欧语族的多利安人迁徙到了这里。作为最后一支进入希腊半岛的希腊民族，他们从北部一路南下势不可挡，纷纷涌入了希腊。这种迁徙的过程同时也是人种与文化融合的过程，希腊本土原有的宗教信仰与外来信仰逐渐融合并定型，众多的神灵与英雄被统一在了一个开放的宗教体系之下，以宙斯为主神的奥林匹斯山众神成为古希腊人膜拜的对象。

希腊人自称是海伦人。根据希腊神话，在洪水淹没大地的时候，只有普罗米修斯的儿子丢开利翁（Deucalion）和他的妻子活了下来，他们有一个儿子叫作海伦。全体希腊人都承认这是他们共同的祖先。

共同的风俗和信仰、共同的血统、共同的语言，这三者构成了连

希腊神话和宗教中最重要的神都住在神圣的奥林匹斯山。在《荷马史诗》中，众神在此集会见面。

接古希腊人的纽带。因此，无论是他们生活在巴尔干半岛，还是定居在小亚细亚，或者在西西里岛上，他们都是"海伦人"。

古希腊文属于印欧语系，共24个字母，存在包括阿提卡方言等在内的众多方言，所有的古希腊人都使用这种语言，是他们区别蛮族和希腊人标志。公元前4世纪末，整个地中海世界通用一种经过变化，被称为柯因文（Koine，也叫作通用语）的希腊文。《圣经·新约》就是用这种文字写成。12世纪始拜占庭帝国开始使用希腊文作为官方文字（拜占庭希腊文），此时的希腊文渐渐向现代希腊文转变。后来由于被奥斯曼帝国长时期统治，到近代希腊独立的时候，政府确定用拜占庭希腊文作为官方语言。今天古希腊文的读音早已失传，人们现在也只能想象这种古老而优美的语言在阅读时是如何富有音韵。

🦉 **知识链接：希腊城邦人口和财富**

希腊城邦的人口总数一直是个未知数，因为希腊城邦自身只关注"公民"的数量，无公民权者、妇女、外邦人统统不在统计之列，至于会说话的工具"奴隶"更是不在话下。所以今人所说的城邦人口总数大多建立在推测之上。希腊人的财富观念，实际上连以开放、对外贸易频繁著名的雅典城在审核公民权时都依然是以土地产物的多少作为标准。任何一个公民必须是一个土地所有者。农本思想深深植根于古希腊人心中。

西方曙光
爱琴文明

蔚蓝的爱琴海一望无际，
它孕育了最早的希腊文明，可谓西方之母。

爱琴文明指的是爱琴海和希腊本土南部的史前文明，因为中心地带是克里特岛和迈锡尼，因而也称克里特—迈锡尼文明。爱琴文明还有一个中心，是爱琴海西南部库克拉底群岛。爱琴文明是爱琴海地区的青铜文明，是古希腊文明的最早阶段。

海外孤岛　内有霸王

克里特岛在爱琴海南端，面积约有8336平方公里。该岛东西长260公里，南北最宽处约55公里，最窄处仅12公里。克里特岛北部地区为平原，土地肥沃，便于农作物生长。

克里特有规模宏大的宫殿，是国家的政治、经

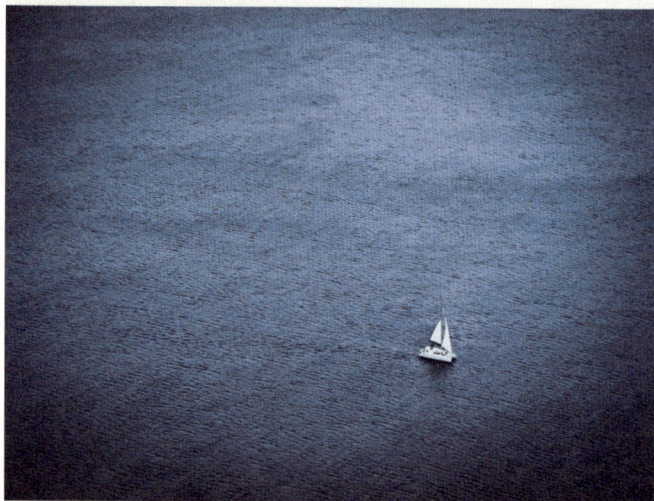

爱琴海位于希腊半岛和小亚细亚半岛之间，属地中海的一部分。海域南北长610公里，东西宽300公里，海岸线非常曲折，港湾众多，岛屿星罗棋布。克里特岛是爱琴海中最大的岛，面积约8300平方公里，东西狭长，是爱琴海南部的屏障。

济和宗教中心。宫殿内装修豪华，墙上有精美的壁画装饰。从王宫的规模来看，克里特应该有着强大的中央集权，国王是最高的行政、军事、宗教首领。

克里特文明最著名的国王是米诺斯（Minos）。传说中，他是宙斯与腓尼基公主欧罗巴的儿子。米诺斯成为国王之后，组建了希腊第一支海军。当时，海盗猖獗，他们常常劫掠商船，令人苦恼不堪，米诺斯率领海军镇压了海盗，保障了海上贸易，成为海上霸主，将克里特势力拓展到了最大范围。

米诺斯成为霸主之后，修建了一座迷宫，强迫雅典进贡童男童女，作为米诺牛怪的食物。雅典英雄提秀斯冒险闯入迷宫，杀死了米诺，逃出了克里特。米诺斯追踪到了西西里，被当地人设计杀害。

克里特文明的文字是线形文字，目前还没有被破译，因此我们对于克里特文明的了解还不够深入。大约在公元前1450年前后，希腊大陆的人渡海来到克里特，攻占了克里特迷宫。克里特文明从此消亡，迈锡尼文明逐渐强大起来。

多金之地　人间之王

希腊本土的迈锡尼文明大约兴起于公元前2000年初，在公元前1600—前1200年时最为强盛。希腊诗人荷马曾经用"多金的迈锡尼"来形容迈锡尼，说明这个地方曾经有着发达的经济。阿伽门农

用克里特文字刻在泥板上的文献，数千个文字泥板得以流传下来，是因为它们被火烧制，更为坚固。

任国王时，迈锡尼是整个希腊的霸主，阿伽门农也被称为"人间之王"，他曾率领希腊联军远征小亚细亚的特洛伊。他们的故事被吟游诗人不断传颂，形成了著名的《荷马史诗》。

迈锡尼时期，王国的统治者称为瓦纳克斯，即荷马史诗中的"王"。王之下有一个贵族官僚集团。地方以行省为制，行省之下可能还有更低一级的行政划分。

迈锡尼的经济活动以王国为中心，因而迈锡尼文明常被称为"以宫廷为中心的社会"。宫廷直接负责王国的经济运转，开办了手工作坊、武器店铺、纺织行业等。宫廷会给民间手工业者提供材料，他们用材料制成产品之后，还要上交给宫廷。

特洛伊战争中，希腊联军虽然取得胜利，但也元气大伤。诸王国内部，王国之间，产生了不小的动乱，大大削弱了希腊人的实力。这个时候，希腊北部的多利安人开始入侵希腊南部，毁灭了迈锡尼文明。从此，希腊进入了黑暗时代，迈锡尼文明时代的线形文字也被希腊人遗忘。

著名的迈锡尼城的狮子门。迈锡尼人的城邦建在山顶，拥有6尺厚的城墙，十分坚固。

雅典英雄 提秀斯

他是传说中的雅典国王，统一阿提卡，奠定了雅典基业。

提秀斯是传说中的雅典国王，他的一生充满了各种传奇的历险故事，战胜了许多敌人。虽然是一个传说中的人物，但不少雅典人将统一阿提卡的功绩授予了他。据说他还是第一位将权力分享给民众的国王，因此，即使到了民主时代，提秀斯仍然被雅典人所钟爱，被认为是与赫拉克勒斯（Heracles）齐名的雅典英雄。

传奇身世

对于提秀斯生活的年代，史学界有不同说法，一说为公元前9—前8世纪，另一说法为公元前13世纪。提秀斯的父亲是雅典国王伊吉斯，由于他的妻子一直没为他生下儿女，他就去德尔斐神庙请求神谕。神谕给的回答很模糊，让他在返回雅典时不得与任何女子结伴同行。伊吉斯不明白神谕的意思，就去请教特洛伊的总督庇透斯。在特洛伊，伊吉斯与庇透斯的女儿私订终身，后者怀上了提秀斯。

伊吉斯返回雅典之前，将一把宝剑和一双鞋藏在了一个山洞里，并用一个巨石将洞口压住。伊吉斯告诉妻子，如果生下一个男孩，就让他成年之后移开巨石，拿着剑和鞋前去雅典。伊吉斯还强调，在孩子前往雅典城的途中，一定要隐匿行程，不得让任何人知道。原来，伊吉斯担心其他人知道提秀斯后，会为了阻止他抢着当国王的缘故而杀掉他。交代完这些之后，伊吉斯就离开了特洛伊。

小提秀斯出生之后，在外公庇透斯的抚养下成长。为了隐瞒提秀斯的身份，庇透斯称他是海神波塞冬之子，因为特洛伊人对波塞冬十分尊敬，他们每年都将第一批收成献给海神，他们的钱币上还印

手持三叉戟的提秀斯。提秀斯是雅典传说中的著名人物，相传是他统一了雅典所在的阿提卡半岛，并在雅典建立起共和制。提秀斯被称为海神之子，他手里拿的三叉戟是海神波塞冬的武器。

在科林斯地峡，提秀斯遇到一个逃犯名叫辛尼斯，辛尼斯用松树杀死过往的游客。强壮的提秀斯抱着那棵松树，几个回合就砸死了辛尼斯。

关于锡昔隆身世有多种说法，但人们一致认为他是无恶不作的强盗。提秀斯杀死锡昔隆方法也说法不一，有说是提秀斯将他从高耸的山岩抛下活活摔死，这幅瓶画描述的是提秀斯将他抛入大海淹死。

有波塞冬的武器——三叉戟。提秀斯有一位家庭教师，名字叫坎尼达斯。在师长的帮助下，提秀斯一天天长大。终于有一天，提秀斯长大成人，母亲将他领到伊吉斯埋藏宝剑的山洞前，告诉了提秀斯他的身世，提秀斯毫不费力地移开了石块，拿出了鞋和宝剑，打算去雅典寻找父亲。

建功立业

在选择前往雅典道路的问题上，提秀斯拒绝了家人让他选择海路的建议，决定从更为危险的陆路走，因为当他知道陆路有许多怪兽之后，就想消灭掉这些怪兽，以取得可以媲美他的表兄弟赫拉克勒斯的功绩。提秀斯的家人十分担心，想阻止提秀斯，但是他不听劝告，一心想走陆路。提秀斯先是遇到了"使棍者"科里奈底，很轻易地就将他制服，并且缴获了他的狼牙棒；在科林斯地峡，提秀斯战胜了号称"巴德尔之松"的辛尼斯；在克洛美昂尼，提秀斯故意找到一个人称斐亚的野猪（有人说是一

个女人），将他击败并杀死；在麦加拉，提秀斯杀死了锡昔隆（Sciron），他是一个无恶不作的强盗，在路上会强迫外乡人为他洗脚，然后趁人给他洗脚的时候将他们踢到海里；在伊琉西斯，提秀斯在角力比赛中杀死了色西昂。

泛雅典娜节（Panathenaea）是古希腊宗教节日。起初每年在雅典城举行一次，后改为每四年举行一次。节日期间，雅典所有属地的代表都要到雅典城参加庆祝。届时，人们要向雅典娜奉献一件崭新的绣袍和动物祭品，并举行盛大的体育竞技和音乐比赛。其规模堪与奥林匹克竞技媲美。

在投奔父亲的旅途中，提秀斯惩恶扬善，成了远近闻名的英雄。

到达雅典之后，提秀斯并没有立即向伊吉斯表明自己的身份。他前去王国赴宴，以便先观察形势。伊吉斯这个时候的状况并不好，国事、家事都乱作一团，他的妻子美狄亚发现了提秀斯的身份，就想加害于他，她说服伊吉斯准备了一杯毒酒，想毒死提秀斯。提秀斯来到宴会上，取出了伊吉斯留下的宝剑，准备切肉吃。伊吉斯马上认出了信物，赶紧把毒酒杯子打碎在地。伊吉斯与提秀斯终于父子相认。后来，提秀斯假扮成牺牲，前往克里特杀死了怪物米诺，为雅典人除了一件心头大患。

奠基雅典

提秀斯继承王位之后，心中开始产生一项宏伟的计划。他想将雅典所在的阿提卡的全部居民，都集中起来，形成一个有中心城市的国家。此前，阿提卡的民众居住在不同的地区，彼此之间联系不多，有时甚至还会彼此开战。

一开始，阿提卡的民众并不想统一，提秀斯便一个部落一个部落，一个村镇一个村镇地前去说服。不少人被说服了，还有一些人害怕提秀斯的强

> **知识链接：城邦的出现**
>
> 城邦是古希腊最为典型的社会、政治组织，指的是一个城市及其临近地区构成的公共体。在黑暗时代晚期，城邦的几个基本要素如公民大会和议事会已经存在，但城邦还没有完全形成。后来，经过被称为"村镇统一"的联合行动，各个地区实现了政治上的统一。村镇统一并没有固定的形式，每个地区都有不同的情况。经过村镇统一之后，区域性的领土一般包括一个中心城市，还有附近的乡村地区。村镇统一之后，原来的最高统治者"巴塞列斯"的权力逐渐被废除或大幅削减，贵族控制了城邦的政治。再后来，随着平民地位的提高，平贵之间的抗衡，催生了实施多种不同政体的城邦。

力，也被迫妥协了。提秀斯告诉那些势力强大的人，国家统一之后，将会是一个共和国家，而不是君主专制。他虽然会继续自己的职责，但仅仅是战争的指挥官和法律的保护者，除此之外的其他权力都由大家所共享，终于说服了他们。

雅典对外贸易的发展，海上的商船也是一个危险的航程。一只彩绘杯上描绘一艘龙形船首的海盗船追着商船跑。海盗对贸易是一种威胁。

在说服了众人之后，提秀斯解散了各城镇的政府组织、议事会和各级官吏。他在雅典建立一个公共的市政厅和议事堂，负责统一处理国家的事务；提秀斯还宣布举行共同的节庆和祭祀，称为"泛雅典娜节"。之后，提秀斯宣布放弃君主的权力，决定建立共和国。提秀斯将居民分为贵族、农民和手工业者三个等级，贵族的职责是宗教事务，他们还控制着国家大权。农民和手工业者没有权力，只是平民。提秀斯实现了雅典的统一，是古雅典的缔造者。

古希腊城邦很富裕，有钱的希腊人进口许多奢侈品，其中包括来自塔兰托姆（位于意大利的塔兰托）的金项链。

殖民运动

公元前8世纪中期，部分希腊人离开爱琴海岸的故乡，开始向更广阔的海外大规模殖民，移民持续了大约200年。希腊人为何大批向外殖民？一般认为有三个方面的原因。首先，随着人口的增长，希腊本土已经没有足够的土地养活希腊人，他们需要将一些人口迁移出去，以便缓解压力。

其次，随着生产的发展，希腊人对金属、资源的需求逐渐增加，他们需要移民海外，去获得这些资源。最后，随着贸易的增长，希腊人需要在海外建立更多据点，一来可以作为周转地，二来可以作为新的市场。

一般情况下，殖民通常包含以下步骤：殖民者需要从母邦的神圣灶台（赫斯提神，Hestia）中取出圣火，带到殖民地的圣灶台上点燃。这个仪式行为显然是说明殖民地是母邦的延续。然后，他们会咨询德尔斐神庙。之后，希腊人会从母邦邀请一位殖民领袖，殖民领袖通常是城邦的贵族，他往往由于各种原因生活的并不理想。殖民领袖负责带领殖民者在殖民地落户，修筑城墙，建立庙宇，为定居者划分土地。城邦会选择一些人在殖民领袖的领导下前去殖民，对殖民者的选取有时是自愿，有时是强征。殖民者通常会达成一个协议，对殖民的后续进程作出相关规定，对退出殖民的人加以惩罚。在一些因为土地缺乏而派遣出去的殖民中，对殖民者返回母邦作出了很大限制。殖民者到达殖民地之后，经常会与当地的希腊人产生冲突。在征服当地土著后，希腊人会将他们作为奴隶。在有的地方，希腊人与当地人的关系良好，双方不断融合，形成了独特的文化。

希腊人的殖民地点分布广泛，西达西班牙东部，东达科尔喀斯。意大利和西西里群岛是希腊人的理想殖民地之一，著名城邦叙拉古就建立于大殖民运动时期。希腊人在利比亚、黑海地区、赫勒斯滂海峡、安纳托利亚西北部也建立了许多殖民地。殖民运动对希腊历史的发展意义重大，不仅拓宽了希腊的范围，传播了希腊文化，殖民城邦的发展也反过来影响了希腊本土的发展进程。

城邦民主政治的辉煌
雅典

雅典是希腊的第二大城邦，是古希腊重要的政治、经济、文化中心。

提起古希腊，人们往往最先想到的就是雅典城邦。雅典是古希腊最古老的城市之一，在古典时代是希腊世界两大同盟之一的提洛同盟主导者，成为希腊世界最重要的政治力量之一。雅典城邦实行的民主制度，是奴隶制民主政治的高峰。不仅如此，雅典工商业发达，奖掖学术，富有文化和艺术气息，是古希腊文化的重要代表地。

女神之城

雅典（Athens）这座城市，与雅典娜女神有着密切联系，雅典的名字就来自于雅典娜（Athena）。据说，当腓尼基人建立雅典时，两位奥林匹斯主神——海神波塞冬和智慧女神雅典娜都想做该城的守护神，他们商定，谁能为该城的百姓提供最有用的东西，谁就可以成为该城的守护神。

波塞冬以海神之力，用他的武器三叉戟敲打地面，变出了一匹战马。雅典娜则变出了一棵橄榄树。波塞冬坚持认为战马对人们更为有利，因为可以让人们征战四方，开疆拓土，建立一个强大的城邦。雅典娜则坚持认为橄榄树对人们更为有用，因为橄榄代表着和平与富裕。人们选择了橄榄，因为橄榄有着美好的寓意，而战马则象征着战争与悲伤。于是，雅典娜就成了城市的守护神，这座城市也以女神的名字命名，被称为雅典。

雅典娜与波塞冬的故事，尽管只能算作传说，但蕴含了两个真实的元素。其一，橄榄对希腊人的重要性。由于希腊特殊的气候和环境，橄榄是希腊人最为主要的农作物。其二，雅典人热爱智慧，创造了灿烂的文化。相较于尚武的斯巴达，雅典之所以被后世给予那么高的地位，就在于它在文学、史学、戏剧、哲学、艺术、建筑等多个方面的成就。

雅典娜是希腊神话中的奥林匹斯十二神之一，是乌云和雷电的主宰者；智慧女神，农业与园艺的保护神，司职法律与秩序的女神，是女战神。在古希腊，各城邦都崇拜雅典娜，尤其是在雅典。

民主之都

雅典最为后人所称道的，就是它发达的民主制度。雅典被视为民主政治的发源地，雅典的民主政治是古希腊城邦民主制度的典范。

民主政治在雅典的确立和发展，经历了一个漫长的过程，许多著名的历史人物在这个过程中都留下了身影，例如传说中的提秀斯，以及梭伦、克里斯提尼、厄菲阿尔特、伯里克利等。到公元前5世纪50—30年代，雅典民主政治进入了黄金时期。

公民大会是雅典民主政治中最重要的机构，是独立自主的国家最高权力机构。公民大会的权力十分广泛，会定期召开，讨论涉及雅典国家的各种事务。公民大会通过决议之后，再交由相关机构执行。公民大会还负责选举官员，每年要对官员进行10次审查，以便确定他们是否称职。如果官员不称职，公民大会有权罢免他们，或者施以罚款或其他刑罚。

议事会是雅典的另一个重要机构。议事会有500名成员，由10个部落各抽签产生出50人。30岁以上的雅典公民，如果没有不良记录，都可以被选为议员。各部落轮流作主席团，负责议事会的日常工作，他们负责主持公民大会。主席团每天会抽签选

雅典议会即"四百人会议"是公民大会的常设机构，主要职责是：为公民大会拟订议程，预审提案，准备决议，实际上执掌最高统治权。公民大会是古希腊城邦的最高权力机关，主要职责是：讨论、解决国家重大问题如战争与媾和、城邦粮食供应、选举高级官吏、终审法庭诉讼等。

举一人为主席。雅典城邦的日常事务，多由议事会打理。在问题提交给公民大会讨论之前，议事会会预先讨论，作出初步决定。公民大会作出正式决议之后，议事会要负责监督执行。议事会每年要产生300名主席，议员一年一任，因此许多雅典公民都有机会担任议事会成员，这是他们参与政治行动的重要途径。

陪审法庭是公民大会、议事会之外另一个重要机构。陪审法庭由30岁以上的雅典公民抽签产生，人数有6000名，这几乎是雅典公民总数的五分之一。具体到每次案件时，陪审人数会各有不同。由于人数众

古代雅典是世界上最著名的民主政体的城邦，全部男性都可以投票，在议会中发言，选出官员。雅典的公民投票有很多种方式。在议会中，男人可以举手投票。

多，陪审法庭很难受贿，保证了廉洁程度。审判案件时，原告会首先陈述，被告会进行辩护，双方的证据、证词都由自己提供，法庭并不介入。在审判和投票时，陪审员互相之间不可交流，以防他们相互串通。

在这些民主机构之外，负责军事行动的10名将军也有很大权力。公元前5世纪雅典著名的政治家，一般都会设法担任将军之职，伯里克利就曾经连续15年担任将军，借此成为雅典最有影响的政治家。不过，即使这些位高权重的人，也要接受议事会和公民大会的监督，面临着被弹劾、罢免、判刑的危险。

文化之邦

除了先进的政治制度，雅典还以文化的繁荣著称于世。

在哲学方面，古希腊最著名的三个哲学家苏格拉底、柏拉图、亚里士多德都与雅典有密切关系。苏格拉底和柏拉图都是雅典人，亚里士多德虽然生在色雷斯的斯塔基拉，但他一生的主要活动都是在雅典。他们探讨城邦、政治、道德的优劣，写出了大量哲学著作，是古典哲学的巅峰，也是人类思想

这些小的青铜圆盘是官方用的选票，在法庭裁决时使用。

的宝库。

在文学方面，雅典也颇有成就。每年，雅典都会举行戏剧节，戏剧诗人创作了大量优秀的悲剧、喜剧在戏剧节上演，雅典观众会充当评委，评点戏剧的高下。雅典会为参加戏剧比赛的观众提供津贴，以使更多人参加进来。戏剧诗人们创作热情高涨，创作出了许多不朽的作品。

著名的史学家修昔底德也是雅典人，他生活的年代是雅典民主的极盛时代，他原来是一名将军，但由于一次作战失败被雅典流放。20年之久的流放生活使得修昔底德有机会游历希腊世界，并且在这20年时间里完成了《伯罗奔尼撒战争史》的创作。修昔底德治史严谨，对史料持严格的批判态度，影响了一大批西方史学家。

此外，在建筑、雕塑、绘画等许多方面，雅典也有许多成就，是希腊文化的重要组成部分。

雅典卫城的剧场。剧场是雅典人熏陶公民情操的地方。古代雅典学者曾言："这些观众一个挨一个都坐在一起，胳膊碰胳膊、腿碰腿，情感也会在他们之间流动……每个人都是一个政治的人，自己被深深地囊括在城邦之中，与其他观众有着紧密的联系。"

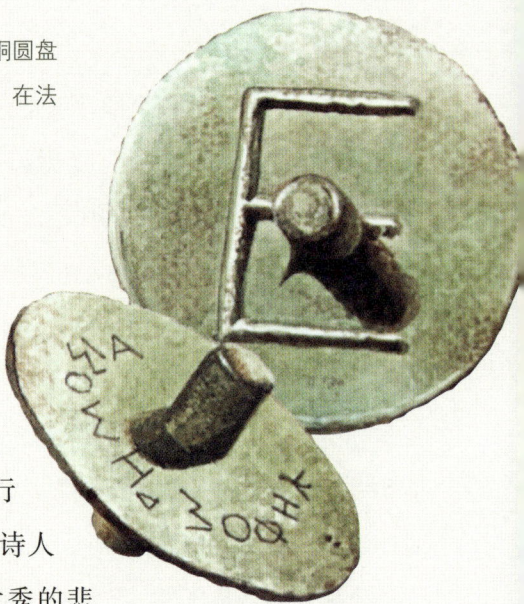

苏格拉底之死

虽然民主政治是雅典最引以为傲的成就之一，但人们对它的评价不全是正面的，雅典民主政治也存在一些问题，有时会因为这样或那样的原因而造成比较严重的错误，苏格拉底之死就是其中一个著名的例子。

公元前399年的一天，苏格拉底被三个雅典公民告上法庭，理由是他不敬神，并且误导青年人，500名陪审员负责审理此案。在第一轮投票之前，苏格拉底本可以靠他精通的演说术打动陪审员，但是他却拒绝这样做，因为他认为他的所作所为是正确的，是符合正义的，无需刻意辩驳。苏格拉底满不在乎的态度激怒了陪审员，结果有280票认为苏格拉底有罪，有220票认为他无罪。这个票数差距不大，可以想见如果苏格拉底竭力为自己辩解的话，他有很大可能会争取到更多的无罪票，就会被直接释放。

第一轮投票判决苏格拉底有罪，但是决定判罚结果的是第二轮投票。在第二轮投票开始前，苏格拉底仍有机会争取陪审员的宽容与谅解，但是他再次拒绝了这么做。苏格拉底建议陪审员判罚他为公民英雄，让他可以免费在雅典市政厅享受一日三餐。这样的话彻底惹恼了陪审员，苏格拉底的弟子们见势不妙，赶紧让他改口称可以接受罚款。然而，陪审员们好像已经彻底被苏格拉底的自负与傲慢激怒了，360票赞成对苏格拉底判处死刑，140票反对这样的惩罚。值得注意的是，有80票原本以为苏格拉底无罪的，此时投到了对方的阵营，选择了对他处以极刑。

被判死刑的苏格拉底仍有机会免于死刑，他的不少朋友都千方百计地搭救他，甚至有人准备了足够的钱财，提供好了绝佳的越狱机会，但是苏格拉底都拒绝了。他认为，法律一旦正式判决之后，人们就必须遵守。即使判决的过程、判决的依据是错误的，人们也不能逃避法律的制裁，否则就将是不正义的。就这样，苏格拉底被雅典处死了。

这位著名的哲学家之死，暴露了雅典民主制度中存在的一些不足与缺陷，尤其是人们的判断容易受到情绪的影响。这个著名的案件，引发了后人无数的争论。

《苏格拉底之死》绘画。这幅作品描绘了哲学家苏格拉底死时的情景。被囚于狱中的苏格拉底，被判刑后饮鸩自杀，在这惊心动魄的瞬间，苏格拉底镇静自若，左手高举，表明信仰不变！周围哀恸的人们增添了画面的悲剧性。

第114—115页：雅典

雅典过去和现在都是古典主义的缩影。尽管"希腊现象"很复杂，但是它的起源、历史的发展以及对其他文化的影响（如在近东、埃及、巴尔干半岛）清楚地揭示：古希腊有一种自发绝对和清晰的创造性动力，它堪称"希腊奇迹"的文明使西方文化永远受惠。就像伟大的德国哲学家黑格尔所说的："希腊的名字冲击着欧洲人的心灵"。

雅典的立法者
梭伦

我拿着一只大盾，保护两方，
不让任何一方不公正地占据优势。

说起希腊历史上最著名的人物，无论如何也绕不开梭伦。他是雅典最有名望的政治家，却又有着诗人一般的情怀；他具备成为僭主、独掌雅典的实力，却不贪图权力，功成名就之后飘然远去；他在政治上功绩赫赫，却也能在希腊七贤之中占据一席之地。

没落贵族之子

梭伦（Solon，公元前 638—前 559 年）生于雅典贵族家庭，属雅典最上等的家族之一。他的父亲是埃克赛克斯，相传是雅典历史上最后一个君主科德罗斯的后裔。到梭伦父辈一代时，家族因为种种慈善事业衰落，逐渐沦为中产。梭伦的母亲也是望族出身，有趣的是，她和著名的僭主庇西特拉图

梭伦生于雅典，是雅典城邦著名的改革家、政治家、立法者、诗人，是古希腊七贤之一。梭伦在公元前 594 年出任雅典城邦的第一任执政官，制定法律，进行改革，史称"梭伦改革"。他在诗歌方面也有成就，诗作主要是赞颂雅典城邦和法律。

的母亲是堂姊妹。

由于家道中落，梭伦早年不得不以经商为生。实际上，在当时的雅典，有不少朋友愿意帮助梭伦，都被他拒绝了。因为他习惯了帮助别人，而不习惯接受别人的帮助。与古代中国社会的重农抑商不同，经商在当时的希腊并不受人轻视，哲学家泰勒斯、柏拉图、数学家希波克拉底等人都曾经经商。

在经商过程中，梭伦四处游历，不仅增长了见识，还结识了诸多名人。在米利都时，他拜访了"哲学之父"泰勒斯；返回雅典时，他结识了法学家阿纳卡西斯和宗教专家埃皮墨尼得斯。经商时，贵族出身的梭伦体会到了民间疾苦。不太富裕的生活，使得梭伦不至于被财富蒙蔽双眼。他曾在诗中写道："作恶的人每每致富，好人往往贫穷；但是，我们不愿把我们的道德和他们的财富交换，因为道德永存，而财富每天在更换主人。"

早年的经历磨砺了梭伦坚韧的性格，赋予了他公正的秉性，为他日后成为历史上最伟大的改革家和立法者打下了坚实的基础。

血战萨拉米斯

30 岁的时候，梭伦终于在雅典崭露头角。

为了争夺萨拉米斯岛，雅典与麦加拉卷入了旷日持久的战争之中。由于迟迟不能获胜且久为战争所累，愤怒而疲惫的雅典人决定放弃，他们颁布了一条法律，规定任何人不得以书面或口头等任何方式，提案本邦去争夺萨拉米斯，违者处死。

这条法律让许多雅典人空有报国志，而无报国门。看到这种情况，梭伦心生一计。他装作神志失常，整天穿着破破烂烂的衣服，嘴里唠唠叨叨胡言乱语，让全城的人都以为他疯了。有一天，当很多人聚集在市场上时，梭伦突然跳上传令石，在吸引了大家的注意力之后，开始大声朗诵起来他所创作的诗歌，开头两句是这样：

"请注意我是从可爱的萨拉米斯来的一个传令小官，我要唱一首押韵的歌来代替高声的演说。"

这首以萨拉米斯岛为主题的诗歌，足足有100多节。梭伦在诗中不断提及"可爱的萨拉米斯"，以至于在场的雅典人无不热泪盈眶、慷慨激昂。梭伦的朋友们见机纷纷赞扬梭伦，尤其是后来成为僭主的庇西特拉图，鼓动雅典人立即废除了上述法律。于是，雅典决定重新发兵萨拉米斯，率兵前往的正是梭伦。

梭伦是如何攻克萨拉米斯的，现在流传有两种

萨拉米斯萨罗尼克湾，古希腊雕刻。公元前7世纪，雅典与邻邦麦加拉为争夺萨拉米斯岛发生战争，结果雅典失败。公元前600年左右，年约30岁的梭伦被任命为指挥官，统率部队，一举夺回了萨拉米斯岛。

知识链接：库伦暴动

库伦是古希腊奥运会上的获胜者，在雅典享有颇高的声望。然而库伦并不满于现状，受欲望驱使，他企图推翻雅典贵族政治体系，以便自己成为雅典的僭主。他利用亲戚朋友的支持，先是组建起了一支武装力量，而后鼓动雅典平民，让他们起来反抗贵族。除此之外，他还让他的岳父麦加拉僭主特西阿真尼，派遣一支部队驰援。公元前631年，感觉条件成熟了的库伦赫然发动政变。起初一切顺利，他成功攻占了卫城。关键时刻，曾被库伦拉拢过来的平民领袖突然倒戈，号召所有雅典人起来反对库伦。因为他们并不希望雅典成为僭主政体，雅典民众从四面八方聚集而来，将库伦及其同党击败。库伦最终暴动失败。

说法：第一种说法中，梭伦使用了"美人计"。有一天，梭伦看到雅典妇女在科里亚斯海角举行献祭仪式，就派一个手下前往麦加拉，告诉麦加拉人，如果他们想掳走雅典妇女，就赶快趁现在前往科里亚斯。麦加拉人闻之大喜，立即出动前往。而梭伦在派出手下之后，让雅典妇女们都走开，让一些没有胡子的年轻人假扮成女人，穿着女人的服饰，但是藏着武器，在海边载歌载舞，游戏嬉闹。麦加拉人到达之后，被眼前的场景所诱惑，将船靠岸，争先恐后地向"女人"们跑去，结果全被杀死了。雅典人立即乘船出发，夺取了萨拉米斯岛。

第二种说法中，梭伦使用了"声东击西"之计。他率军进发萨拉米斯，并故意放出情报。萨拉米斯城中的守军获悉情报之后，匆忙备战，同时派出一只船前去侦察敌情。梭伦捕获了敌军侦察船，羁押了麦加拉水手，让一些雅典海军登上敌船，悄无声

梭伦讲授法律，改革牵涉到很多雅典富人的利益，不进行耐心的解释几乎不可能。

息地驶向萨拉米斯。而他自己则率军大张旗鼓地从正面与麦加拉军开战。岸上的战斗正在进行之时，那艘小船上的将士已经攻取了萨拉米斯。此后，麦加拉人仍坚强抵抗，但经过斯巴达人的调停和仲裁，雅典人最终得到了萨拉米斯。

经此一战，梭伦在雅典名声大噪。此后，通过

声援德尔斐神庙等行为，梭伦成为雅典最为著名的人物。

立法定乾坤

萨拉米斯战后，由于党争，雅典陷入了一片混乱之中。山区的人主张实行极端民主制，称为山地派；平原地区的人主张实行极端寡头制，称为平原派；海滨的人主张实行混合制，称为海岸派。三个派别相互倾轧，互不相让，使雅典陷入了十分危险的境地。大量平民破产，不得不从富人那里举债，有人甚至卖儿卖女、逃亡国外，直至沦为奴隶。

此时，梭伦被雅典人寄予改革重任。雅典人之所以选择梭伦，与梭伦在早年所表现出来的优良品行有关。富有的人相信他，因为他本人很富裕；穷人相信他，因为他很公正。在雅典国内党派混战之时，梭伦明哲保身，没有加入任一派别。有人想请梭伦做僭主（以非法手段取得政权的独裁统治者），但被他拒绝了。

公元前594年的一天，成千上万的雅典民众

雅典奴隶绘画。梭伦改革中的解负令，使因贵族盘剥沦为债务奴隶的雅典公民重获自由，从此雅典法律不允许雅典公民为奴。雅典共和国获得奴隶的主要手段是通过贸易购买或者战争，奴隶都非雅典人，基本上都是外国人。

118

聚集在雅典广场上，他们期待着梭伦，期待着这位被寄予厚望的执政官拯救他们的国家。梭伦走上台去，颁布了一项项令雅典从此走上强国之路的法律：废除债务奴隶；废除德拉古的严刑峻法；废除贵族对政治权力的垄断，按财产划分公民等级，依据不同等级享有不同的政治权力；恢复公民大会最高权力机关的地位，允许各等级公民加入公民大会；设立四百人会议；设立公民陪审法庭；等等。

每项法令的颁布都伴随着雅典民众的欢呼声。对于这样的结果，他们无疑是接受的：平民恢复了人身自由，不再因为债务而受人奴役；富人可以凭借雄厚的财力，享有更多的政治权力。尽管仍有怨言，但雅典人也不得不承认，这是当时所能达到的最佳效果。

在首席执政官任满之后，梭伦放下了全部权力，离开了为之奋斗的祖国，又像少年时代一样四处远游了。他的足迹遍布埃及、塞浦路斯、小亚细亚等地。

梭伦讲学。梭伦正在教授学生。

不是暴君的暴君
庇西特拉图

他出身高贵，却是平民的领袖；
他僭越政权，却遵循法度。

雅典虽以民主政治闻名天下，但是也存在一位颇为知名的独裁者，他就是僭主庇西特拉图。庇西特拉图统治时期，小心翼翼地站在平民和贵族之间，完成了发展雅典的历史任务，在贸易、文化、城市建设等多个层面都取得了不错的成就。庇西特拉图打压了贵族势力，抬高了平民的力量，对雅典民主政治的最终形成不无贡献，可以被称为"不是暴君的暴君"。

夹缝中的僭越

梭伦改革之后，强令雅典人宣誓遵守其法度10年，然后飘然远去，出国远游。雅典人遵守誓言，10年未改动梭伦的法律。可是，10年之后，雅典的内部矛盾并没有得到解决，反而越来越严重，形成了错综复杂的局面。一些反对梭伦改革的贵族，组成了所谓的平原派，首领为来库古；从梭伦改革中获益的人，组成了海岸派，首领为梅加克列斯；庇

僭主庇西特拉图从流亡地胜利地返回雅典，并受到了人们的欢迎。庇西特拉图在贵族与平民利益冲突中站在了人口占多数的平民一边，也受到欢呼。

僭主是古希腊独有的统治者称号，是指通过政变或其他暴力手段夺取政权的独裁者。僭主一词在一开始并无贬义，历史上有些僭主还曾推行社会改革，但后来此名称逐渐带有贬义，并演变为暴君的意思。

话 说 世 界

庇西特拉图在前往雅典途中，用了一番苦肉计，将自己和乘坐的骡子弄伤，然后在公民大会上声称遭到了政敌的攻击。他的支持者立即向公民大会提

西特拉图（Peisistratus，约公元前600—前527年）团结了希望重新分配土地的平民，组成了山地派。三派之间矛盾激化，互不相让，局势十分紧张。

庇西特拉图虽然是平民的领袖，但他并非出身平民，而是有着不错的家世。他的一位祖先曾经做过雅典的执政官，他的父亲是希波克拉特斯，是梭伦的姨父。也就是说，庇西特拉图是梭伦的表弟。梭伦虽然与这个表弟交情颇深，但却早已发觉他的政治野心，因而梭伦不断提醒雅典人，要他们当心庇西特拉图。

梭伦的担心并非没有道理，庇西特拉图在三派之间的斗争中逐渐崭露头角。他答应帮助平民，承诺满足他们的要求，因而获得了那些无地或少地平民的支持；在对待其他派别时，他表现得温婉而克制。终于，庇西特拉图赢得了威望，获得了多数人的支持。

公元前6世纪时的青铜骑兵像。古典时代后期，希腊才开始有规模地使用骑兵。

议，要给庇西特拉图配备卫队，公民大会旋即通过了此项提议，庇西特拉图拥有了一支用棍棒武装的50人卫队。利用这支卫队，庇西特拉图占领了卫城，成为雅典的统治者。

政坛中的起伏

庇西特拉图上台之后，并没有统治很久。大约在三四年后，另外两派的人联合起来，将他赶跑了。庇西特拉图虽然逃离了雅典，但是他并不甘心，还一直观望着雅典局势。

公元前550年，庇西特拉图逐渐与海岸派的领袖梅加克列斯联合起来，他迎娶了后者的女儿，建立起牢固的婚姻同盟。有了梅加克列斯的支持，庇西特拉图打算再进雅典。这一次，他要了一个花招，让支持者在雅典城内宣扬，说雅典娜女神将亲自护送庇西特拉图回归。之后，他找到一个身材高大、面貌俊美的女子，让她装扮成雅典娜的模样，随他一同乘车进入雅典。

对于这场闹剧，雅典人并不买账。庇西特拉图好像与梅加克列斯的女儿之间的婚姻出了点问题，因为梅加克列斯所属的阿尔克迈翁的子孙被认为是受到诅咒的，所以庇西特拉图虽然娶了梅加克列斯之女，但却拒绝与她进行正常的房事。梅加克列斯听到女儿的抱怨后，感到非常气愤，宣布不再支持

一只装满饮料的杯子，上面描绘了一个男人用公牛犁田的情形。简单的希腊犁只能破碎土壤，但不能翻动土壤。

庇西特拉图。压力之下，二度掌权雅典不到一年的庇西特拉图，被迫再次离开雅典。

但是，两次失败并没有让他灰心丧气，野心勃勃的庇西特拉图仍在蓄谋着重返雅典。首先，他在色雷斯弄到了一座产量颇丰的银矿，有了资金基础。其次，他结交了许多希腊世界其他城邦的当权者们，获得了财力和人力的支援。他利用这些资源，招募了一支雇佣军，在公元前540年再度返回雅典。途中，他与雅典公民兵进行了一场战斗，击溃了他们。庇西特拉图告诉他们，只要放下武器，就可以既往不咎，让他们返回雅典安居乐业。

庇西特拉图于是第三次成为雅典僭主，他吸取了前两次的经验，开始用各种手段来巩固自己的统治。首先，他放逐了一些政敌，例如梅加克列斯，以防他们再次联合起来，对自己的统治造成威胁。其次，他削弱了一些世族大家的势力，还将贵族和富人的一些子女送往纳克索斯，作为人质，还让他的老朋友吕格达米斯充当了那个地方的僭主。最后，他将被流放者的土地分配给了缺地少地的平民，进一步获得了他们的支持。为了保证自己的安全，他将卫队人数扩充到了300人，还为自己修建了有防卫的宫殿。

矛盾中的发展

采取了以上措施之后，庇西特拉图巩固了自己的统治。他虽然是一名僭主，但是却注意照顾平民的权益；他虽然是一名独裁者，但却遵守法律；他虽然照顾自己的利益，但也大力推进城邦的发展。就是在这一组组看似矛盾的表象下，雅典进入了庇西特拉图统治时期。

庇西特拉图与其他城邦的僭主有所不同，对于深入人心的梭伦改革，庇西特拉图选择了继续保

希腊位于西西里的殖民地西拉鸠斯上的浮雕。描绘出希腊神话里可怕的妖女梅杜莎，任何看到她的人都会变成石头。

持。雅典的所有官职依旧照常选举并行使职权，庇西特拉图只是选取了一些亲友把控着重要岗位，其他职位、岗位的运作仍旧遵循旧制。他为政温和，对待犯人也比较宽宏大量。不仅如此，他自己还带头遵守法律，据说有一次当他被控杀人时，他按时到法庭受审，接受法官的盘问，而审讯人因为害怕自己逃跑了。

庇西特拉图扶持农民的生产。他倡导农民种植更适合雅典的橄榄和葡萄，向缺乏成本的农民提供贷款。他设置了乡村巡回法庭，以免让需要诉讼的农民专程赶到雅典，耽误农业生产。巡回法庭保障了农民的利益，使得他们可以免受当地乡绅的欺压。此外，庇西特拉图还经常巡游乡间，以便更快捷地为农民答疑解惑。

庇西特拉图还十分重视发展雅典的工商业。在他统治时期，雅典的制陶业有了很大发展。庇西特拉图与邻国保持着不错的关系，还注意在重要的地区设立商业据点、殖民地，使得雅典的商路畅通无阻，雅典的精美陶器被出口到埃及、黑海、埃特鲁里亚等地区。

庇西特拉图另一项伟大的功绩是发展文化。他善待文人，重视文化建设，吸引了许多著名的诗人来到雅典。庇西特拉图的儿子们还对《荷马史诗》进行了整理，编排了各个章节，用文字的形式将这部口传诗歌确定了下来。不过，庇西特拉图在修订《荷马史诗》时，添加了不少鼓吹雅典、鼓吹自己祖先的段落。

公元前527年，庇西特拉图病逝，一代僭主最终陨落，他的儿子希庇亚斯成为新僭主。庇西特拉图的统治，为雅典民主政治的发展、国力的强盛起到了积极的作用，广为后人称道。

雅典的改革者
克里斯提尼

他出身贵族，却一生坎坷；
他接近平民，奠定了民主制的基础。

克里斯提尼是雅典著名的政治改革家，曾在公元前509年作为雅典执政官。在他的领导下，雅典民众击败了企图建立贵族寡头政治的伊萨哥拉斯，击退了前来助阵的克里奥美尼。他还进行了著名的政治改革，为民主政治在雅典的最终确立奠定了坚实的基础。正因为如此，有不少人将克里斯提尼改革视为雅典民主政治正式确立的标志。

为民众而战

克里斯提尼（Cleisthenes，约公元前570—?）并不属于平民阶层，他来自著名的阿尔克迈翁家族。这个家族拥有大量财富，是希腊最著名的家族。但由于曾有过渎神的行为，也被认为是受到诅

古希腊雅典城邦著名政治改革家克里斯提尼。公元前509年联合平民推翻贵族统治，并当选为首席执政官。在梭伦改革的基础上，又一次实行社会改革，改革肃清了氏族制的残余，标志着雅典一个多世纪以来平民与贵族斗争的胜利结束，确立了民主政治。

咒的家族。克里斯提尼的父亲就是大名鼎鼎的海岸派领袖梅加克列斯，他的母亲是阿加里斯特，外公是西具昂僭主克里斯提尼。

庇西特拉图掌权之后，驱逐了许多政敌，曾与庇西特拉图交恶的梅加克列斯自然在列。庇西特拉图之子希庇亚斯当政之后实施大赦，阿尔克迈翁家族返回雅典。此时，梅加克列斯已经去世，克里斯提尼成为家族首领，开始登上政治舞台。公元前514年，由于希帕库斯被刺杀，希庇亚斯又开始了对潜在政敌的镇压，克里斯提尼及其家族再次被放逐。

后来，僭主被刺杀，雅典各派政治势力又开始了新的争夺。伊萨哥拉斯成为贵族集团的首领，他们在政权斗争中占据优势。克里斯提尼意识到己方势力处于弱势之后，开始寻求民众的支持。克里斯提尼在流亡期间，曾经通过修筑德尔斐神庙，贿赂祭司的手段，使得斯巴达听信神谕推翻僭主政治，因而在推翻僭主的过程中有不小贡献，这使得他更易获得民众的支持。凭借此点，克里斯提尼提出了有利于平民的施政纲领。

伊萨哥拉斯选择了相反的路线，他与斯巴达统治者克里奥美尼关系密切，邀请后者率斯巴达军队来到雅典，干涉雅典政治。在斯巴达人的帮助下，伊萨哥拉斯放逐了包括阿尔克迈翁家族在内的700个家族，并宣布解散四百人议事会。不料，四百人议事会拒绝服从命令，平民也趁机起义，斯巴达人不得不投降，匆忙离开。克里斯提尼在民众的支持下，返回雅典，开始进行改革。

德尔斐神庙是获取阿波罗神谕的地方。这座神庙与绝美的景致和谐地结合，同时被赋予了神圣的意义，从公元前6世纪以来，就是古希腊的宗教中心以及希腊统一的象征。

知识链接：陶片放逐法

每年，雅典公民大会都要举行一次投票，看是否有人势力过大，威胁到了民主政治。如果有，就再进行投票，将得票最多者流放国外10年，是为陶片放逐法。被流放者有财产权和公民权，但长期放逐会削减他们的政治影响力，有效遏制了他们的势力。陶片放逐法的实施，需要出席公民大会的人数超过6000人，否则投票无效。陶片放逐法标志着公民大会是雅典最重要的权力机关。

为城邦革新

克里斯提尼改革的核心内容，是分割地方氏族权力，巩固国家的团结，以建立民主政治。他最主要的一项改革，就是用10个地域部落取代了原有的4个血缘部落。具体措施是先将阿提卡分为3个大区，即雅典城区、海岸区和内地区，每区再分为10个三一区，然后通过抽签的方式从这3个大区中各抽取1个三一区，构成一个地区性部落。每个部落都包含雅典城、海岸和内地三个地方。这种划分方法虽然不便，但却打破了旧有氏族部落，将他们的势力分散到不同的部落中。

之后，他对议事会进行了改组。将议事会成员从原来的400人扩展到500人，由每个部落各抽50人组成。议事会增加了新的职能，负责处理相当一部分国家日常事务，包括接待外宾，将他们引荐给公民大会。此外，克里斯提尼还设立了十将军制度与陶片放逐法，十将军由每个部落各选举一名将军组成，可以连选连任，后来成为雅典最重要的官职。

克里斯提尼改革确立了古典时代雅典的基本制度，提高了平民地位，标志着雅典民主的最终形成。

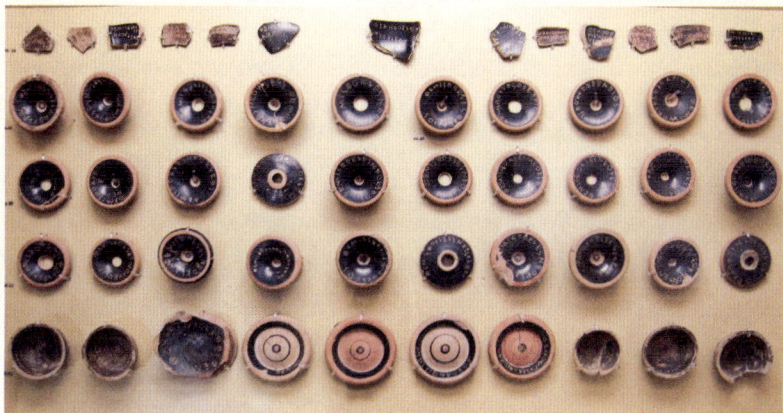

陶片放逐法是古希腊雅典等城邦实施的一项政治制度，克里斯提尼改革时期创立，约公元前487年陶片放逐法才首次付诸实施。雅典公民可以在陶片上写上那些不受欢迎以及极具社会威望、广受欢迎、最可能成为僭主的人的名字，通过投票表决将企图威胁雅典民主制度的政治人物予以政治放逐。

第一公民
伯里克利

雅典虽然名义上为民主制，但权力实际上掌握在第一公民手中。

——修昔底德《伯罗奔尼撒战争史》

伯里克利是古希腊著名的政治家，雅典辉煌时代的缔造者。在伯里克利时代，雅典民主政治达到了巅峰，雅典帝国势力空前强大，经济贸易发达，文化事业繁荣，被视为雅典历史上的黄金时代。伯里克利本人则通过强大的政治影响力，连续担任将军一职，成了民主政治下的第一公民。

出身高贵　师从贤哲

伯里克利（Pericles，约公元前495—前429年），出身高贵。他生于雅典考拉古斯德谟，父亲是克桑提普斯，曾在公元前479年希波战争米卡列海战中作为雅典舰队的司令官；母亲是阿加里斯特，是著名的改革家克里斯提尼的侄女。据说在她快要临盆时做了一个奇怪的梦，梦里她生下了一头狮子。几天之后，伯里克利降生了，他各方面都长得很好，就是头颅略长，显得不太对称。在他成年之后，不少喜剧诗人都拿他的头开涮，称他为"红葱头"。还有传言说，伯里克利长得像僭主庇西特拉图，由于他出身高贵，势力比较大，所以人们在很长一段时间内都对他不太放心，担心他成为庇西特拉图第二。

伯里克利自小受到了良好的教育。他有一位名义上的音乐老师，名字叫戴蒙（Damon）。之所以说是名义上的，是因为这个老师虽然以教音乐为名，事实上却在这个幌子下传授伯里克利政治。伯里克利的音乐实际上是由一名叫作比索克莱德的人所教。后来，伯里克利拜在伊利亚派哲学家芝诺门下，学习演说术，这在当时是成为合格政治家的必备技能。对伯里克利影响最大的老师，莫过于哲学家阿纳克萨哥拉斯。这位哲学家与伯里克利相处最久，不仅教会了他高贵而庄重的知识，还将他的性格和理想升华到了更高的境界，为伯里克利日后成长为受欢迎的政治家打下了良好的基础。

胸怀大志　缔造盛世

作为一名贵族子弟，伯里克利并未沉溺于显赫的家世与无尽的享乐，他心中有着更高的抱负，想要将所爱的雅典发展得更好。他加入了民主派，整日奔波于市场和议事厅，除此之外几乎不在街上走动；朋友之间的宴饮和应酬也都统统谢绝，只参加过一位近亲的婚礼，并且在祭神仪式结束、酒宴将要摆开时就离开了。这样做的目的，一是公务繁忙，

伯里克利是古希腊历史上最伟大的政治家、演说家和将军，他开创了雅典民主政治的黄金时代，被视为雅典全盛时期的象征。在伯里克利的推动下，雅典逐渐将提洛同盟发展成为海上帝国，盟国进贡的赋税，不仅被用以发展雅典的海上力量，还被用以雅典的城邦建设。依靠强大的经济实力，伯里克利得以大力支持文学、艺术发展，繁荣了城邦的文化事业；他还积极修建公共设施，改善了公民的生活，因而获得了广泛的赞誉。

无暇他顾，二是想树立作为政治家的严肃形象。

在厄菲阿尔特去世之后，伯里克利成为民主派的领袖。起初，伯里克利并不倾向于平民，他对公民抱有恐惧心理。后来，为了对抗客蒙（Kimon，曾任雅典将军），他决定讨好公民。因为客蒙有着伯里克利难以比拟的财富和金钱，他乐善好施，接济穷人，赢得了不少民意。为了与他对抗，伯里克利将城邦的财富分配给公民，用公家的钱来举办各种表演，为充当法庭陪审员的公民发放薪酬，提供其他各种各样的好处。就这样，他在短时间内将民众笼络到了自己一边。

伯里克利任下，雅典控制了提洛同盟，将同盟的金库迁到了雅典，利用这个资金优势，伯里克利开始了对雅典的大幅建设。他拟定了巨大的工程设计，在公民的许可下建设了许多巨大的工程。巨大的建设需要大量的人手、资源，不少雅典人得到了工作的机会，还有不少外邦的建筑师、铁匠、木匠、石匠、金匠、画家、刺绣工、陶工等慕名来到雅典，将自己的技艺用于建设这座城市。由于建设需要大量资源，雅典的港口成为希腊最为忙碌的港口之一，带动了贸易的发展。这个时候建成、重

> **知识链接：提洛同盟**
>
> 公元前478年，雅典组织中希腊、爱琴诸岛和小亚细亚的一些城邦形成新的同盟，同盟金库设在提洛岛，故名"提洛同盟"。它的目的原是为继续对付波斯联合作战，后成为雅典称霸工具，又称"雅典海上同盟"。公元前454年，同盟金库迁到雅典。公元前404年，由于在伯罗奔尼撒战争中战败，雅典被迫解散提洛同盟。

建、修筑的建筑有帕特农神庙、雅典娜胜利神庙、普罗匹勒亚回廊、奥迪姆音乐厅、狄奥尼索斯剧场等，无一不是当世之杰作。据说仅是雅典卫城的"山门"，就花费了5年时间。

国家建设蓬勃发展，促进了文化事业的发展。许多著名的希腊名家都生长、成长于这一时刻，悲剧作家埃斯库罗斯、索福克勒斯、欧里庇得斯，喜剧作家阿里斯托芬，历史学家修昔底德，哲学家苏格拉底等都可归属于这个时代。雅典的繁荣还吸引了许多其他城邦名人的到来，历史学家希罗多德就

古典时代，雅典比雷埃夫斯港是地中海世界著名的国际商港，环地中海区的商品集散中心，帆樯林立，不同国籍的客商云集于此。今天比雷埃夫斯港是希腊最大的港口，也是全球50大集装箱港及地中海东部地区最大的集装箱港口之一。

大量建设公共建筑是伯里克利的一大善举，只是背负私自提取提洛同盟金库的诟病。雅典的狄奥尼索斯剧场是古希腊剧场中最完善的，该剧场位于雅典卫城的南侧，是由两个半圆形的剧场通过门廊连接而成，可以容纳17000名观众，三大悲剧作家和喜剧家阿里斯托芬的作品多次在这里上演。

曾游历雅典。

尽管伯里克利积极建设雅典，处处表现出对平民的倾向，但他却并非讨好平民的政客。在许多决策中，伯里克利力排众议，坚持自己的主张。有些时候，当他的决策被认为不怎么高明时，民众还会对他进行罚款。但是，伯里克利的声望非常之高，他连续多年被选为将军，从而得以长期主宰雅典政治。正如修昔底德所说，伯里克利可谓雅典的第一公民。

阿斯帕西娅是古代希腊著名政治家伯里克利的情人，她以美貌与智慧名动整个希腊半岛。据说伯里克利的演说稿，大部分都是出自她之手。

情迷外女　爱情涟漪

伯里克利在政治上颇有建树，具有很高威望，但是他的个人生活却并非白璧无瑕。不过，古希腊政治家的政治生活和个人生活，常常可以被区分对待，因而除了少数剧作家等人的调侃之外，伯里克利的个人生活并没有太影响他的政治生涯。

伯里克利第一任妻子是他的一位很近的表亲，她给伯里克利生下了两个孩子，分别是詹第帕斯和帕拉鲁斯。后来两人感情失和，伯里克利在征得妻子同意后，将她让与另外一名男子，自己则与米利都人阿斯帕西娅（Aspasia）同居。阿斯帕西娅是阿克奥克斯的女儿，人们常将她与古代爱奥尼亚的交际花莎吉莉亚媲美。阿斯帕西娅不仅容貌美丽，还拥有超高的政治智慧和才华，深受伯里克利喜爱。不过，阿斯帕西娅的名声却不怎么好，她本人可能就是一个高级妓女，专与有权势的男人交往。在伯里克利去世后，阿斯帕西娅还与一位名叫黎昔克里的羊贩子交往，后者在她的帮助下跻身雅典政坛，甚至成了首脑人物。

自得到阿斯帕西娅之后，伯里克利对她十分宠爱，有时还会带着她参加与朋友的聚会。他的朋友们也都十分仰慕阿斯帕西娅，其中之一就有苏格拉底。在阿斯帕西娅的蛊惑下，伯里克利偏袒米利都人，在公民大会中提议对萨摩斯开战，结果受到很多指责。

出师未捷　郁郁而终

公元前5世纪后期，伯罗奔尼撒战争爆发。作为雅典的领袖，伯里克利无法阻止雅典人狂热的战斗热情。战争开始之后，伯里克利计划使用坚壁清野的政策，他一方面将乡间的人民都迁到雅典城中，另一方面派出海军不断骚扰伯罗奔尼撒半岛。

斯巴达军队到来之后，不断蹂躏阿提卡的土

伯里克利的葬礼演说是历史上最伟大的演说之一。演说发表于公元前 431 年，是雅典和斯巴达之间多年战争开始的时候。伯里克利在演说中描述雅典的某些特质来激励他的人民，这些特质正是使雅典凌驾在希腊其他城邦之上。

地，城内的人们看到自己的家乡遭受破坏，十分恼怒，想立刻出城与斯巴达人决战。但伯里克利却不允许这么做，他坚持在陆上采取守势，在海上采取攻势，人们逐渐对伯里克利产生了不满。

公元前 430 年夏天，一场瘟疫席卷了整个雅典。由于阿提卡人此刻都住在雅典城里，人口非常密集，瘟疫变得一发不可收拾。在这段时间内，伯里克利先后失去了姐妹以及大部分的亲戚朋友，他的两个嫡生子也在瘟疫中丧生了。亲戚和家人的死去未能打倒伯里克利，他一直坚强地保持宁静和克制，甚至不去参加任何一位朋友或亲戚的葬礼。直到为儿子举行丧礼，将花环戴在儿子的头上时，他终于难以自已，高声痛哭起来。

后来，伯里克利也被传染了瘟疫。弥留之际，雅典政要和伯里克利的亲友们都围在他的床前，赞扬他一生伟大的品德、无上的权威和辉煌的功勋，他们以为伯里克利已经神志不清，听不到他们的谈话。可是，伯里克利却大声地说道，他感到非常奇怪，因为人们赞扬的只是一些虚名，却忽视了他最卓越和最伟大的成就，那就是"没有一个雅典人因为我犯下错误而白白牺牲生命"。

伯里克利去世后，雅典在伯罗奔尼撒战争之中的形势每况愈下，最终在公元前 404 年向斯巴达投降，盛极一时的雅典一去不返。

公元前 430 年，一场前所未有的大瘟疫降临到雅典人身上，给雅典带来了空前的灾难和巨大的恐慌。面对瘟疫，医生们也束手无策。由于传染性非常剧烈，和病人接触频繁的医生死亡也非常多。历史学家修昔底德记录了当时雅典的惨状，为后人研究这次瘟疫提供了珍贵的第一手资料。

为战争而生
斯巴达

斯巴达人从不问敌人有多少，只问他们在哪里。

——斯巴达国王埃吉斯二世

斯巴达是古希腊最著名的城邦之一。斯巴达城邦位于伯罗奔尼撒拉科尼亚平原的南部，欧罗塔斯河的西岸，泰格特斯山脉东侧。斯巴达以军事强大闻名，斯巴达勇士在希腊军事史上享有赫赫威名。凭借强大的军事力量，斯巴达在很长一段时间内，都主导着古代希腊世界。

特殊的制度

斯巴达的军力之所以强大，与它特有的政治制度密不可分。斯巴达人大致可分为三个等级，即斯巴达公民、边民和黑劳士。斯巴达公民是城邦的主人，他们不需劳作，在成年后会加入军事性质的"平等者公社"，是斯巴达的统治阶层。边民是斯巴达所征服城邦的人，他们享有人身自由以及本地的自治权，但不具备斯达巴公民权，主要以务农

与雅典比较，斯巴达则是一个中央集权及军事化的城邦。斯巴达拥有最骁勇善战的陆军，斯巴达男人都被训练成军人。

尤利彭狄得家族，为斯巴达地位较低的王族。其家族的阿基斯四世（Agis IV，公元前262—前241年）19岁继承父亲欧达米达斯二世的王位，在位期间，他对土地和财富分配不公的现象进行改革。

和工商业为生。黑劳士是斯巴达的国有奴隶，负责耕种土地，为斯巴达公民提供粮食，地位低下，没有人身自由。

斯巴达采取贵族共和政体，实行双王制，两位国王分别来自阿基亚得家族和尤利彭狄得家族，他

们产生于多利亚人与其他民族或多利亚不同部落之间的联合。此外，国家机构还包括公民大会、长老会议和监察官。斯巴达国家的重大问题基本由 30 人组成的长老会议决定，但必须经过公民大会通过方才有效。公民大会的表决方式比较特别，是通过欢呼声的高低来表达同意或反对的意见。两位国王的王位世袭，平时主要主持国家祭祀和处理涉及家族法的案件。战争年代，两个国王中的一个会率军出征，因而会享有比较大的权力。

黑劳士虽然是身份卑贱的奴隶，但却是斯巴达国家的重要劳动力来源，他们被禁锢在斯巴达公民的份地上，生存条件十分恶劣，工作强度很大。每年需要向主人缴纳 82 麦斗大麦以及一定数量的油和酒，几乎是土地收获量的一半。不仅如此，黑劳士还面临着斯巴达人的人身威胁，一不小心就会挨打甚至失去性命。因而黑劳士对斯巴达有着强烈的反抗情绪，一旦时机出现，或者有外邦人的教唆，他们就会立即反叛，给斯巴达城邦带来很大麻烦。约公元前 640 年，黑劳士发动了武装起义，起义时间长达十几年。公元前 464 年，黑劳士再次起义，

起义军甚至进攻到了斯巴达城下，时间也延续了十余年。

斯巴达政府将镇压黑劳士作为首要和经常的任务。每年，当新的监察官上任时，都要履行一个特殊的仪式，即对黑劳士宣战。此外，他们还会施行一种叫作克里普特的特殊任务，他们派人潜伏到黑劳士人中，一旦发现有反抗嫌疑或者体格明显健壮的，就会对其进行暗杀。斯巴达人希望通

THE HELOTS.

黑劳士制度是古希腊斯巴达人在对外扩张过程中实行的一种奴役被征服者的制度。大约形成于公元前 8 世纪后期。当时，斯巴达人征服拉科尼亚南部海岸，使其居民沦为奴隶，这些奴隶被称为"黑劳士"。

斯巴达人满20岁后，男青年正式成为军人。合格的军人要有强有力的体魄，跑步、竞走、掷铁饼、搏斗等样样出色。女人也不例外，斯巴达人认为只有身体强健的母亲，才能生下刚强的战士。

过杀死黑劳士中最强壮最优秀者，达到威慑他们的目的。

培养战争机器

为了培养英勇的战士，斯巴达注意对公民的军事培养。当婴儿呱呱落地时，他们就被会送到长老那里接受体检，如果长老认为婴儿不健康，或者体格瘦弱不够强壮，就会把婴儿抛弃到荒山野外的弃婴场。在家中，婴儿的母亲会用烈酒给婴儿洗澡，如果婴儿发生抽风等不适，或者失去知觉，就说明婴儿的体质不够强壮，就会被抛弃。

在7岁以前，孩子们由双亲抚养，主要培养他们不爱哭闹、不挑食、不怕海岸、不怕孤单等品性，为日后的军事生活打下基础。7岁以后，男孩子就被编入"阿格拉依"的儿童团中培养，他们会集体住宿，共同吃饭，并接受极其严格的训练，例如跑步、掷铁饼、拳击、击剑、斗殴等。每到固定节日时，他们都要被皮鞭抽打，并且在挨打的时候不许求饶和喊叫。孩子们在这里增强了勇气、体力和忍耐性。

12岁起，斯巴达少年们会被编入少年队，接受更为严格、残酷的训练。为了培养孩子们的毅力，锻炼他们的体格，斯巴达不允许他们穿鞋，无论是酷暑还是寒冬，他们只能穿一件单衣，就连睡觉时也只能睡到草席上，不许盖被褥。据说，为了锻炼孩子们的机警，城邦故意不让这些孩子吃饱，鼓励他们去偷食物，如果在偷东西时被发现，回来后会挨打。有次一个少年偷了一只狐狸，他把狐狸藏在胸前，狐狸在衣服里不断撕咬他，但为了不让别人发现，他不敢吱声，最后被狐狸活活咬死了。

20岁之后，这些少年成为青年，正式成为斯巴达军人。到了30岁以后，他们被获准成家，但是并不能和妻子公开住在一起。他们白天还要在军营参加训练，夜间才能找机会偷偷回家。60岁以后，年迈的斯巴达战士可以退伍了，不过他们依然是预备军，在国家需要时要勇敢向前。不仅男性公民如此，斯巴达妇女也受到城邦的重视，因为斯巴达人认为只有身体强健的母亲，才能生下刚强的战士。斯巴达妇女也很勇敢和坚强，她们不仅学习诗歌、音乐和舞蹈，还注重体育锻炼，当看到儿子在战场上负伤或死亡时，她们不仅不会悲伤，还会为此感到骄傲。据说一个斯巴达母亲在与要上战场的孩子告别时，送给了他一个盾牌，说"要么拿着，要么躺在上面"。

严明的军纪、严格的社会制度，使得斯巴达迅速强大起来。从公元前6世纪中叶起，斯巴达联合伯罗奔尼撒半岛的大多数城邦，组成了伯罗奔尼撒同盟，成为希腊世界的领袖。

战士的文化

与希腊世界普遍重视文化的风尚不同，斯巴达人对文化不太重视，斯巴达青年从小就注重军事训练，青少年只要求会写命令和便条即可。当演说术在希腊世界风靡一时时，斯巴达人并不热衷这种语言的艺术，他们要求自己的子弟尽量言简意赅，用最少的话表达意思。有一次，波斯国王威胁斯巴达人，要求斯巴达服从他的命令，不然的话就要将斯巴达夷为平地。面对强权的威胁，斯巴达国王只回答了一个字："请！"这种言简意赅、风格鲜明的回答，后来被称为斯巴达式的回答。同样，斯巴达人也不重视文学艺术和自然科学，在斯巴达城内，几乎发现不了任何宏伟的建筑，斯巴达也没有任何精致的艺术作品传世。

尽管斯巴达在文化上少有建树，但是斯

巴达却令不少文化上的大师级人物仰慕，柏拉图就是其中之一。柏拉图十分热衷于斯巴达的政体，在《理想国》中，柏拉图构建的理想国家，许多要素都来自斯巴达。理想国的基本政治框架与斯巴达的一样，主张共产与集权。理想国的统治者"哲学王"不能享受家庭生活，女性"护国者"的唯一职责就是生育，她们无需劳作，因为有低等级的人来从事这些工作。

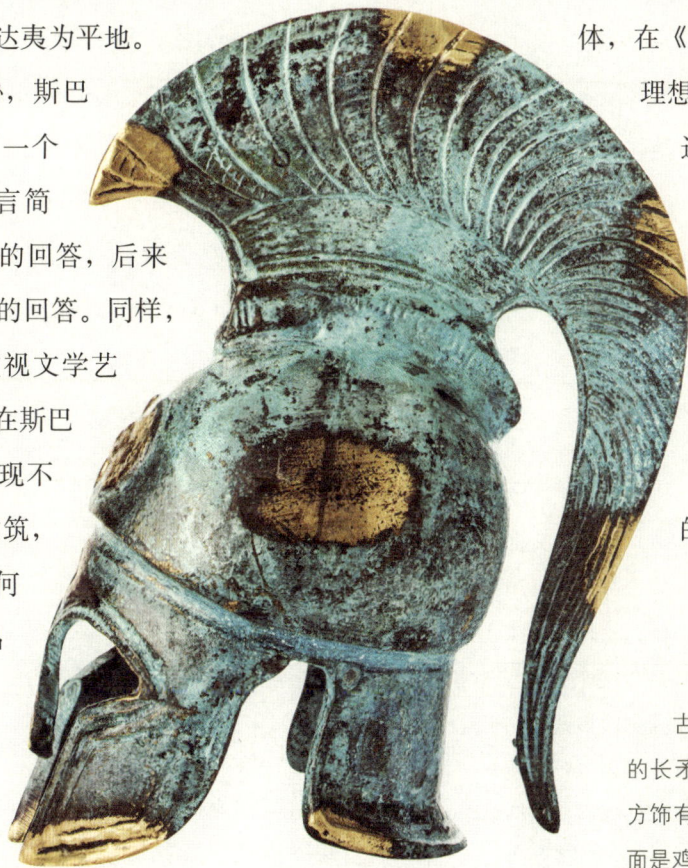

古希腊头盔前部很厚，以抵御敌人的长矛刺击或剑的砍杀。护鼻和前额上方饰有雕刻和捶打形成的图案，头盔上面是鸡冠形状。

斯巴达威名的缔造者
来库古

斯巴达人到德尔斐向阿波罗请愿，
祭司抄录神谶就让他们携回家园；
天神指派的国王会热爱这片土地，
公平正直的谕旨为全国人士接受。

来库古是斯巴达的政治家和立法者，他周游各地，从克里特岛和埃及学习到了当地的法律，改良之后应用于斯巴达，使斯巴达成为希腊霸主。虽然来库古是一位传说中的人物，但斯巴达人将他尊为国父。

难忍谗言　离邦去国

来库古（Lycurgus，约公元前 700—前 630 年）生于斯巴达王族之家，属斯巴达双王之一的尤利彭狄得家族，是赫拉克勒斯的第 11 代子孙。斯巴达国王深受人民的爱戴和拥护。

来库古的父亲优诺姆斯去世之后，王位传给了他的长子波利迪克底。不幸的是，波利迪克底很快去世了，来库古继承了王位。之后，来库古听说他的嫂子，即波利迪克底的妻子已经怀有身孕，就宣布斯巴达属于她的后裔，假如她能够生下男孩，来库古会以摄政王的身份监理国政。不久以后，王后

找到来库古商议，说她可以除去腹中胎儿，让来库古成为国王，条件是要来库古娶她为妻。来库古表面上没有拒绝，暗地里却派人开导王后，让她放弃流产的打算，并且告诉王后将此事交由他办理。来库古用手段稳住王后，当她要分娩时，来库古派人监视，并且命令只要是男孩，就必须马上送过来。如果是女孩，则可以交给王后。

后来，王后产下一子。来库古将婴儿抱在怀里，告诉四周的人说："各位同胞，这就是我们刚刚降生的国王"。来库古说完之后，将婴儿放在了宝座上，为他取名查瑞劳斯（Charilaus）。斯巴达公民对于他这种高贵而正直的精神深感喜悦，但国王的母后及其亲戚朋友却对来库古并不放心。王后的兄弟里昂尼达与来库古就发生了激烈的争吵，诽谤来库古不久之后就会自立为王。这种谎言的目的，是使公众怀疑来库古。这种情况下，国王有任何闪失，都会被怪罪到来库古身上。

这对来库古造成了极大的困扰，他为了避嫌，决定离开斯巴达，四处旅行，直到他的侄子长大成人。

习得正法　改革城邦

来库古先到了克里特岛，考察了那里的多种政体；而后去了亚细亚，在那里接触到了荷马的史诗。后来他还去了埃及，对于将士兵和人民区分开来的制度很感兴趣。

来库古又译为吕库古，在克里特和埃及游学过当地的法律，归国后大受斯巴达人欢迎，要他改良国政。于是来库古得以畅行所学，大修法律。立法既竟，复舍身以成就其法。

LYCURGUS

德尔斐神谕。古希腊人在遇到事情时都会到德尔斐神庙去请得神谕，传说来库古就是在德尔斐求得了《大瑞特拉》（又译《大公约》）。

知识链接：《大瑞特拉》

知识链接：《大瑞特拉》

来库古宣称他是从德尔斐的阿波罗神谕中获得有关改革的基本思想，从而为改革披上了神圣的光彩。这个神谕就是后人称为《大瑞特拉》的文件，它主要包括以下内容：要为宙斯神和雅典娜女神建立神殿；要组成新的部落和选区，建立包括 2 位国王在内的 30 人的议事会，并按季节召开民众大会；议事会向大会提建议并宣布休会；公民们皆参加大会并有决定之权。来库古据此对斯巴达的政治制度改革，使斯巴达从此由氏族社会阶段进入城邦社会阶段，而且为以后数百年的政治稳定、军事强大奠定了基础。

当时，斯巴达国内发展状况并不好，人们开始思念来库古，派人邀请他回国。来库古难负众望，结束旅行，回到了自己的国家。他先去德尔斐请求神谕，取回了著名的《大瑞特拉》神谕，开始了改革。

来库古先是建立了元老院，赋予了它在军国大事上与国王同等的权力，由 28 位 60 岁以上老人与 2 位国王组成。接着，他对土地进行了重新分配，将 9000 份斯巴达市属份地和 3 万份拉哥尼亚份地分别分配给了斯巴达人和拉哥尼亚人。第三项措施是打击奢侈生活和对财富的欲望。此外，他还规定斯巴达公民实行共餐制，不允许斯巴达人随意迁徙以及外邦人随意进入。来库古还创立了全民皆兵式教育，规定 7 岁到 60 岁的斯巴达公民在军营过集体生活，以培养他们艰苦奋斗、勇猛作战的能力。

制定完法律之后，来库古与斯巴达人商定，他要去德尔斐征求神谕，在他返回之前，斯巴达人必须严格遵守法律，不得有丝毫更改。在德尔斐，他从神明那里确认了立法的正确，确认人们将会得到

幸福，确认斯巴达将会赢得不菲的声誉。之后，为了让斯巴达人遵守誓言，不对法律进行任何修改，他决定结束自己的生命。这样，他就永远不能返回斯巴达，而斯巴达人也就永远不能修改法律。

来库古自己就是学习国外法律的受益者，所以他十分强调教育。他创建了斯巴达的教育体系，军事化的单位负责抚养儿童，作为一种军事生存训练，有意不让孩子们吃饱，这样他们就可以学习偷窃食物来果腹。

东方 VS 西方
希波战争

即使是作为英国历史上的事件，马拉松之战也比黑斯廷斯之战（威廉征服英国）更为重要。如果那天的结果相反，不列颠人和撒克逊人可能仍然生活在丛林之中。

——约翰·穆勒

经过短短三代君王的努力，波斯迅速从波斯高原上的蕞尔小国一跃成为人类历史上第一个地跨亚欧非三洲的大帝国。波斯铁骑从不想停下征服的脚步，在伊奥尼亚的西边，在那蔚蓝的爱琴海的彼岸，文明繁荣的希腊城邦让欲壑难填的波斯帝王们垂涎不止。当波斯国王挥鞭西进时，他们也许不会想到，东方、西方的历史就这样被他们改写了。

铁骑东来

公元前 546 年，大流士一世亲率波斯大军，吞并了不自量力敢来挑战的吕底亚王国，将其国王克洛伊索斯收归帐下。随后，波斯又控制了小亚细亚

阿托斯海角的风暴云。公元前 492 年，大流士率海军出征希腊，中途在阿托斯海角遇大风暴，舰队遭受极大损失。公元前 490 年，又派达提斯出征希腊，马拉松一役，为雅典人击败。波斯人的第一次出征就此止步。

各希腊城邦。公元前 500 年，小亚细亚城邦米利都发动起义，雅典和埃雷特里亚派兵支援。起义坚持数年之后，终于失败。公元前 494 年，波斯帝国控制了整个小亚细亚地区。

公元前 492 年夏，大流士以报复雅典为名，出动海陆大军 2.5 万人意欲进攻希腊。但当波斯军队行至阿托斯海角时，突然狂风大作，一股突如其来的飓风将波斯大部分海军摧毁；在陆地上，他们又受到色雷斯人的不断侵扰。大流士无奈撤军。

公元前 490 年春，大流士以达提斯和阿塔菲尼斯为将，派遣将士 5 万、战舰 400 艘再度远征希腊。曾与雅典共同援助米利都的埃雷特里亚，不幸被波斯攻破，全城被洗劫一空。之后，波斯军队会师南下，抵达距雅典仅几十公里处的马拉松平原。

得知消息的雅典人立即全体动员，准备迎战波斯人。他们派出长跑健将斐力庇第斯火速前往斯巴达求援。斯巴达人依据宗教习俗，只有等待月圆之后才能出兵救援。其他希腊城邦中，除了普拉提亚人提供了 1000 人军队以外，没有人愿意援助雅典人。此时的雅典危在旦夕，只得将主要希望寄托在本邦的 1 万人军队身上。

血战马拉松

两军在马拉松平原摆开阵势，战争一触即发。

现在马拉松运动不仅仅限于在奥林匹克运动会，而是成为世界各地常设的运动项目。

俗话说，时势造英雄。就在雅典存亡之秋，一位英雄将领站了出来。他就是米提亚德（Miltiades），雅典公民、科尔松尼斯王子。米提亚德研究了波斯人排兵布阵之法，向雅典军队下达了如下军令：加强两翼力量，保持八行厚度。削弱中军，只留四行纵深。之后，米提亚德立刻下令冲锋。

训练有素的雅典重装步兵以极快的速度冲向波斯军队。波斯人等雅典人冲到300米处时开始放箭，但希腊重装兵有优良的盔甲和盾牌，弓箭对他们完全造不成伤害。两军随后进入白刃战，波斯军队在中央占据绝对优势，他们冲破了雅典的中央方阵。在试图包围雅典两翼时，却发现雅典两翼外侧皆是沼泽地。雅典人虽然中军撤退，但两翼却大获全胜。之后，雅典两翼向中央包抄，夹击波斯中军，原本后撤的雅典中央方阵也掩杀过来，波斯中军大败，纷纷逃散。

战争结束之后，斯巴达军队才赶到战场，惨烈的战场让以勇武著称的斯巴达人惊叹不已。普拉提亚人则因为他们在危急时刻的义举，受到了雅典人的敬重，获得了雅典公民权。这场战役中，雅典人以少胜多，击败了不可一世的波斯人，第一次希波战争就此结束。

温泉关的荣耀

公元前485年，薛西斯继承波斯王位，史称薛西斯一世。公元前480年，薛西斯亲率25万大军、1000艘战舰再征希腊。温泉关是波斯大军必经之地，也是希腊大军非常重要的防守据点。希腊虽计划用重兵把守，但因为卡尼亚以及随后的奥林匹克节日的戒律而无法出兵。斯巴达国王列奥尼达

列奥尼达是古希腊斯巴达国王，也是古希腊抗击波斯入侵的英雄。他每战必身先士卒，最终战死在温泉关。

温泉关英雄纪念碑矗立在希腊温泉关，上面镌刻着温泉关战事铭文。温泉关是一个易守难攻的狭窄通道，一边是大海，另外一边是陡峭的山壁。这个村庄附近有热涌泉，因而得到温泉关这个名字。

（Leoniads，？—公元前480年）在希腊联盟的授权之下，率领300名斯巴达勇士及7000盟军前去驻守温泉关。

温泉关地势险要，易守难攻。列奥尼达凭借地形优势，率领希腊勇士居高临下，排成严密的方阵以待来军。第一天，薛西斯首先发动了第一波攻势，但波斯军队的进攻根本无法突破希腊军队由宽大盾牌组成的盾墙，而希腊人则依靠手中的长矛凶狠地刺向波斯人。波斯军队在希腊方阵之前一批批倒下，第一波攻势完全被击碎，斯巴达战士只牺牲了两人。

知识链接：温泉关纪念碑碑文

过客啊，请带话给斯巴达人，

我们是遵从他们的命令在此长眠，

温泉关的阵亡将士，

生时光荣，死时高尚，

祭坛作坟墓，哀思作祭碗，赞歌作祭酒，

这样的墓葬不会摧朽，

销毁一切的岁月无法使它湮灭。

……

狂躁难挡的薛西斯立即组织了第二波攻势，他派出了1万名最为精锐的"御林军"，叫嚣着冲向斯巴达人，希腊人再次以同样的方式击败了波斯人。第二天，薛西斯派出了共约5万人猛攻希腊守军，但依然于事无补。薛西斯遂下令撤军。

第三天，一个叫埃比提阿斯的希腊叛徒跑到波斯大营，将一条可以绕到温泉关口背后的小路告诉了薛西斯。薛西斯大喜过望，立即派遣军队由小路迂回到温泉关后方，击败了驻守在那里的佛西斯人。然后，波斯人从前后夹击斯巴达勇士。得知后方失守的斯巴达人，只是将伤员转移了出去，而后依然

庆祝萨拉米斯海战胜利。萨拉米斯战役是希波战争中具有决定性的一次战役。希腊舰队在萨拉米斯附近狭窄的海湾摆开阵势，准备迎战波斯舰队。敌众我寡，希腊人为保卫祖国家乡作战非常勇敢，再加上萨拉米斯海湾又很狭窄，使波斯舰队无法发挥数量上的优势，希腊军队大获全胜。

坚守阵地，等待与波斯人的决战。面对蜂拥而至的波斯人，斯巴达勇士拼死抵抗，直至最后一个人倒下。

300名斯巴达勇士，以血肉之躯抵抗住了数十万波斯大军的进攻，杀死了约两万名（一说7000名）敌军。虽然最后失败了，但他们为希腊军队的防备争取了数天的宝贵时间。同时，他们英勇奋战的光辉行迹，激励了所有希腊人。

> **知识链接：希腊重装步兵标准装备**
>
> 一个标准的希腊重装步兵的装备包括：胸甲、胫甲、长矛、盾牌、头盔，也有人随身携带短剑。早期装备的主要材料都是青铜，极为沉重，全副装备重量30公斤以上。后期进行了改进，以亚麻作为盔甲的主要材料，轻便，更具机动性。

决战萨拉米斯

突破温泉关之后，波斯军队很快杀入雅典，而此时的雅典人已经全部撤走，只留下一座空城，愤怒的波斯人烧毁了卫城。随后，波斯军队进入了狭窄的萨拉米斯海湾。

希腊联军统帅尤利比亚德看到波斯海军强大，准备放弃萨拉米斯岛。但雅典人地米斯托克利（Themistocles，公元前524—前459年）坚决反对，为了不让希腊人撤退，他派遣间谍告诉薛西斯，说希腊人正在计划逃跑。于是，波斯军队就封锁了萨拉米斯海湾东西两个口，将希腊舰队围在其中。这样一来，希腊人就无法撤退，只能拼死战斗了。

第二天趁天还没有完全亮，地米斯托克利让舰船移动，作出逃跑的假象，以引诱波斯人进入海峡。波斯人果然上当，立即驶入海峡追击希腊舰队。此时希腊军队回马枪一亮，掉转船头，奋力冲向波斯舰队。他们利用良好的航海技术，用坚硬的青铜撞角猛烈撞击波斯战舰。波斯舰队在狭窄的海峡内乱作一团，他们的战舰较大，灵活度不够，面对希腊人的冲击毫无办法。灵巧的希腊三列桨战船很快建立了优势，将波斯战舰一艘艘击沉。看到此情此景，薛西斯仰天长叹，下令撤退，希腊海军大获全胜。

之后，希腊联军又多次击败波斯军队，波斯国力大损，开始退居守势。公元前449年，雅典与波斯签订《卡里阿斯和约》。波斯放弃了对爱琴海及赫勒斯滂、博斯普鲁斯海峡的控制，承认小亚西海岸希腊城邦的独立。希波战争随之结束。

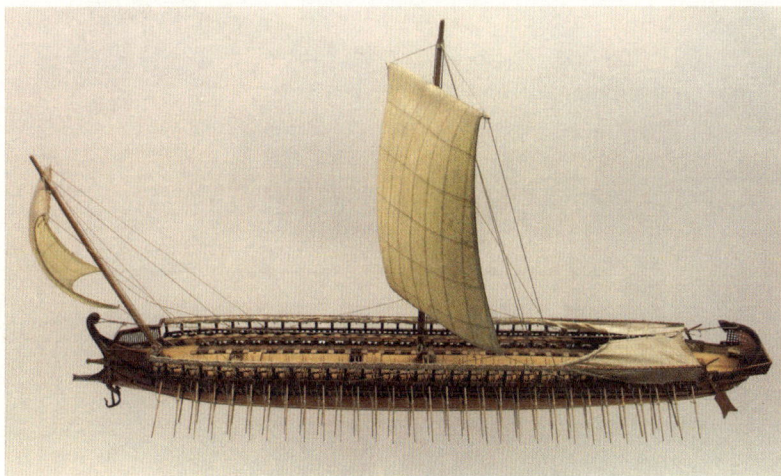

三列桨战船靠划桨来推动。该船轻巧快速，灵活性很强，希腊城邦从与波斯的萨拉米斯战役（公元前480年）到伯罗奔尼撒战争（公元前404年），它是占据地中海控制权的主要战船。雅典人的二列桨战船长约37米，由170名桨手在三层高的船两边划动，速度可达到7海里/小时（13公里/小时）。

西线有战事
希梅拉之战

无人曾用如此精巧之谋略，无人曾屠如此众多之蛮人，无人曾俘如此数量之战俘。

——狄奥多鲁斯

在希腊东部的希波战争进行得如火如荼之时，西部战线也发生了一场堪称经典的战役。尽管在后人心中，这场战役远不如希波战争那样久负盛名，但它对希腊世界的影响同样不可小视。

迦太基人来犯

在波斯从东方入侵希腊之时，远在希腊世界西部的迦太基人与波斯人达成了协议，要征服西西里岛的希腊人，这样一来，两大非希腊国家形成了对希腊人的东西合围，与东部的雅典和斯巴达等希腊城邦一样，西西里岛的希腊城邦也面临一战。

迦太基人随后进行了充分的战备。他们以在迦太基享有极高声誉的哈米尔卡（Hamilcar）为主帅，他统率的迦太基大军，包含30万战士、200艘战舰、3000艘物资船。

历史总是惊人的相似，在迦太基大军向西西里推进的过程中，他们像波斯人一样，遭遇了海上风暴，装载着战马和战车的物资船在风暴之中失踪了。登陆西西里之后，在希梅拉城下，哈米尔卡下令全军修整三天，一方面让士兵休息，另一方面修理受损的战舰。此后，哈米尔卡将战舰停靠岸边，安营扎寨，让物资船卸货之后，再次返回运输物资，为战争准备了充足的粮草。接下来，哈米尔卡率领精锐部队，连续重创出来应战的希腊人。

希腊人的反击

驻守希梅拉的阿克拉伽斯僭主特隆（Theron），发现无法抵抗迦太基人的强大军力，并且本方军队出现了军心不稳的局面，遂派出信使请求叙拉古僭主革隆驰援。

革隆在收到特隆的求援之后，率领5万步兵、300名骑兵星夜增援希梅拉。因为人数远少于迦太基，希腊军队士气不足，看到这种情况，革隆

迦太基一词源于腓尼基语，意为"新的城市"，坐落于非洲北海岸（今突尼斯）。现代学者一般采用公元前814年建城之说，据说曾有居民70万人。今天看到的迦太基残存的遗迹多数是罗马人占领时期重建的。

西顿王国是腓尼基人在地中海东岸建立的城邦之一。这个黑色的石棺是西顿王埃什穆纳札尔二世在位期间（公元前475—前461年）所制的，上面有以腓尼基文颂赞国王一家的刻文。

在抵达希梅拉之后，立即部署部下安营扎寨。整顿完毕之后，革隆派出骑兵突袭迦太基军队。此时迦太基人并没有做好充分准备，他们在连续胜利之后略有松懈，并且不相信希腊人敢来偷袭，结果被革隆的骑兵杀了个落花流水。进驻希梅拉之后，革隆命令大开城门，摆出了欢迎迦太基人前来进攻的样子。迦太基军队在受到当头一棒之后，面对着大开的城门也不敢轻易进攻，希腊军队士气大振。

有一天，革隆截获了一个信使，是哈米尔卡要求赛林努斯人在祭拜波塞冬的节日那一天，派骑兵与迦太基人汇合，革隆遂心生一计。到了约定的日期，革隆让叙拉古骑兵穿上了赛林努斯骑兵的装备，大摇大摆地混进了迦太基大营，在进入大营之后，他们立即放火烧掉了迦太基人停在岸边的战舰。而在山上的叙拉古瞭望手在看到大火之后，立即发出信号，革隆马上率希腊军队直奔迦太基大营，双方展开了激烈的肉搏战。

正在胶着之际，烧掉战舰的希腊骑兵高喊他们烧死了迦太基人统帅，迦太基士兵们看到漫天火光，惊慌之下士气大落，纷纷向四处逃散。革隆下令，不留一个俘虏，全部杀光，希腊人于是对迦太基人进行了大屠杀，足足杀了15万人之多。逃掉的迦太基人抢占了一个战略要地负隅顽抗，但由于这个地方缺水，不久之后，他们也不得不纷纷投降。希腊人取得了大胜。革隆将战利品进行了妥当的划分，并将战俘们分给西西里的希腊城邦，让他们充当起修建公共建筑的奴隶。希梅拉之战（Battle of Himera）的胜利，使得革隆及叙拉古城邦声望大振，更重要的是，这场胜利保卫了希腊人在西部的防线。

希腊军队在希梅拉战役中大胜迦太基人，使此后70年中，西西里都不曾再受到迦太基人的威胁。

风云流逝
伯罗奔尼撒战争

交战双方在各个方面都竭尽全力来做准备；其他的希腊人在这场斗争中，要么支持这一方，要么支持那一方；而那些尚未参战的希腊人，也正跃跃欲试，准备参与其中。这不仅是在希腊人的历史上，甚至可以说是在全人类历史上规模最大的一次动荡。

——修昔底德《伯罗奔尼撒战争史》

希波战争之后，雅典的势力和声望迅速升高，引起了斯巴达人的恐惧。两大城邦集团在政治、军事、经济等多个方面产生了对峙和摩擦，一场席卷希腊世界的大战一触即发。这场战争从公元前431年持续到了公元前404年，对希腊世界造成了极大冲击，给希腊城邦带来了前所未有的破坏，可以说是希腊由盛而衰的转折点。

战争的爆发

根据修昔底德的记载，导致伯罗奔尼撒战争爆发的直接原因有三个。

第一个是科基拉事件。埃皮丹努斯是科基拉的殖民地，科基拉又是科林斯的殖民地。公元前435年，埃皮丹努斯发生内乱，埃皮丹努斯请求母邦科基拉援助，但科基拉却拒绝援助。埃皮丹努斯人只好请求科基拉的母邦科林斯人的援助，科林斯在援助埃皮丹努斯的过程中，与科基拉人发生了冲突。科基拉击败了科林斯人，但考虑到科林斯是斯巴达的盟邦，担心后者报复，于是求助雅典，雅典出兵击退科林斯。伯罗奔尼撒同盟成员指责雅典人破坏和平条约。

第二个是波提狄亚争端。波提狄亚是科林斯的殖民地，科林斯每年都指派官员进驻波提狄亚，但是这个地区同时又是雅典帝国的势力范围。公元前432年，雅典命令波提狄亚城邦拆掉城墙，驱逐科林斯官员，遭到科林斯人的强烈反对，他们要求波提狄亚与雅典断绝关系。雅典遂派兵进攻波提狄亚，再次与科林斯人发生冲突。

第三个是麦加拉事件。麦加拉是一个商业十分发达的城邦，经济来源主要依靠对外贸易。由于商

科林斯地峡是希腊南部连接大陆和伯罗奔尼撒半岛的狭窄地峡，宽仅6.5公里。公元67年罗马的尼禄皇帝曾在此开凿过一条小运河，现代运河建于1881—1893年。地峡南有圣庙遗址，系古代每两年一度的地峡竞技会所在地。

斯巴达国王阿奇达姆斯是伯里克利的朋友。他率领伯罗奔尼撒同盟军三次入侵阿提卡（雅典所在的半岛），但都没有大的战果。尽管这场连续十年的战争通常被称为"阿奇达姆斯战争"，事实上，以睿智温和著称的他并不主张与雅典人全面开战。

业竞争的关系，雅典出台了麦加拉法令，规定雅典帝国各港口都禁止麦加拉舰船停泊，这无疑是在商业上封锁麦加拉，直接动摇了麦加拉人的经济基础。麦加拉人求助于科林斯人，双方决定联合对抗雅典。

随后，科林斯人说服斯巴达人，让他们对雅典人提出了一项他们不可能接受的条件：驱逐包括伯里克利在内的阿尔克迈翁家族，在遭到拒绝之后，斯巴达人发动了战争。

十年战争

公元前 431 年 5 月底，斯巴达国王阿奇达姆斯（Archidamus）率领伯罗奔尼撒同盟联军侵入雅典所在的阿提卡，战争正式开始。斯巴达军队陆军强大，雅典人则擅长海战。最初，斯巴达人反复扫荡阿提卡，收割雅典人的庄稼，破坏阿提卡的房舍。

知识链接：西西里的诱惑

雅典人之所以远征西西里，是因为西西里是一个战略要地。首先，西西里岛是古代世界的"粮仓"。由于斯巴达包围雅典，长期劫掠阿提卡，使得雅典出现了粮食短缺，他们自然会觊觎出产粮食的西西里岛。其次，雅典人认为，占领西西里之后，就控制了大希腊地区，可以进一步将势力范围扩展到整个地中海。这样一来，制服斯巴达及其同盟者将会变得更加容易。于是，雅典舆论几乎一边倒地认为，出征西西里是雅典的绝佳选择。

潘多拉（Pandora）是希腊神话中最具破坏力的女人。她美貌无双，但却桀骜不驯，雅典人相信正是她打开了带给人类灾难和瘟疫的盒子。

雅典将阿提卡的民众都迁移到雅典城内，坚守不出，不与斯巴达陆军正面交战，他们派海军袭击斯巴达的海岸领土，鼓动斯巴达国内的奴隶暴动，煽动其盟邦反叛。

在战争的第二年，雅典发生了可怕的瘟疫，医生们找不到治疗这种疾病的办法，无法控制疫情，又因为雅典城内聚集了大量的民众，瘟疫很快扩散

143

今日西西里阳光普照，草色茵茵，但在伯罗奔尼撒战争期间，这里发生的西西里战争却异常惨烈。战争以雅典远征军全军覆没告终。此战为伯罗奔尼撒战争的转折点，雅典从此一蹶不振，失去了海上优势。

开来。伯里克利的两个儿子与大部分亲友，都在瘟疫中丧生了，这使得伯里克利十分沮丧。不久之后，他本人也染上了瘟疫，不幸离世。

在随后的战争中，双方各有胜负。公元前424年，雅典主战派领袖克里昂与斯巴达将领伯拉西达在安菲波利斯附近展开了决战，结果克里昂战死，伯拉西达也重伤致死。在主战人物阵亡之后，斯巴达和雅典订立了和平条约，持续了10年的第一阶段战争宣告结束。但双方都无意和平，只想借此机会稍作喘息，进而扩充力量，以待再战。

西西里之战

公元前415年，在雅典政坛十分活跃的年轻将领亚西比德提议，雅典应出征西西里岛，攻占支持斯巴达的叙拉古城。尽管国内有不少反对的声音，但亚西比德通过煽动公民大会，通过了这项决议，战争再次爆发。然而，就在亚西比德率军出征的前一夜，雅典城内的赫尔墨斯神像都被破坏了，反对出征的人就宣称，神像被破坏是一个凶兆，是神意

在阻止雅典出兵，他们散布谣言声称，破坏神像的正是一贯不敬重神灵的亚西比德。雅典公民大会通过决议，要求召回已经出征的亚西比德，但亚西比德却逃跑了，投靠了斯巴达人，雅典人在亚西比德不在场的情况下，判处了他死刑。

叛逃到斯巴达的亚西比德为斯巴达人出谋划策，建议他们派海军驰援西西里，解救叙拉古。另外，他还建议斯巴达人在雅典城外的狄凯里亚修建要塞。这两个建议，使得雅典陷入了十分被动的局面。

公元前413年，雅典和斯巴达在西西里进行了最后的决战。双方共投入舰船约200艘，雅典方面有110艘，并且有4万多将士。雅典人遭到叙拉古人的封锁，军粮不足，士气低下，主帅尼基阿斯还因为迷信，一再耽误战机。最终，叙拉古和斯巴达

斯巴达的教育以培养凶悍的军士著称于世。斯巴达教育以军事体育训练和政治道德灌输为主，教育内容单一，教育方法严厉，教育目的是培养忠于国家的强悍的军人，现在多以"斯巴达教育"作为严格而近乎残酷的教育的代名词。

人痛击雅典人，取得了决定性的胜利。

西西里之战，雅典损失了战舰 200 艘，将士 5 万余人，成为整个战争的转折点。

最后的战争

西西里战之后，战场逐渐转移到了东部。在亚西比德的建议下，斯巴达大军在狄凯里亚安营扎寨，常驻此地，不断蹂躏阿提卡的田地。以往，斯巴达军队在劫掠阿提卡之后，就会撤军回国，过一段时间会再次回来。在有了狄凯里亚驻地之后，斯巴达军队对阿提卡的劫掠变成了长期性的，极大地打击了雅典人的士气，影响了其经济来源。此外，雅典有两万名奴隶叛离，使得雅典经济雪上加霜。

在四面楚歌的情况下，雅典国内的政局也发生了动荡。公元前 411 年，以安提丰、塞拉墨涅斯为首的政治人物，发动了寡头派政变，建立了"四百人"政府，这个政府只存在了 4 个月便夭折了。之后，塞拉墨涅斯领导建立了所谓的"五千人"政府，但也无法挽回雅典的颓势。

为了击败雅典人，斯巴达人不惜收取波斯人的资助，扩充了海上力量。公元前 405 年，斯巴达将领莱山德在羊河口之战打败雅典人，利用计谋摧毁了再次组建的雅典海军，俘虏并处死了 3000 名雅典人，彻底摧毁了雅典的海上优势，为最终的胜利奠定了坚实的基础。此后，莱山德率领斯巴达军队围困雅典，这场包围长达数月之久。最终，不堪饥饿之苦的雅典人终于投降。雅典接受了斯巴达人的一系列条件，拆毁了城墙，交出了战舰，宣布服从斯巴达人的领导。公元前 404 年 4 月，双方签订和约，伯罗奔尼撒战争结束。

一张希腊战船的艺术写照。斯巴达人本来没有强大的海军，伯罗奔尼撒战争期间，为了战胜有强大海军的雅典，斯巴达人也开始建造海军。

希腊城邦危机
马其顿崛起

被希腊人视为"巴巴人"的异族，
在你争我夺的缝隙中逐渐崛起，
突现的黑马，
降服了整个希腊世界，
这就是马其顿。

马其顿位于希腊西北部的边远地区，在希腊人的观念中，马其顿属于蛮荒之地，马其顿人甚至不能算作完全意义的希腊人。但正是这个"不起眼"的希腊边陲城邦，完成了斯巴达和雅典长久以来未完成的统一事业。

起兵北境

腓力二世（Philip II，公元前382—前336年）是马其顿崛起过程中的关键人物。伯罗奔尼撒战争结束后不久，底比斯迅速崛起，底比斯的将领伊帕米南达改革底比斯的军队，公元前370年，他率领改革后的军队在留克特拉一带与斯巴达展开了一场激烈的战争，打败了斯巴达重装步

马其顿虽不属于传统的希腊城邦，但与希腊城邦间有着千丝万缕的联系，腓力二世早年就曾作为人质派往希腊的底比斯城邦。腓力二世在位的20多年间，马其顿由一个内乱不止的小国崛起为希腊城邦的首领，并在军事、经济等方面积累了巨大的潜力，为其子亚历山大的大征服提供了充分条件。

兵不可战胜的神话。此后10年，希腊世界基本上由底比斯主导。

底比斯统治期间，马其顿是其附属城邦，腓力二世早年就被当作人质送往底比斯，在伊帕米南达家中生活，伊帕米南达本人对腓力二世非常欣赏。后来希腊所向披靡的马其顿方阵也是腓力二世从伊帕米南达那儿学到的。虽然底比斯在留克特拉战役中取得完胜，但是主帅伊帕米南达却阵亡了。腓力二世乘机从底比斯逃回马其顿，夺得年幼侄子的王位。

夺得王位以后，腓力二世为统一上下马其顿在上马其顿推行改革。内政方面，加强王权，大力发展贸易，军事上推行方阵改革，并建立马其顿的海军，统帅由他早年在底比斯结识的尼阿丘斯担任。外交上，他娶色雷斯国王的女儿奥林匹娅斯为妻子，使色雷斯在他统一马其顿的过程中保持中立。很快上马其顿便强大起来，统一下马其顿后，便把目标指向南部希腊。

公元前338年，腓力二世率领马其顿方阵部队，在喀罗尼亚一带大胜希腊联军，于次年在科林斯召开全希腊人的会议，决定成立以马其顿为主导的科林斯同盟，除了斯巴达和几个伯罗奔尼撒半岛的城邦，所有希腊城邦都加入了这个同盟，马其顿从名义上基本统一了希腊世界。在科林斯大会上，腓力二世宣布向波斯人复仇，打算率领希腊联军向亚洲的波斯本土进攻。但是就在这个时

一座疑似腓力二世坟墓里，发现一个大理石的匣子，里边有一个金制的箱子，它的盖子以一个凸纹面的马其顿星来装饰，箱里装有国王的遗骸；年代为公元前340年。

候，腓力二世在女儿的婚礼意外地上被人刺杀，王位由他年仅20岁的儿子亚历山大继承。

代表希腊

腓力二世被刺杀后，斯巴达、科林斯、雅典和底比斯等城邦见亚历山大年幼，企图摆脱马其顿的控制。但亚历山大与他的父亲一样强势，并有着惊人的才能，他没有向这些叛乱城邦联军妥协，而是率领军队南下，很快便让贴撒利、底比斯、雅典等城邦再次臣服。作为惩罚，亚历山大将底比斯夷为平地，其领土分给其他盟国，从而树立了亚历山大的个人威望，马其顿再次统一希腊。

稳定希腊后，亚历山大决定开始东征，他率领希腊联军，跨过赫勒斯滂海峡，进入亚洲的国境。他的马其顿方阵在亚洲所向披靡，波斯国王大流士率领的庞大军队节节败退。随后，他率领军队进入埃及，成功使埃及摆脱波斯的控制，他本人被埃及的祭司尊为法老和阿蒙之子。接下来，他继续向波斯内陆地区进攻，很快便攻破波斯首都艾克巴塔

话 说 世 界

知识链接：巴巴人（Barbarian）

南方希腊人对马其顿的蔑称，意思是野蛮人。南方希腊人认为马其顿是北方落后的民族，不承认马其顿是"希腊文明圈"的一员。希腊人专用"巴巴人"这个词来形容不说希腊语的民族，因为他们认为，这些民族的语言听起来就像是"巴—巴"的怪声。

知识链接：马其顿方阵

马其顿方阵是一种规范化的步兵作战方式。作战时，纵深16人的方阵之间间隔很大，每个士兵手持五六米的长矛。与敌人交战时，第一排士兵用长矛刺向对方，刺完后便退下来，接着第二排的士兵从间隙中上前继续刺向敌方，如此循环往复，降低了军队的伤亡率，提高了作战能力。

那。波斯帝国由此灭亡，但亚历山大的野心并不止于此，他继续进攻印度，希望征服所有的陆地国家。

总而言之，在腓力二世和亚历山大大帝统治下，马其顿国势达到鼎盛时期，所有希腊城邦都臣服在马其顿脚下，对外俨然成为希腊的代表，希腊的城邦制度受到了严重的威胁。

这个来自王室墓地的金箭袋和腓力二世在大约公元前339年取得对多瑙河流域居民的胜利有关系，因为它和来自俄罗斯南部的金制的手工品有类似处。

称雄天下的帝王
亚历山大

少年的他就显露出不凡的才能，一次又一次的斗争历练了这位欧洲的王子。终于，在希腊的北部，诞生了一位让世界震惊的伟大帝王。

亚历山大大帝（Alexander the Great，公元前356—前323年）是世界古代历史上最为著名的帝王之一，也是杰出的军事家和政治家。他少年大志，勇于谋略，纵横亚欧大陆多年，创立了不世之功，他所建立的亚历山大帝国，是当时世界上最大的国家。

子承父志的马其顿少帅

亚历山大的父亲是马其顿的国王腓力二世，亚历山大的老师是著名的希腊哲人亚里士多德。幼年时，长于马其顿宫廷的亚历山大酷爱希腊文学，尤其是《荷马史诗》。据说他十分崇拜参加特洛伊战争的希腊联军第一勇士阿喀琉斯，希望能建立同等辉煌的功业，这与他日后希望统治世界的理想不无关系。

当他还是一个幼童时，有一次趁父亲不在宫廷，他出面接待了波斯国王派来的使臣，言语得当，态度安详而和蔼，提出的问题老练而颇有见地，令波斯使臣啧啧称奇。当他听到父亲在外作战获胜时，不但不高兴，反而会担心父亲将所有的事情都料理妥当，他就没有机会去完成伟大的事业了。

公元前335年，腓力二世在他女儿的婚礼上被刺杀，宫廷内乱，希腊、马其顿的起义此起彼伏。只有20岁的亚历山大，在危难之际就任了王位。他迅速平定了叛乱，击败了各种反对势力。亚历山

亚历山大大帝是世界古代史上著名的军事家和政治家，以其雄才大略闻名于世，先后统一希腊全境，进而横扫中东地区，不费一兵一卒占领埃及全境，荡平波斯帝国，大军开到印度河流域。他促进了东西文化交流，使得古希腊文明得到了广泛传播。

大在对待曾经叛乱的城市时十分残暴，他在平叛底比斯时，曾经给过底比斯人悔过的机会，但是底比斯人却拒绝了，反而呼吁希腊人来反对亚历山大。亚历山大在攻陷底比斯之后，洗劫了该城，将全部居民贩卖为奴，只有神庙和诗人品达曾经的住所得以幸免。

剑指东方的军事统帅

在安定好国内事务之后，亚历山大决定继承

征服波斯。来自伊塞尔尼亚（Isernia）的浮雕描绘了亚历山大和大流士三世之间的战役。属于公元前 1 世纪。

一话一说一世一界一

希腊与马其顿人对波斯帝国的征服，与其说是为报复曾经遭受的侵略，不如说是为传说中东方的富裕所吸引。希腊作家色诺芬的《长征记》，记载了波斯内部的空虚与腐化，间接鼓励了亚历山大的远征。在征服波斯之后，亚历山大仅在波斯国王的金库中，就掠得了 12 万塔兰特的财物，这对于希腊人来说无疑是天文数字。亚历山大将这些财宝源源不断地送回马其顿，有些赏赐给众将士。据说，在波斯波利斯，亚历山大发现的财物，需要动用 1 万头骡子和 5000 只骆驼来搬运。亚历山大的下属几乎都大发横财，所谓的复仇，实际上演变成了掠夺财富之旅。在将领们金银满怀的同时，那些在战争中失去家园、失去亲人的普通民众，却遭受了巨大的灾难与痛苦。

父志，组织希腊军队开展对东方的侵略性远征。公元前 336 年夏天，亚历山大打着为希腊人复仇、为父亲复仇的旗号发动远征。希腊各城邦在科林斯地峡举行大会，决定加入到亚历山大的远征之中，并一致推举亚历山大为全军统帅。此外，亚历山大还利用波斯统治下的其他民族对波斯的不满，鼓动他们起来反抗波斯，而他自己则以解放者自居。

亚历山大率领的军队包括步兵 3 万人，骑兵 5000 人，战舰 160 艘，数量不多，但却骁勇善战。在马尔马拉海南岸的格拉尼克斯河，亚历山大亲率骑兵强行渡河，击溃波斯军队，俘虏 2000 多人。公元前 333 年夏天，亚历山大在伊索斯城附近再次击败波斯军队，波斯国王大流士三世仓皇而逃，波斯军队军心动摇，随后大败。大流士三世的母亲、妻子和两个女儿，都成了亚历山大的俘虏。在推罗，亚历山大遇到了顽强的抵抗，他使出了浑身解数，使用了攻城塔、穿城螺旋锥、撞槌等所有攻城武器，足足用了 7 个月才艰难攻陷该城。破城之后，为了宣泄愤怒，亚历山大大肆屠杀该城居民，杀死 8000 人，将 3 万人卖为奴隶。

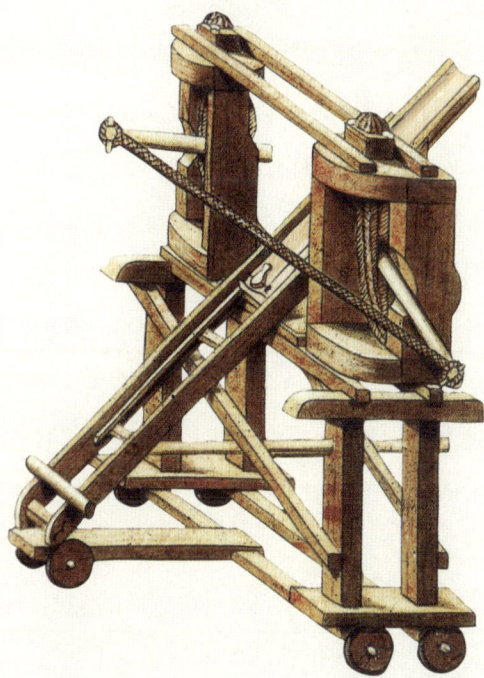

投石机复原图。投石机发明于马其顿国王腓力二世在位时期，主要用于对东方作战，是亚历山大势不可挡地攻破波斯城市的重要装备。

亚历山大大帝跨着他的战马，击退了波斯士兵，这个浮雕是装饰在亚历山大大帝石棺上的一部分。约属于公元前310年。

公元前332年冬，亚历山大从腓尼基出发，前去进攻埃及。苦于波斯压迫的埃及人，将亚历山大视为解放者，未进行任何大的抵抗，就接受了亚历山大的统治。为了表示感谢以及笼络埃及人，亚历山大对埃及的神祇和祭司表达了足够的尊敬。埃及祭司则投桃报李，宣布亚历山大是法老的合法继承人，是太阳神阿蒙之子。亚历山大在尼罗河三角洲建立了一座城市，以自己的名字命名该城为亚历山大里亚。

公元前331年，在一次月食之后的第11天，亚历山大与大流士三世在高加米拉展开了决战。波斯军队首先发起攻势，大流士三世命令绑着锋利刀剑的战车扑向马其顿方阵，而亚历山大令方阵故意让开一条道路，用弓箭手迎头射击波斯人，亚历山大则率领轻快的骑兵，猛冲波斯左翼，波斯军队顿时大乱，国王大流士三世再次逃跑。在这次决定性的战役之后，亚历山大继续东进，洗劫了巴比伦、苏萨和波斯波利斯的王宫，烧毁了波斯国王的王宫。据说大火延续了几个昼夜，富丽堂皇的波斯宫殿，连同波斯国王的无数财宝和文物，都化为了乌有。

征服波斯之后，亚历山大的军事征服没有止步，公元前329年，亚历山大渡过乌浒河，战胜了索格吉安那部落。公元前327年，亚历山大率军离开中亚，向印度进军。直到为战争所累的士兵拒绝再前进，要求回家，甚至集会哗变之时，亚历山大才停止了继续远征。

东西方结合的大帝

亚历山大清楚地认识到，只靠希腊人与马其顿人，难以治理如此庞大的国家。随着征战的胜利，统治地区的扩大，亚历山大开始逐渐沿袭波斯帝国及其各地的旧有制度。亚历山大还注意笼络被征服地区的当地贵族，他在征伐的过程中，娶了几位当地贵族的女儿。在苏萨，亚历山大娶了大流士三世的女儿史塔底拉（Statira）。亚历山大还竭力鼓励马其顿人和东方女人结婚，许多马其顿将领就效法亚历山大，娶了波斯显贵的女儿。亚历山大还宣布，马其顿人与亚洲女人结婚，可以享受免税的权利。此外，亚历山大还建立了许多以他自己的名字命名的城市，以巩固其统治。

在治理国家上，亚历山大接受了一定的东方习俗。据说，他采用了东方豪华烦琐的礼仪，头戴波斯王冠，身穿波斯衣服，命令周围臣民向他下跪行礼。据说，当亚历山大第一次坐在黄金华盖的宝座上时，一位老态龙钟的老人流着眼泪说道，"那些死去的希腊人，未能看到亚历山大坐上大流士三世的龙椅，是多么遗憾啊！"亚历山大在进入帕提亚后，还曾经穿戴过介于波斯人和马其顿人之间式样的衣服，这种衣服没有波斯衣服那般花哨，却远比马其顿人的衣服庄严华贵。最初，亚历山大只是在与蛮族人交往，或者在家中与密友为伴时，才穿上这种服装。但等到习惯之后，他在外出和执行公务时，也穿戴这样的衣服。

像东方的国王一样，亚历山大十分畏惧超自然的力量，任何一件事稍有不正常，他就把它看作是奇异的现象或预兆，他的宫廷中充满了各种奇人异士。历史学家普鲁塔克曾对此评论道，过于迷信会使人难以自拔，就像水往低处流一样，使得心灵充满奴性的恐惧和愚蠢。

公元前323年，在巴比伦的亚历山大计划再次

知识链接：进军印度

在亚历山大出征印度之时，印度西北部并不存在统一的国家，诸邦林立，征伐不断。亚历山大利用各邦统治者之间的不和，采取软硬兼施的手段各个击破，迅速占领了西北印度的大部分地区。此后，亚历山大试图进一步征服印度的心脏地带，由于长期作战，远离家乡，士兵们产生了厌战情绪，加上气候不适，瘟疫流行，士兵们开始拒绝前进，纷纷要求回家。亚历山大空有一番热血也无济于事，不得不放弃了继续征服的计划，他将一部分人留在已征服地区的战略要地，大部分军队撤出了印度。

远征，企图进一步征服地中海西部和南部地区，然而不幸的是，他突然患上了恶性疟疾，很快离开了人世，终年33岁。

在阿富汗发现的亚历山大帝国金币，作为连接希腊和印度两个文明的纽带，它无疑是历史的最好见证。

势如浮云，来去匆匆
亚历山大帝国

这个帝国地跨三大洲，
于十年之间建成，
却于顷刻之间覆灭。

亚历山大帝国似乎在顷刻之间出现，但其根基却不稳固。这种以武力征服将不同地区、不同民族联合起来的国家，必然存在许多不稳定因素。在亚历山大去世之后，这个庞大的帝国很快分崩离析。帝国虽不复存在，但征服所带来的一项事业，却深刻影响了世界。

这是一个在亚历山大里亚城发现的刻有浮雕的宝石，它描绘了两个埃及的法老，可能就是托勒密二世费拉德尔普斯和阿尔西诺伊二世（Arsinoe II）。约属于公元前 3 世纪。

分裂的帝国

亚历山大去世时，还没有直系继承人，昔日的部将们为了争夺控制权，彼此之间马上开始了征战，帝国很快四分五裂。斗争刚开始仅发生于萧墙之内，后来发展成为不同的地区之间。据说，亚历山大的遗腹子、妻子罗克珊娜及其兄弟，先后都在战争中被杀害。将领们相互厮杀，但是谁也没有能力再次统一帝国。最终，在公元前 301 年的伊普苏斯战役（Battle of Ipsus）之后，帝国大致分裂成了三个部分。

托勒密（Ptolemy）占领了埃及，他所建立的王朝在埃及统治了 300 余年，其家族最后一位成员，著名的"埃及艳后"克娄巴特拉七世与罗马将领纠葛，最终被罗马人所征服。塞琉古（Seleucus）占领了帝国的亚洲部分，塞琉古王朝的统治却远没有托勒密王朝那么牢固，印度的领地被孔雀王朝的建立者夺去，安息帝国也逐渐发展壮大，威胁塞琉古王国，到罗马征服之时，塞琉古王国只剩下黎凡特和小亚细亚的部分地区了。安提柯、科西马科斯和卡山德获得了对希腊、马其顿和安纳托利亚的统治，他们的统治也不十分稳固，领土逐渐缩小，最后连对希腊所剩地区的控制都失去了。

最终，辉煌一时的亚历山大帝国彻底分裂，这些分裂后的国家，最后又都被罗马人所征服。

希腊化时代

尽管亚历山大帝国很快分裂了，但是希腊文化却在亚历山大东征的过程之中，传播到了更大的范围，与东方的文化进行了交叉与融合，正是在文化的意义上，从亚历山大帝国分裂到罗马征服东地中海地区之间的历史，被近代史学家称为希腊化时代。

希腊化时代是希腊文化不断向东方传播的时代，是先进的希腊文化影响东方文化的过程。诚然，从印度北部到西班牙南部，艺术和建筑上推崇的风格，是公元前 5 世纪中期雅典流行的一种样

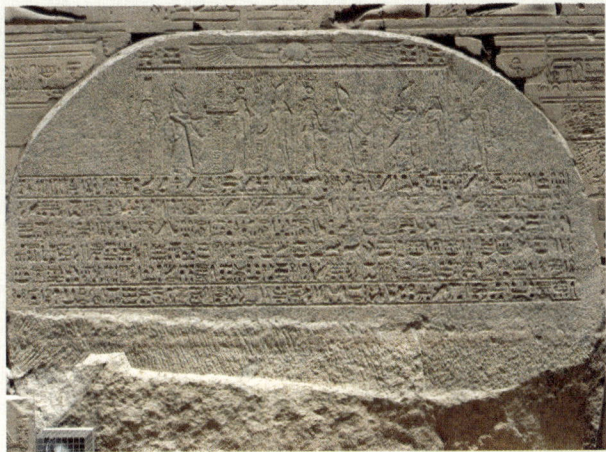

托勒密王国时期的诏书主要由三种语言版本撰写，分别是埃及圣书体、埃及草书和古希腊文，并由唯一还知道埃及圣书体撰写方式的祭司们担任诏书的撰写者。

式。然而，事实并非那么简单，希腊化不仅是希腊文化向东方的单向传播，希腊文化在与东方的接触中，也不断受到东方的影响，进而对自身进行了改造和变化。突出体现在，在希腊化世界中，各个国家所建立起来的制度，主要是东方式的君主专制，而不是希腊人的城邦体制；托勒密王朝继承了埃及传统的土地国有制度，塞琉古王朝的经济具有更浓厚的西亚而不是希腊色彩。文化上，希腊和埃及、两河流域文化的融合，创造了希腊化时代繁荣的科学。

托勒密王朝的首都亚历山大城，成为当时最著名的文化中心，这个城市的图书馆收藏了几十万卷图书，许多学者、科学家和作家都居住在该城。在埃及之外的其他地方，文化也得到了积极的发展，希腊化时代的文化，总体呈现出了繁荣的景象。

对于后世而言，亚历山大帝国最初的形象，或许是武力征服建立起来的大帝国，是征服过程中涌现的英雄人物，是英雄与将士们所主导的一场场战役，是代表西方的希腊马其顿人对东方的征服，是古老的波斯帝国的轰然倒塌，是大流士、薛西斯的后人们的腐化与堕落。然而，就如同世界历史发展进程中所有的政治、军事与文化的必然交叉一样，亚历山大东征过程中产生的文化交互渗透虽然隐藏在政治和军事的主线之下，但却对世界产生了更为深远的影响，或许这是昙花一现的亚历山大帝国留下的最为宝贵的财富。

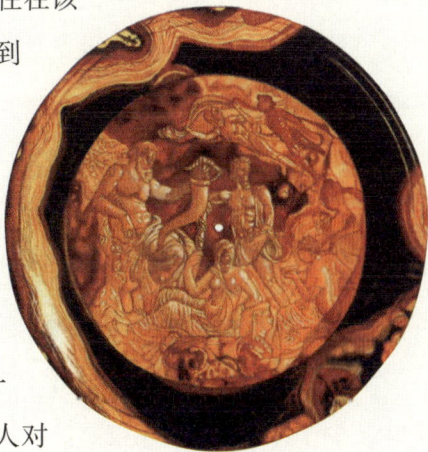

希腊化时代的艺术作品琳琅满目，在这个杯子里也展现着其艺术气质。杯子里面的贝壳浮雕，反映出希腊化时代的艺术风格比古典时期自由而且表情丰富。

重回历史现场

地中海的新娘
亚历山大里亚

从雅典出发，一路向东南，穿过蔚蓝的地中海，就会抵达一个神秘的国度——埃及。顺着埃及的海岸线航行，一定不会错过一个高耸入云的灯塔，这就是著名的亚历山大灯塔，它是世界七大奇迹之一。亚历山大灯塔屹立于蓝海之滨，高耸入云。白天时，它用一面镜子发射阳光。到了晚上，顶部的火炉散发着充满希望的灯光，指引着南来北往的船舶。见到这座灯塔，我们就到了有"地中海的新娘"之称的亚历山大里亚。

亚历山大港灯塔所在的地方，是法洛斯岛的东端。在法洛斯岛和大陆之间，现在有一条长约1200米的长堤，这条长堤的东西两侧分别是马格纳斯和尤诺斯托斯两大港湾。亚历山大里亚是古代世界最重要的港口之一，在风平浪静的日子里，来来往往的客商会在码头徘徊，健壮的船工将一船船的货物卸下来，可谓是客商云集，热闹非凡。风浪比较大的时候，船会聚集在港口

亚历山大港是埃及在地中海岸的一个港口，也是埃及最重要的海港。港口性质为湾颈河口，设有自由工业区。今天亚历山大城就是古代亚历山大里亚城所在地。

里，安静地等待好天气。在码头一侧，还有不少歇脚的地方，供商人和船工们休息。不远处有一个市场，商贩们将来自世界各地的货物陈列出来，希望今天能有个好生意。熙熙攘攘的人群在市场里来回穿梭，比较着价格和商品。

从码头走进城市，首先映入眼帘的是两条宽阔的平行街道，每一条有60米宽。道路的两旁种植的有树木，树荫遮住了大部分道路，即使在炎炎夏日，走在这两条大路上也会十分凉爽。在街道上往两边看，可见一座座美丽的宫殿，还有布局巧妙、繁花盛开的公园。从建城之日起，历代国王都乐于修建公共建筑，一座接一座，诉说着曾经的辉煌与荣耀。在亚非大陆的交叉处，曾经缔造了地跨亚欧非三大洲的亚历山大帝国的亚历山大，就安详地长眠在那里。

从码头出来，惊诧于世俗之繁华的人们会有一点点疲惫，他们可以来到图书馆，静静地坐在里边，翻开记载着智慧的书籍，享受片刻的闲暇。亚历山大里亚城内最有分量的建筑，不是这些宫殿和花园，是眼前的亚历山大图书馆，它是这座城市的文化象征。亚历山大里亚的繁荣，带来的不仅是世界各地的货物和商人，还有图书和学者。图

今日新亚历山大里亚图书馆。希腊化时期亚历山大里亚图书馆是古典和希腊化时代世界上最大、最有影响的图书馆。它在公元前3世纪成为重要的学术中心，直到公元前30年罗马征服埃及，毁于战火。

书馆内藏书十分丰富，每位国王都曾近乎强制性地收集书籍。他们会检查世界各地到来港口的船舶，一旦发现书籍，无论内容是什么，所用的语言是什么，统统都会想尽办法搜集到手，放到图书馆里。据说，希腊三大悲剧诗人的手稿原本都在这座图书馆内，当时国王托勒密三世假借复制之名，向雅典档案馆缴纳了押金之后，将手稿原本借了出来。到归还的时候，他将复制品还给了雅典，将真迹留在了图书馆内。极盛时期，亚历山大图书馆内保存的各类手稿超过50万卷。通过这些手段，亚历山大图书馆成为当时世界上最伟大的图书馆。

在图书馆内，人们不仅可以在知识的海洋中徜徉，还有可能遇见当时世界上的学术明星，或许还会与世界上最伟大的学者们擦肩而过。亚历山大里亚图书馆，对学者们有着相当的吸引力，不少历史名人、学术明星都曾经与它有过不解之缘。有着地理学之父之称的古希腊地理学家、数学家、天文学家埃拉托色尼，古希腊文献学家阿里斯塔克斯等人都曾担任过图书馆馆长。或许他们就伏案在馆长室里，写出了《地理学概论》，论证了日心说。图书馆内还有不少慕名而来的著名学者，他们也在图书馆内留下了刻苦研究的身影。古希腊数学家、天文学家欧几里得在这里写出了名传千古的《几何原本》，古希腊力学家、天文学家、数学家阿基米德在这里发现了螺杆定律。

走出图书馆，浮华的心灵在知识的洗礼中渐渐沉淀下来。再向远处望去，蔚蓝的大海和天空在遥远的地方连成了一线，显得无比辽阔。

亚历山大里亚灯塔是世界著名的七大奇迹之一，灯塔约在公元前280—前278年建成，巍然屹立在亚历山大港外1500年，因在两次地震中极度受损，最终于1480年完全沉入海底。图为在法洛斯岛灯塔遗址上新建的灯塔。

埃及艳后
克娄巴特拉

她拥有女人的秘密武器，
影响了整个世界的历史进程。
男人征服世界，她征服男人。

——莎士比亚

在埃及托勒密王朝后期，有这样一位女法老，她凭借着倾国倾城的美貌，周旋于罗马帝国几个最为主要的男人之间，获得了他们的宠幸，进而保全了自己的国家，她就是人称"埃及艳后"的克娄巴特拉。

情迷恺撒

克娄巴特拉（Cleopatra VII，公元前70—前30年）的父亲是埃及国王托勒密十二世，母亲是克娄巴特拉五世。克娄巴特拉自幼就异常美丽，长大之后，更是出落成了一个有着绝世美色的女子，她也很擅长利用自己的美貌。

公元前51年，托勒密十二世去世，留下遗嘱指定克娄巴特拉和她同父异母的兄弟托勒密十三世为共同继承人。克娄巴特拉和她的兄弟之间不和，没过多久就发生了激烈的矛盾，克娄巴特拉被逐出亚历山大里亚。

就在这个时候，恺撒为了追击庞培，率领罗马军队进入了埃及。托勒密十三世为了向恺撒示好，以便让恺撒帮助他稳固王位，就让手下杀了庞培，并将他的头颅献给了恺撒。不过，托勒密的所作所为，恺撒并不喜欢。

克娄巴特拉也瞄准了时机，想与恺撒联合。她命令手下化装成一个商人，将自己当作货物，裹到一床大毯子里。"商人"来到恺撒的住处，将这一床"毯子"献给了恺撒。此时，克娄巴特拉从毯子里袅袅婷婷地走了出来。克娄巴特拉当时正处妙龄，有

着惊艳世人的美貌，她谈吐优雅，富有智慧，一下就把恺撒给迷住了。克娄巴特拉将自己的遭遇告诉了恺撒，恺撒立即下令执行托勒密十二世的遗嘱，让她返回亚历山大里亚与托勒密十三世共同执政。后来，托勒密十三世在一场叛乱中被杀，恺撒也征服了埃及，他就让克娄巴特拉做了埃及的女王，维持了埃及的独立。

从此，恺撒与埃及女王生活在一起，他们还生了一个儿子。公元前45年，克娄巴特拉应邀前往罗马，恺撒为她举行了隆重的欢迎仪式，女王备受殊荣，大有成为罗马第一夫人之势。遗憾的是，一年之后，恺撒被刺身亡，克娄巴特拉梦碎罗马，只能黯然回国。

虐恋安东尼

恺撒去世之后，克娄巴特拉盯上了罗马政坛另一位冉冉升起的新星安东尼。公元前41年，安东

克娄巴特拉常被叫作埃及艳后。她才貌出众，聪颖机智，擅长耍手段，心怀叵测，一生富有戏剧性。特别是卷入罗马共和末期的政治漩涡，同恺撒、安东尼关系密切，并伴以种种传闻逸事，使她成为文学和艺术作品中的著名人物。

《埃及艳后》影片是由伊丽莎白·泰勒、理查德·伯顿主演的剧情片。伊丽莎白·泰勒接近完美地演绎了埃及女王克娄巴特拉为了政治目的而开展的暴风雨般的爱情。

知识链接：不止于美貌

克娄巴特拉的魅力绝不止于她的美貌，后来的考古发现表明，她本人似乎并不是美女。女人的美貌在关键时刻会起到意想不到的效果，但绝不能靠其统治国家。克娄巴特拉的魅力更多的来自她超群的智慧。她本人通晓9种语言，说话声音极其悦耳动听，她也是托勒密王朝中唯一一个可以说一口流利埃及语的法老。她对知识的尊重超过以往任何一个国王。在罗马与埃及的战争中，亚历山大图书馆被付之一炬，克娄巴特拉远望火光冲天的图书馆，顿足悲痛不已。事后，她尽全力找回了20万册残稿。

尼巡视东行省，召见克娄巴特拉。克娄巴特拉认识到自己的机会来了，于是对自己进行了精心包装。她选了一条豪华的楼船，上面挂着由推罗染料染成的名贵紫帆，船尾包裹着金片，与波光粼粼的水面交相辉映。克娄巴特拉在床上安置了一个纱帐，纱帐上串着金线，周围站着两个美丽的童子。女仆们穿戴的如海中仙子一般，手持银浆，合着声乐缓缓地划着。女王自己则打扮成维纳斯女神的模样，静静地卧在纱帐内。

人们看到这个景象，纷纷奔走相告，越来越多的人争先恐后地挤到岸边，来一睹女王的芳容。到安东尼所在的城市后，女王邀请他来船上赴宴，安东尼上船之后，看到女王迷人的身姿，美艳的面容，优雅的谈吐，立即神魂颠倒，不知所措，这位大杀四方的罗马英雄竟然紧张起来。毫无疑问，他爱上了女王，不仅把女王的过错抛到九霄云外，还一口许诺唯女王马首是瞻，当场答应了女王提出的所有要求。没过几天，安东尼开始日日与女王缠绵在一起，甚至跟着她去了埃及。

安东尼对女王是如此之爱，以至于他在自己的遗嘱中将不少领土分配给了女王的子女，还要求女王将他葬在亚历山大里亚。后来，屋大维与安东尼因为争权夺利而交恶，前者将安东尼的遗嘱公布于众，罗马舆论一片哗然。后来，屋大维击败了安东

尼，俘虏了克娄巴特拉。

绝望的克娄巴特拉想诱惑屋大维，但却失败了，她让侍女偷偷地将一条毒蛇送进关押她的地方，把毒蛇放到了自己的胸上，让毒蛇咬了自己，很快就中毒身亡了。

公元前37年，安东尼离弃了自己的妻子、屋大维的妹妹，正式与克娄巴特拉结婚，并宣称将罗马东部一些领土赠给女王和她的儿子。罗马为此讨伐安东尼，安东尼兵败自杀。克娄巴特拉用埋葬国王的豪华仪式为安东尼举行了葬礼。

人文地理

伊朗位于亚洲西南部的高原地带，高原是由阿拉伯板块与欧亚大陆板块碰撞之后形成的多折山脉带地形。伊朗中北部紧靠里海、南靠波斯湾和阿拉伯海。

波斯波利斯（Persepolis）是波斯阿契美尼德王朝的第二个都城，建于大流士一世时期。城址东面依山，其余三面有围墙。主要遗迹有大流士一世的接见厅与百柱宫等。1979 年联合国教科文组织将其列入《世界遗产名录》。

今天的伊朗地区很早就有人居住，公元前 2000 年，就有雅利安人居于此，他们建立了米底

高原之光
波斯文明

或许是得到了神的庇佑，
壮丽的高原养育了波斯人，
在这个雅利安人的国度，
千百年来，人们用波斯语，
诉说着历史和传奇故事。

王国，公元前 6 世纪时，被居鲁士建立的古波斯所取代。从居鲁士建国到大流士一世成为彪炳千古的帝王，波斯帝国仅用不到 30 年的时间，就从一个蕞尔小国变为空前规模的大帝国，成为第一个跨亚欧非的超级大国。如此辽阔的疆土，多元文化的交融，让波斯文明变得姿态万千。

地形多样，人文繁盛

伊朗扼亚欧大陆及整个中东地区交通之咽喉要道，除北部里海和南部波斯湾沿岸的平原地区外，伊朗约有超过 80% 的国土面积位于伊朗高原及其延伸地带，平均海拔达 900—1500 米。伊朗广阔的内陆地区干燥少雨，荒漠化严重。伊朗的水域主要分布在南北两端的国境上。伊朗濒临全长 980 公里、面积约 24 万平方公里的波斯湾，波斯湾像一把蓝色的弯刀守护着伊朗的漫长海岸线。

古波斯在政治思想、典章制度、法律、文字、艺术、神话、建筑等方面都较多地吸取了其他地区的先进文化因素。希罗多德在《希波战争史》中说："波斯人比任何其他民族都更喜欢仿效外国人的习惯。"波斯人向其他先进文明进行全方位的学习，可能他们不是最优秀的学生，但他们的开明态度却是后世效仿的典范。

在世界文化遗产波斯波利斯宫殿遗址上，人们依然能从表现各民族朝贡景象的浮雕中分辨出亚述人、吕底亚人和爱奥尼亚人等族群的不同着装及各种贡品。这些浮雕表明早在 2500 多年前，伊朗就是波斯

人统治的多民族融合的国家。

波斯帝国的艺术成就主要体现在雕刻方面。其雕刻风格具有庄严、隆重和宏伟的特点，深受两河流域特别是亚述，还有希腊雕刻艺术的影响，帕萨加第、波斯波利斯和苏撒的宫廷浮雕是其雕刻的经典之作，宗教雕塑《阿胡拉·马兹达》《妮萨女神》《罗多古娜》是典型的希腊神像。

波斯人通过向希腊、两河流域和埃及等先进文明的学习，创造了辉煌灿烂的文化、制度。波斯帝国的统治者为维护自身统治，对被征服地区的各个方面都采取较为宽容的态度，这造就了多元一体的帝国及其丰富多彩的文化。

古波斯文字使用的是准字母楔形文字，是古波斯语使用的主要文字。使用这种楔形文字的文本在波斯波利斯、苏撒、哈马丹、亚美尼亚和苏伊士运河沿岸找到。它们主要是来自大流士一世和他的儿子薛西斯一世的题刻。

人种、语言和文字

现代伊朗人以波斯人为主。波斯人是雅利安人的一支，属于白种人。伊朗人总体上鼻梁挺拔，肤色较浅，发色较深，男性体表毛发浓密，女性多为浓眉大眼，比较接近南欧人的体征。

波斯帝国时期，波斯人征服了从地中海东岸到印度北部的广大地区，让众多的民族臣服于本族的统治下。随着东西方交流日渐频繁和民族融合，现代伊朗逐渐形成了以波斯人为主，多个少数民族为重要组成部分的民族结构。

波斯语属于印欧语系伊朗语族，在数千年的历史发展中，总体上经历了古波斯语（Old Persian）——中古波斯语（Pahlavi）——达里波斯语（Dari Persian，即现代波斯语）三个阶段的变化。古波斯语是一门名副其实的"死语言"，以楔形文字书写，常以雕刻、穿

凿的形式见于波斯帝国时期的遗迹和文物之上。

古波斯帝国国教为琐罗亚斯德教（Zoroastrianism），创始人是琐罗亚斯德（Zoroaster，约公元前7—前6世纪）。琐罗亚斯德教认为火是阿胡拉·马兹达创造的最有力量之物。教徒们信奉"三善"——善思、善言和善行的教义。

琐罗亚斯德教是在基督教诞生之前中东最有影响的宗教，是古代波斯帝国的国教，也是中亚等地的宗教，是摩尼教之源，在中国称为"祆教""拜火教"。

话　说　世　界

知识链接：波斯文学

波斯人创作了大量的文学作品，其内容涉及方方面面。宗教经典《阿维斯塔》就是重要的文学作品。《贝希斯敦铭文》《纳克希·鲁斯坦铭文》都是用富有节奏性的诗歌语言写成的政府文书。英雄史诗《列王纪》《缅怀扎里尔》，叙事诗《母山羊与棕榈树的争吵》，言情诗《维斯与拉明》都是优秀的文学作品。

波斯帝国之父 居鲁士

我，居鲁士，世界之王、伟大的王。

居鲁士是古代波斯帝国的缔造者，经过一系列战争，将波斯由伊朗西南部的一个蕞尔小邦，发展成了世界历史上第一个横跨亚欧非三洲的大帝国，创下了丰功伟业。直到今天，伊朗人仍尊称他为国父。

传奇身世

米底国王阿斯提阿格斯有个女儿叫作芒达妮。在一次睡梦中，国王梦见女儿身上发出一股洪水，淹没了都城和整个亚洲。老国王认为这个梦意味着芒达妮的后代将夺取自己的王位并成为亚洲的霸主。于是，他把女儿嫁给来自属邦波斯的冈比西斯，以便剥夺女儿后代继承米底王位的机会。不久，阿斯提阿格斯又梦到芒达妮身上长出了一条长藤，遮蔽了整个亚洲。为防不测，国王决定等外孙一出生就杀死他。这个外孙就是居鲁士（Cyrus，约公元前 600—前 529 年）。

负责杀死婴儿任务的是国王的一个亲信哈尔帕哥斯，他不敢自己动手，便把孩子交给一个牧羊人，让他将这孩子扔到荒郊野外。正巧牧羊人的妻子刚产下一个死婴，见到居鲁士后便爱不释手，他们用死婴替换居鲁士后扔掉，将居鲁士当作亲生孩子抚养。

到居鲁士 10 岁的时候，他在和同村的孩子玩耍时被孩子们推荐为国王，这个游戏中的假国王，鞭笞了一个真贵族的儿子。该贵族十分气愤，将事情闹到国王那里，一经调查，国王发现了居鲁士的

居鲁士，即居鲁士二世、居鲁士大帝，古代波斯帝国的缔造者。他以伊朗西南部的一个小首领起家，经过一系列的胜利，打败了三个帝国，即米底、吕底亚和巴比伦，统一了大部分的古中东，建立了从印度到地中海的大帝国。

身份。幸运的是，僧侣的解释挽救了居鲁士的命运，他们说，这个孩子已经在游戏中成为国王，不会再成为真正的国王了。阿斯提阿格斯放了心，将外孙送回了波斯。不过，哈尔帕哥斯受到了严厉惩

罚，因为他没有完成国王的命令。国王杀死了哈尔帕哥斯 13 岁的独生子，并命他当面吃下。

缔造帝国

君子报仇，十年不晚。居鲁士长大以后，哈尔帕哥斯将居鲁士的外公曾经的所作所为悉数告知于他，要联合居鲁士反抗米底。居鲁士统一了波斯的 10 个部落起兵反抗米底，俘虏了他的外公。据说，当初为了说服波斯人追随自己，居鲁士命令全体波斯人手拿镰刀开垦了一天土地，第二天却让他们尽情享乐，吃肉喝酒。然后，居鲁士问他们喜欢哪种生活。大家都选择第二天的生活，居鲁士就告诉大家，要想过那样的生活就必须反抗米底的压迫，自己做主人。

在灭亡米底之后，居鲁士首先让原来臣属米底的亚述、亚美尼亚和小亚东部国家承认波斯的统治，接着他就开始着手进攻吕底亚。吕底亚国王克洛伊索斯看到居鲁士日益强大，十分担心，他派人询问神谕自己是否应该攻打波斯。不幸的是，他误解了神谕的意思，贸然对波斯进攻，结果惨遭失败。后来，居鲁士又先后降服了小亚的希腊人城邦和东部的巴比伦。在巴比伦，他释放了被奴役的犹太人，因而被视为实现上帝旨意的"牧人"。

居鲁士大帝的陵墓位于阿契美尼德王朝的第一个首都帕萨尔加德。居鲁士国王葬入黄金大理石棺后，祭司每个月都会献上一匹马当祭品。

居鲁士圆柱以楔形文字写成，发现于尼尼微城的图书馆遗址内。文献指波斯居鲁士大帝实施新帝国政策。居鲁士圆柱刻文以针对巴比伦王纳波尼杜的指控来开始，谴责他祷告和祭献的不当，以及他的苛政，继而细说自己如何成了诸神的敬拜者。

宽厚仁慈的统治政策，提高了居鲁士的威望，使他英名远播，原来臣属巴比伦的叙利亚各城邦都来效忠于他，居鲁士接纳了他们，将这些地区划为巴比路士省。

公元前 529 年，居鲁士在与马萨革泰人作战时被马萨革泰人的女王倾全国之力包围，居鲁士率领波斯军队与对方激战，不幸身负重伤，在 3 天之后死于军营之中。他的儿子冈比西斯与马萨革泰人作战，抢回了父亲的尸体，将其安葬于故都帕萨尔加德。

王中之王
大流士一世

我，大流士，伟大的王，万邦之王，波斯之王，诸省之王，希斯塔斯帕之子，阿尔沙马之孙，阿契美尼德……遵从阿胡拉·马兹达的意旨，我是国王。

大流士一世是波斯帝国的第三代君主（公元前522—前486在位），也是世界古代历史上最著名的政治家之一。他出身于波斯阿契美尼德家族支系，父亲是帕提亚总督希斯塔斯帕。

夺取政权

居鲁士大帝去世之后，其子冈比西斯二世即位。公元前522年，冈比西斯灭亡了埃及。出征埃及期间，大流士被任命为"万人不死军"的总指挥。在冈比西斯逗留埃及的时候，琐罗亚斯德教僧侣高墨达在波斯发动了政变，他假冒冈比西斯之弟巴尔迪亚，于公元前522年3月篡夺了波斯王位。波斯境内各个被压迫的民族竞相效仿，纷纷宣布独立，波斯形势危急。冈比西斯闻讯后大为惊慌，匆忙赶回国内，却不料在归国途中被误伤而死。同年9月，年仅28岁的大流士在6位贵族的支持下杀死了高墨达。

高墨达死后，大流士和其他7位波斯贵族就未来波斯的政体问题展开了辩论，最终他们同意采用君主制。在7位贵族中，除欧塔涅斯主动退出之外，其余6位贵族都认为应该由自己当国王。大家决定，第二天早晨，6个人各自带领着自己的马到郊外集合，届时谁的马先叫，谁就应该当国王。当晚，大流士找来自己的马夫欧伊巴雷，告诉他关于竞争国王的事。马夫让大流士放心，称自己有办法赢得这场竞赛，他赶着大流士的马与一匹母马到大家商定的城郊，让它们交配。第二天，当大家集合来到城郊时，大流士的马夫将摩擦过母马下体的手放到了大流士的马的鼻子上，大流士的马以为又来交配，便发出一声长啸，结果，波斯王位就归了大流士。

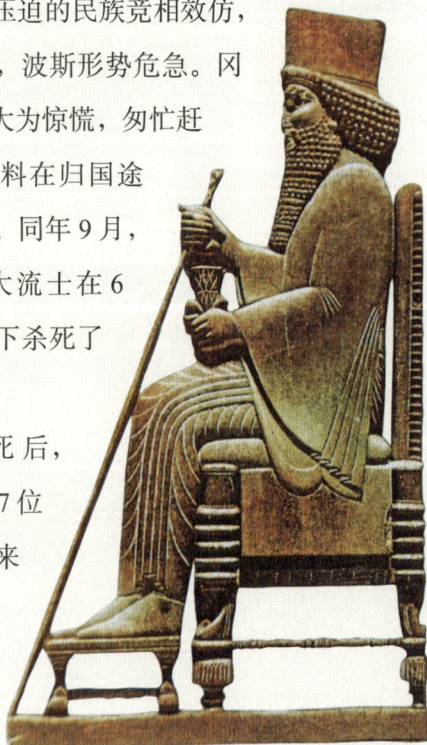

大流士在继承王位之后，为自己竖立了一块石碑，上面写道"希斯塔斯帕之子大流士，由于他的马和马夫欧伊巴雷的功绩，赢得了波斯帝国"。

安邦定国

大流士即位以后，积极维护贵族的利益，例如，他将牧场、牲畜、奴隶等都归还给奴隶主，引起了人民的不满。各被征服地区奋力反抗，企图恢复独立。大流士

大流士的浮雕，发现于波斯波利斯典礼中心的宝库里。他将庞大的帝国划分为多个行省，建立了相对完善的官僚机构，帝国政令畅通。

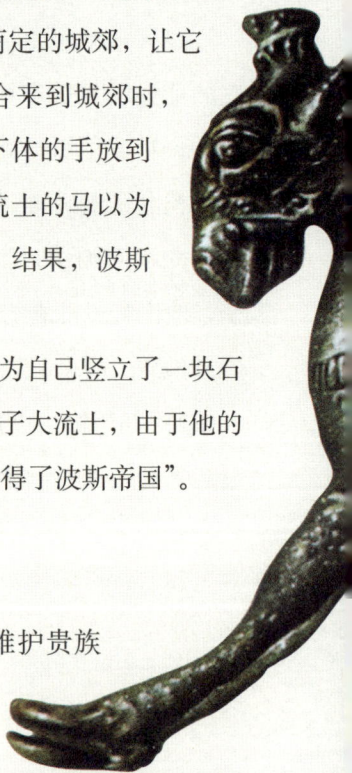

立即兴师平叛，在公元前522年9月到前521年11月的一年多的时间内，大流士和他的八个将领以较少的兵力将各路叛军逐一击破，经历十余次战争，先后镇压了巴比伦、埃兰、米底等地的叛乱，挽救了摇摇欲坠的帝国。

公元前520年9月，大流士在克尔曼沙赫以东32公里的贝希斯敦村，发现了一处陡峭的悬崖峭壁，于是再次刻石记功，这就是著名的《贝希斯敦铭文》（Behistun Inscriptions）。在扫平叛乱之后，大流士开始巩固自己的专制统治。他将全国分为20个省，各省设置总督、将军和掌管税收的高级官吏。总督由波斯贵族和王室成员担任，但三个高级官吏互不隶属，都直接对国王负责，以便让他们互相牵制。大流士还为总督配备了一名秘书，实际上是为了监视他们。此外，大流士还派出钦使，巡察各地，作为"王之耳目"。大流士还规定，当有大臣求见时，必须用帷幕将他们隔开，以免他们的呼吸亵渎王权。

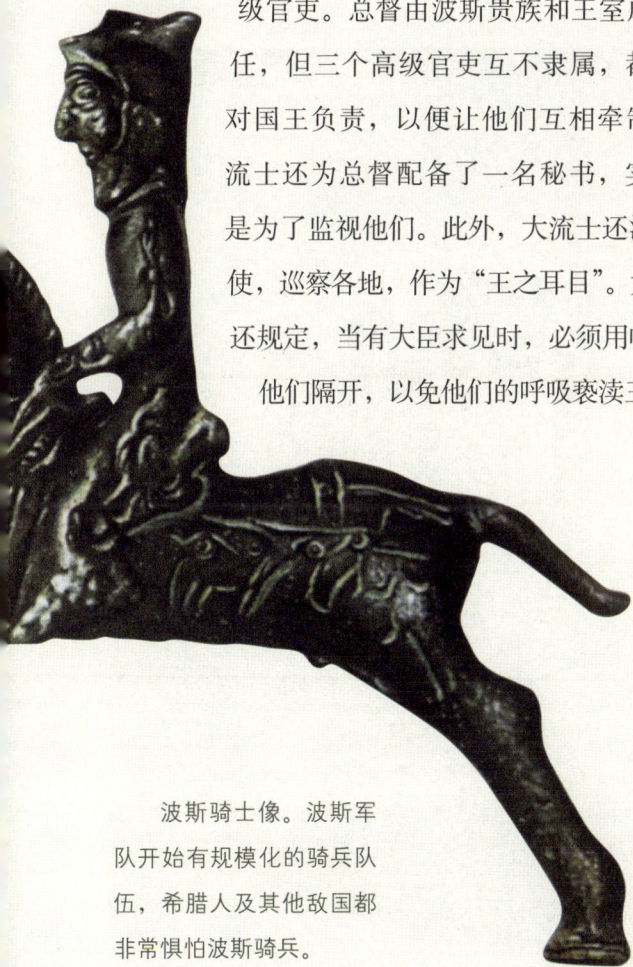

波斯骑士像。波斯军队开始有规模化的骑兵队伍，希腊人及其他敌国都非常惧怕波斯骑兵。

为了使军政分离，进一步限制地方，大流士把全国分成五大军区，军区的长官直接归国王所管，此外不用听命于任何人。大流士将军队编为不死

军、千人团、百人团、十人队四级。步兵和骑兵以波斯人为核心，水军以腓尼基人为核心。为了便于调遣部队，密切中央与地方的联系，大流士大力修建驿道，他还开凿了尼罗河支流到红海的运河，勘察了印度河到埃及的航路。最重要的一条驿路是"御路"，自都城苏萨至小亚的萨迪斯，再延伸到以弗所，距离共约2000多公里，中途有驿站110个，每站都备有人和马匹以供轮换。一般商队要走3个月的路程，王家的信使只需要一周时间。另外一条重要的道路，是从巴比伦穿过伊朗高原，通向印度边境。

大流士是理财的高手。首先，他改革了税制。

在大流士之前，各地征收的税额由税吏预先估定，即便是歉收之年，也必须按规定完成税额。大流士开始实行测量土地的方法，他根据土地面积、农作物种类、平均产量来规定税额，这在一定程度上减轻了农民的负担。其次，大流士还改革了货币制度。他规定帝国流通三种合法铸币和铸币的机构。金币流通全国，银币和铜币只在一定地区内流行。金币只有中央才能铸造，银币可由各行省铸造，而铜币可由各自治市铸造。再次，大流士以两河流域的度量衡为基础，统一了全国的度量衡制度。

对外征服

安邦定国之后，大流士开始计划对外征服，这也是古代帝国在强大之后的普遍发展趋势。公元前513 年，大流士御驾亲征斯基泰人。此次出征的目的是从后方占领巴尔干半岛，以便截断希腊人的木料和粮食的重要来源。大流士从拜占庭北面侵入欧洲，征服了色雷斯，他还派遣 600 艘战舰向多瑙河口进发，以便配合陆军消灭斯基泰人。然而，斯基泰境内有许多沼泽和河流，大流士的海军和陆军失去了联系，无法形成呼应，遭受了巨大困难。

斯基泰人奉行坚壁清野的战术，不与波斯人正

波斯波利斯塔洽拉宫殿遗址。塔洽拉宫也叫镜厅，它是一座波斯室内宫殿，由大流士一世专用。此宫殿是用灰石砌成的，建于大流士一世时期。

来自苏萨的波斯皇家侍卫成员的釉砖浮雕。这些侍卫以"不朽"著称，因为如果其中有一个人死了，便立刻由另一个人取而代之。

面交锋，边战边退，在后退时，斯基泰人还填塞水井，破坏牧场，不给波斯人留下任何可作军粮之物，令波斯人军粮难济。斯基泰骑兵还在波斯军队周围不断骚扰，想尽一切办法消耗波斯人。面对斯基泰人，深入腹地的波斯人一筹莫展，大流士意识到，如果再这样继续下去，恐怕会面临全军覆没的危险。他秘密传令，率领精锐部队悄悄撤出营房，抛弃了伤员和病号。那些被遗弃的士兵，直到第二天才终于明白发生了什么事，他们只能投靠斯基泰人。本次出征，波斯帝国损失了8万将士。

公元前500年，小亚的米利都等希腊城邦爆发了反对波斯的起义，雅典和埃雷特里亚派兵支援希腊人，大流士集结重兵前往平叛。公元前494年，起义被残酷镇压，大流士对雅典和埃雷特里亚怀恨

知识链接：残暴的冈比西斯二世

冈比西斯二世是居鲁士二世之子，他生性残暴，且身患癫痫，整天情绪暴躁，还不时地发狂。公元前525年，冈比西斯占领埃及，他把埃及法老和大臣们集中在城外的空地上，让昔日埃及贵族的女儿们穿上奴隶的服饰干重活，小姐们哭声一片。埃及法老和大臣们见到此情此景心如刀绞，悲伤不已，冈比西斯在旁边却高兴地哈哈大笑，甚至手舞足蹈；还有一次，为了防止他的亲兄弟巴尔迪亚争夺王位，冈比西斯将他残忍杀害。一旁的王后想要规劝几句，冈比西斯暴跳如雷，用刀将王后也杀死了。

在心，吩咐仆人每天用饭时都提醒他："主公，不要忘了雅典人啊。"以复仇为借口，大流士终于决定进攻希腊本土，希波战争的序幕就这样拉开了。

一枚在波斯通用的达里克金币，其上有一位弓箭手，代表波斯帝国大流士一世，他将标准货币引进帝国，这枚金币便以他的名字命名。只有皇家铸币厂才能制造金币。

解读楔形文字的密钥
《贝希斯敦铭文》

十九战役俘九王，峭壁之上威名扬。幸得楔文留后世，今人得以识东方。

《贝希斯敦铭文》为波斯大王大流士一世命人所作，目的在于歌颂自己的丰功伟绩。铭文用埃兰文、波斯文和阿卡德文三种文字书写，刻于悬崖峭壁之上，它见证了波斯大王的辉煌战绩，也为后人留下了重要的历史铭文。

峭壁之上刻奇功

在平定帝国内乱，稳定国家政权之后，大流士一世从巴比伦前往埃克巴坦那，途中经过克尔曼沙赫以东32公里的贝希斯敦村。村内有一处山岩，陡峭无比，犹如一块直耸云霄的镜子。山前是一条要道，连接着巴比伦河哈马丹。山下有一池，四季不枯，可供军旅之用。古人曾称该地为"神仙之地"，有一丝神秘的宗教色彩。志得意满的大流士一世看到这个峭壁之后，决定将自己的功绩铭刻于此，遂有了历经千年的《贝希斯敦铭文》。

铭文的雕刻开始于公元前521年12月，大约建成于公元前518年3月，共用时两年三个月。铭文的上方是一个浮雕，高3米，长5.48米。描述的是大流士接受俘虏的画面。浮雕中，大流士像高

《贝希斯敦铭文》位于伊朗克尔曼沙赫省的一处山崖上。公元前522年，大流士为波斯王，称大流士一世。大流士一世建立起了世界上第一个地跨亚非欧的大帝国，为了颂扬自己，他让人用埃兰文、波斯文和阿卡德文三种文字把其战绩刻在悬崖上，史称《贝希斯敦铭文》。

1.8米，约与他本人等身，昂首挺立。大流士身后有两个卫士，他们是大贵族葛布利亚斯与阿斯帕提尼斯。大流士左脚踏着发动叛乱的高墨达，左手按着弓，右手指向中央天空上的阿胡拉·马兹达，向神表达敬意。阿胡拉·马兹达是琐罗亚斯德教主神，他高高在上，左手持一个象征王权的环，准备授予大流士，右手为其祝福。大流士的面前是"俘九王"的八王以及后来补刻的斯基泰王孔哈。这九个战俘的雕像只有1.2米高，表达了对他们的蔑视。他们

大流士一世接受被俘获的9个王国的国王朝拜。大流士一生东征西伐过程中，许多古老的王国被其攻破占领。

的脖子被一根长索绑着，双手也被绑在背后。

浮雕下边是正文，用古波斯（414 行）、埃兰（593 行）、阿卡德（112 行）三种楔形文字写成，主要内容可分为三个部分。其一，证明大流士继承王位的合法性；其二，夸耀其平定叛乱之战功；其三，表示王权神授，不可侵犯。

传世的珍贵资料

《贝希斯敦铭文》的发现者是罗林生（Rawlinson），他是一位英国军官和东方学家，曾任国会议员、驻伊朗公使等职，同时也是一位业余考古爱好者，对当地的古波斯楔形摩崖石刻十分着迷。1835 年，他发现了《贝希斯敦铭文》。为了将铭文拓下来加以研究，他不惜冒着生命危险爬上悬崖峭壁，一点点将全篇铭文拓下。后来，经过他的努力，铭文破译成功，震动了整个西方考古学乃至历史学界。

对于现代人来说，《贝希斯敦铭文》不仅是宏伟壮观的历史遗迹，也是一份珍贵的历史文献。据我国学者李铁匠总结，它作为历史文献的重要性体现在多个方面。首先，《贝希斯敦铭文》是对阿契美尼德王朝（波斯帝国）早期历史的首次详细介绍，铭文列举了阿契美尼德家族的谱系，为该领域的研究提供了重要资料。其次，铭文较为全面地记载了公元前 522—前 520 年的历次政治动乱。例如，铭文对高墨达暴动、冈比西斯之死、大流士政变、大流士平定叛乱等重要事件有着详细记载，远远超过任何古典作家的记载。再次，它有力地补充了古典作家关于阿契美尼德王朝的记载，证实或者证伪了古典作家在作品中对相关内容的历史书写，为我们重新认识古典作家作品的真实性、价值提供了重要参考。

《贝希斯敦铭文》为释读古波斯语提供了基础条件，从根本上改变了人们对古波斯乃至古东方

知识链接：楔形文字的解读

罗林生不仅是《贝希斯敦铭文》的发现者，也是解读者，罗林生学习过波斯语、印地语、阿拉伯语等多种语言，他凭借着精通多门语言和多种文字的坚实基础及其坚韧不拔的毅力，在长达 16 年的研究后，完成了 3 种语言书写的铭文的全译文，还成功破译出约 150 个楔形文字符号的读音，500 个单词和数十个专有名词，最终与其他学者共同将两河流域最古老的苏美尔人创立的楔形文字释读成功。在湮没 2000 年之后，楔形文字之谜终于彻底被揭开。

的政治、经济、文化等多方面的既有观念。在《贝希斯敦铭文》的发现、楔形文字的释读之后，人们对于古波斯历史的认识，对于古代近东地区的政治文化发展历程，迎来了科学与文明的光明时代。

铭文中大流士加给他敌人的罪名每人都少不了撒谎，这是在说他的敌人都是代表黑暗、谎言、饥饿、贪婪、仇恨、疾病、死亡的阿赫里曼的信徒，大流士自己则正向他曾宣称的那样，是代表美德、智慧、纯洁、真诚的阿胡拉·马兹达的信徒。

再战希腊
薛西斯一世

好大喜功，时而宽宏，时而暴虐，难以揣摩。他的本性并不残忍，在某些特殊的时刻，他甚至像诗人一样心思细腻，感怀伤世。如果拿中国的帝王和他比较，最接近于他的是隋炀帝。

薛西斯一世是波斯帝国的国王（公元前485—前465年在位）。薛西斯是波斯国王大流士一世与居鲁士大帝之女阿托莎的儿子，他的名字在波斯语中的意思为"战士"，他本人生性残暴，曾经发动针对希腊的第二次战争，但与其父大流士一世一样，遭到了失败。

夺嫡之争

大流士在得知马拉松之战的消息之后，更加仇恨希腊人，他命令波斯境内所有城市积极提供战备物资，准备再次出征希腊。备战活动进行到第四年时，被冈比西斯征服的埃及人发动了叛乱。大流士大怒，决定亲率大军，出征希腊与埃及两地。

依据波斯人的法律，在国王率军出征之前，必须选择一个王子作为继承人。大流士和第一任妻子，即戈布里亚斯的女儿生有三个儿子，其中最年长的是阿尔托巴札涅司。在他成为国王之后，他和第二任妻子，即居鲁士的女儿阿托莎又生了四个儿子，其中最年长者就是薛西斯。阿尔托巴札涅司和薛西斯都想当国王，他们分别提出了自己的理由：阿尔托巴札涅司说他是大流士全部子女中最年长的，而不管是哪个地方，风俗都是最年长者继承王位。薛西斯说他是居鲁士的女儿的儿子，居鲁士是波斯帝国的创建者，使波斯人获得了自由，不仅有数不完的丰功伟绩，还在波斯人中享有极高的威望。大流士无法取舍，在两个儿子之间犹豫不决。

就在这个时候，被罢黜的斯巴达国王戴玛拉托斯，从斯巴达流放出来，来到了波斯。当他听说两个王子争夺王位的事情之后，就到薛西斯那里劝告他在自己先前的理由上再加上一条，即他是在大流士成为国王和统治者之后才生的，而阿尔托巴札涅司出生的时候，大流士还是一介平民。因此，薛西斯应该取得王位，如果他人取得王位则是不合理的。薛西斯听从了戴玛拉托斯的意见，将这个理由告诉了大流士，大流士深以为然，于是将薛西斯设为了王位继承人。大流士准备出征过程中的第二年突然去世了，他未能了却自己向希腊人和埃及人复仇的心愿。薛西斯继承了王位，成为波斯帝国的国王。

薛西斯一世率大军入侵希腊，洗劫了雅典，但在萨拉米斯海战中被打败。晚年薛西斯一世纵情于酒色，亲信小人，导致波斯帝国内乱。薛西斯一世死于宫廷政变。

壁画描写波斯王子薛西斯和大流士（坐在第一排的宝座中心）与他的顾问讨论他是否应该在公元前490年入侵希腊。

决议出证

薛西斯成为国王之后，并不打算报复希腊人，反而想首先征服埃及人。但是，大流士的表兄弟戈布里亚斯一心想做希腊地区的"太守"，便试图说服薛西斯攻打希腊。他找到薛西斯，说了大概如下一段话："雅典人曾经做过有损于波斯的坏事，理应受到惩罚，何不在出兵埃及之后攻打雅典，以便为你赢得崇高的名声。而且，惩罚侵犯过我们的人，可以威慑那些潜在的敌人。"薛西斯被他说服，决定对希腊也动武。

在征服埃及之后，薛西斯将大家召集在一起，向众人宣布要出征希腊的消息。看到此情此景，薛西斯的叔父阿尔塔巴诺斯发言了，他认为不应攻击希腊，因为备战仓促，风险太大。薛西斯对于叔父的反对意见十分生气，将他大骂一通。到了晚上，薛西斯突然觉得叔父的话颇有几分道理，因此他决定第二天向叔父道歉，宣布放弃进攻希腊。但是连着两天，他都梦到了同一个姿容秀丽、体格高大的男子，要求他进攻希腊。薛西斯大为惊慌，将这件事儿告诉了他的叔父，并且要他叔父睡在他的床上，看会发生什么。奇怪的是，薛西斯的叔父竟然也做了同一个梦，梦到同一个男子要求他们与希腊开战。叔侄俩一合计，觉得冥

冥之中是神灵在指引他们，于是决定积极备战，准备与希腊人开战。

在希波战争之中，薛西斯统领的波斯陆军一度侵入了雅典，摧毁了这座城市，但后来却被希腊人的海军击败，进而在陆地上也节节败退，最后不得不撤军。第二次希波战争，与大流士发动的第一次希波战争一样，也以失败告终。

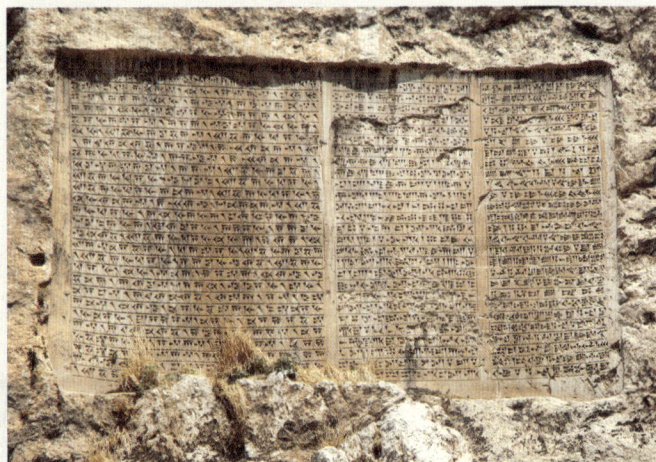

图为薛西斯宣扬自己功绩的铭文，可能受到了大流士铭文的启发。

无力回天的波斯末代帝王
大流士三世

战场上，他勇猛无敌；理政时，他温良敦厚。但他却失败了，因为他有一个更强大的对手。

大流士三世（Darius III，约公元前336—前331年在位）是波斯帝国的末代国王。大流士即位时44岁，年富力强，锐意革新，在内政和外交上都表现出卓越的能力，是有望使波斯帝国实现中兴的伟大君主。遗憾的是，他的对手是更为强大的亚历山大。

继承大统

大流士本名叫阿塔沙塔（Artashata），据说大流士身材高大，大约有1.9—2米，相貌英俊，仪表堂堂。

大流士在还未继承国王之前，是阿塔沙塔亲王，以作战勇猛闻名波斯。有一次，卡都西亚人发动叛乱，波斯王阿塔薛西斯三世率军征讨平叛。敌方选出一名大将，身材高大，威风凛凛，要求同一位波斯贵族进行单挑。波斯众将被敌将所震慑，不敢上前，阿塔沙塔亲王当时已年过四十，见此状便亲自出阵迎战，只数回合就将对方制服。波斯大王大喜，当场册封阿塔沙塔为亚美尼亚总督。

后来，波斯王朝宦官当权。大太监巴古阿控制朝局。巴古阿擅长权谋，相继毒杀阿塔薛西斯和王储阿西斯。由于大流士小心翼翼地与巴古阿保持距离而未受其害，因而作为旁支的他得以在公元前336年继承王位，史称大流士三世。大流士即位之后，巴古阿发现很难掌控这位新主，便预谋重施故技，毒杀大流士。精明的大流士早已洞察一切，他将自己的酒杯与巴古阿对调，然后命令后者饮下此酒，杀死了巴古阿。

大流士继承王位，可以说是受命于危难之际。当时的波斯政令不通，百废待举，尤其是作为帝国大粮仓的埃及，早已在两年之前宣布独立。登基之后，大流士试图营造一番新气象。他用了6个月的时间，集结了一支人数不菲的大军，一举荡平了埃及。值得一提的是，大流士虽然作战勇猛，但并非穷兵黩武之人，他性格温良敦厚，本质上并不十分好斗，在内政上颇有成就。

既生瑜，何生亮

就在大流士即位，波斯帝国出现中兴的迹象时，这个国家的命运却被一个来自西方的年轻人彻底扭转了，大流士空有一身抱负，也难逃历史发展的进程。

公元前333年秋，大流士在巴比伦组织了数十万波斯大军来迎击亚历山大。为了打击亚历山大军队的士气，大流士将俘虏到的希腊老兵、伤员切

王室埋葬地的巨大亚历山大石棺上，雕刻有格拉尼库斯战役的鏖战，格拉尼库斯战役是亚历山大东进的第一胜仗，这一战中大量的波斯皇亲国戚战死。

"伊苏斯壁画"。大流士三世是唯一有画像传世的波斯王，其他的波斯君主都只有浮雕和钱币上千篇一律的侧影流传下来。1831年，意大利那布勒斯王国发掘古罗马庞贝遗址的过程中，发现了保存相当完好的"伊苏斯壁画"。壁画表现的是伊苏斯战役的最后时刻，左边是亚历山大正率领近卫骑兵冲锋，他手中的长矛将一个波斯骑兵刺穿；右边是高居战车之上的大流士三世，以及簇拥在他周围的禁卫军。

知识链接：大流士三世之死另一说

大流士从高加米拉战场出逃之后，本来还准备以手中剩余的几千骑兵和步兵进行反击，但跟随他的波斯贵族们却开始分化了，以柏萨斯（Bessus）为首的激烈派认为继续跟着这个懦弱无能的国王只会丧命。柏萨斯趁夜绑架了大流士，将他装在笼子里，自称波斯新皇帝，向巴克特里亚逃窜，在被亚历山大追得无处可逃时，柏萨斯杀死了大流士。后来，柏萨斯被亚历山大以"叛徒"的罪名处死。

断双手，在脸上打上烙印，让他们去报告亚历山大，以达到威慑的目的。马其顿联军看到同胞遭受的酷刑，十分气愤，在亚历山大颇具鼓动力的演讲之下，士气大振，一心想找波斯人复仇。

在伊苏斯之战，亚历山大率领马其顿军队重创波斯人，大流士一改从前的勇猛，仓皇出逃，整个波斯大军大乱，逃亡到附近山地，阵亡至少10万人。大流士逃跑匆忙，未顾及妻儿，结果大流士的女儿、妻子和母亲都被亚历山大俘虏。

大流士遗留在伊苏斯营地的财宝足有3000塔兰特金，还有不少金银珠宝。泛希腊联军正沉醉于各种珠宝时，突然听到了外边撕心裂肺的哭喊声。原来，波斯女眷们误以为大流士战死了，以为自己也将被杀害，所以十分担心，为自己悲惨的命运痛苦。亚历山大并没有为难这些女眷，他率领将士们前去问候，大流士的母亲西绪甘碧斯误认为高大英俊的赫菲斯提昂是亚历山大，便跪在他面前请求宽恕。亚历山大并没有计较这些，反而给了这些女眷很多荣誉。西绪甘碧斯想到自己被大流士抛弃，十分失望，同时又感激亚历山大的照顾，便把亚历山大收为义子。

后来又经过一系列战役，大流士连连败退。公元前331年高加米拉战役之后，一个马其顿士兵发现了奄奄一息的波斯国王，想喂他点水喝，大流士告诉这个普通士兵："我受你之恩惠却无法报答，这大概是我最后的不幸吧。"之后，大流士就去世了。失去了中兴之帝，波斯帝国也随之土崩瓦解。

高加米拉战役。公元前331年马其顿帝国与波斯帝国在今巴比伦以北的高加米拉地区进行的一场战役。马其顿帝国尽倾麾下4万余部队，波斯帝国更是倾尽全国近百万兵力。虽然波斯帝国在战前做好了充足准备，但因时命不济与军心涣散，更加之马其顿军队的英勇善战和亚历山大大帝的正确指挥，波斯帝国终以10万余人的惨重伤亡败北。马其顿帝国进占波斯帝国全部领土，波斯帝国灭亡。

人文地理

犹太文明是世界文明史中极为璀璨的一笔，也是从古至今从未间断的古老文明。犹太文明主要发源于地中海以东的巴勒斯坦

以色列是一个位于西亚巴勒斯坦地区的国家，位于地中海的东南方向。沿海为狭长平原，东部有山地和高原。以色列北靠黎巴嫩、东濒叙利亚和约旦、西南边则是埃及。以色列西边有着与地中海相连的海岸线、在南边则有埃拉特的海湾（又被称为亚喀巴湾）。

上帝的选民
犹太文明

展开经卷，一个民族向我们缓缓走来，他们有伟大的先祖，也有令人唏嘘的过往。

地区。虽然历经古代帝国的威胁和入侵之后，创造犹太文明的犹太人被迫撤离这一地区，但是犹太人作为文明的携带者和传播者，依然发挥着"活的文化"的作用，文明并不因背离国土而湮灭，只要有犹太人的地方就有犹太文明的孕育，生生不息，历久弥新。

"流蜜之地"上的犹太文明

公元前 3000 年前后，闪族的迦南人定居在现在巴勒斯坦和以色列的沿海及平原地区，因此这片土地也被称为"迦南人之乡"。大约在公元前 1800 年前后，犹太人的祖先希伯来人在他们族长亚伯拉罕的带领下从两河流域过来，第一次踏上这块土地。尽管迦南是一个远不如两河流域的地方，但这是耶和华神恩赐他们的"应许之地"。根据《圣经》记载，亚伯拉罕作为先知与上帝立下誓约：他和他的子孙将永远信奉上帝，做上帝的选民，而上帝应允把迦南这块土地赐予希伯来人。

迦南地区包括今天的叙利亚、巴勒斯坦和以色列，这里是东西方文明的交汇处。因其与犹太教、基督教、伊斯兰教三大宗教的渊源，历史上东西方各大帝国都曾先后占领过这里。

在以《旧约》为主要经典的记述中，以色列人先后在亚伯拉罕、摩西、约书亚等领袖或者族长的带领下，经历了早期的历史发展过程。随后开启士师时代，由于迦南被其他一些民族，尤其是迦南人所占领，因此如何在士师的带领下夺回这些土地，就成了他们最需要解决也是最棘手的问题。最终用了大约 150 年的时间，犹太人逐步占领了迦南的大部分地区。

犹太人原来分散为 12 支派，在"统一王权"的意识指导下，犹太历史上出现了第一个国王扫罗（Saul，公元前 1020—前 1000 年在位）。犹太政治开始从"士师时代"转向"君主时代"。

在著名的大卫王（David，公元前 1000—前 960 年在位）时期，完成了对外族的征战，建立了以耶路撒冷为首都的统一王国。犹太民族正式形成。为纪念大卫王，耶路撒冷也因此被称为"大卫城"。大卫死后，所罗门继位，建立圣殿，作为以色列人祭祀的中心，标志着以色列人的宗教信仰和民族意识开始增强。耶路撒冷因此成为圣城。

宗教与语言

犹太教的主要经典是《希伯来圣经》，又被叫作《旧约全书》，内容涉及创世神话、民族迁徙、建立王国等故事，也包括一些统治者的智慧，对智慧的歌颂和渴求，以及先知们的故事。一神论、契约观、末世论等是该书的主要思想。

读颂、反思经典，庆祝节日，犹太民族的精髓就这样不断流传下来，获得了恒久的生命力。重要节日是以色列人宗教生活的反映，主要包括安息日、赎罪日、逾越节、住棚节、七七节、犹太新年、普珥节、大屠杀纪念日、耶路撒冷节等。

犹太民族的语言是希伯来语。从公元前 1200 年起，希伯来语成为一套相对完整的语言系统。正如古埃及语一样，希伯来语与犹太人的宗教活动密切相关。犹太人的圣经和各式律法书都由希伯来文写就。犹太人的祈祷、礼拜、祝词等也都必须使用希伯来文。随着犹太人流散世界各地，希伯来文成为"没有国家的语言"，渐渐为世人遗忘，只停留在犹太教经典中。19 世纪开始的犹太民族复兴运动促进了希伯来文的复兴。犹太人先驱艾泽尔本－耶胡达提出"一个民族、一种语言"，大力号召犹太民族重拾千年前这一民族语言。1948 年犹太民族的祖国以色列建立，希伯来文成为官方语言。

扫罗是以色列犹太人进入王国时期的第一个国王，他在位期间建立了一支强大的军队，与腓力斯丁人作战并取得了一定胜利。

《希伯来圣经》是犹太教的启示性经典文献，内容和《旧约全书》一致。

🦉 **知识链接：《死海古卷》**

1947 年，居住在死海西北部某一小村中的儿童，在死海附近的山洞中发现了一些羊皮卷，这些羊皮卷后被证实是一些用希伯来文书写的早期犹太教和基督教的经文。这些在死海附近山洞中发现的 2000 年前的卷轴统称为《死海古卷》，它是研究犹太教、伊斯兰教、基督教发展史的文献资料。

族长时代的代表
始祖亚伯拉罕

他是一位族长，带领族人前往应许之地；
他是民族的开创者，奠定了犹太人的信仰。

高贵的族长赶着牛羊，背着帐篷，携妻带子，引领族人，从北向南穿过巴勒斯坦，终于来到深深吸引着他的"迦南之乡"。这个一生充满信念和追逐信念，并将自己的族人带进"应许之地"的老人便是被后世犹太人尊为始祖的亚伯拉罕。

定居迦南

上古时期一场大洪水之后，上帝为了延续人类的繁衍生息打造一艘方舟送给挪亚及其族人。挪亚的后代生活在位于两河流域南部的吾珥（当时处于迦勒底人建立的苏美尔王国境内，大致在今天伊拉克境内南部地区）。其中一个叫他拉的族长共有3个儿子，亚伯拉罕即其长子，妻子名叫撒拉。不久他拉带着全家前往迦南，但是中途改变主意迁徙到哈兰（今幼发拉底河上游），后来他拉就死在哈兰。亚伯拉罕75岁时，上帝显灵要求他前往"我（神）所要指示你的地方去"，并承诺"必赐福给你（亚伯拉罕），叫你的名为大"，使亚伯拉罕"成为大国"。于是亚伯拉罕带领其妻撒拉、其侄罗得以及族内众人前往迦南地。当时的迦南人因为认为他们是东边渡河而来者，于是称其为"希伯来"（愿意为越河而来）。亚伯拉罕首先带着家人和族人来到叫"示剑"的地方，他为了报答上帝指明前进道路之恩为其建立祭坛进行祭祀。迦南不久出现旱情，亚伯拉罕再次带领家人和族人前往基塔尔，在经历一番挫折后，基塔尔给予亚伯拉罕大量物品，包括帐篷以及牛羊。后来，亚伯拉罕帮助罗德打败了敌人，上帝再次显灵告诉他得到更多的土地。同时预示给亚伯拉罕，他的后世将有400年的苦难，但最终会回到迦南。

献祭以撒

耶和华（上帝）在亚伯拉罕99岁时再次降临，与他进行立约之事。这次立约的主要内容有：亚伯拉罕作为族长，他和他的后人世世代代要尊上帝为唯一的神，而且设定了立约的凭证，即亚伯拉罕和他的后人都要施行割礼，若不遵行，便是毁约。亚伯拉罕带领家人和族人都施行割礼之后，耶和华因为亚伯拉罕遵守约定非常高兴并且又一次与他进行约定：上帝正式赐名他为亚伯拉罕（原名亚伯兰），并答应亚伯拉罕子嗣昌盛，上帝还保证他能统领诸国。后来，亚伯拉罕果真又获一子，起名以撒（原意为"欢喜"），并十分疼爱此子。日后，待以撒长大，耶和华为了检验亚

黄金打造的主要神祇迦南女神像，年代在公元前16世纪。

一话一说一世一界一

《圣经·创世记》第22章1—18节讲述了亚伯拉罕献祭以撒的故事。亚伯拉罕真的让儿子献祭，天使知道亚伯拉罕是敬畏神的。这时正有一只公羊，两角扣在稠密的小树中，亚伯拉罕就取了那只公羊来，献为燔祭，代替他的儿子。

伯拉罕是否忠诚于他以及信仰是否坚定，命令亚伯拉罕把自己的儿子以撒作为祭祀之物送给上帝。信仰坚定的亚伯拉罕为了证明自己的忠诚，带着以撒和祭祀用品来到摩利亚山。以撒年幼无知跟随父亲来到祭祀地点，当亚伯拉罕准备就绪，欲将杀害儿子进行祭祀时，天使从天而降告诉亚伯拉罕，他不可杀害自己的儿子。上帝已经知晓他的忠诚和信仰，因为亚伯拉罕为了证明自己，甘愿用自己的儿子作为祭祀品献给上帝。听后，亚伯拉罕救下自己的儿子以撒，突然看到附近有双角被拴住的公羊。

于是，亚伯拉罕将其取下，作为祭祀上帝之物。看到亚伯拉罕如是，上帝显灵告诉他："亚伯拉罕，你这是做了善事，甘愿献出自己的爱子，也不肯违反与上帝的约定，上帝将赐福给亚伯拉罕和他的子孙。"很多年后，亚伯拉罕的妻子撒拉去世，被葬于麦比拉洞内，30年后亚伯拉罕也去世了，后人将他与妻子共葬一处。

夏甲的故事见于《创世记》第16—21章，记载夏甲得知怀有亚伯拉罕的骨肉，生下了儿子以实玛利后一跃变成女主人般，反而对撒拉处处忤逆。后来撒拉也生下了以撒。亚伯拉罕让夏甲和以实玛利离开了。

犹太民族的领袖
摩西

他是一位"王子",将苦难族人带出埃及;

他是一个先知,上帝赐其"十诫"。

寄居埃及。约公元前1900年的埃及城墙壁画显示一个游牧民族——可能是迦南的希伯来人与埃及贸易。画面上有妇女及孩童或许代表他们希望能在埃及定居。

摩西是犹太历史上非常重要的人物。上帝选派摩西前往埃及解救沦为奴隶的以色列族人。摩西在上帝的指引下带领族人走出埃及重回故土。上帝为摩西立约,摩西律法成为以色列的传世法典。

摩西出埃及

以色列人在埃及寄居430年,后来以色列人越来越多,从最初的70余人到有能征战的男人60余万人,比埃及人还多。埃及人害怕以色列人强盛,大肆屠杀以色列族人,以色列家庭中的男孩全被丢进河里,只有女孩幸免。恰逢此时,摩西降生,家人见他俊美,藏匿三月有余,无处躲藏,便将他放于箱内沿河漂流。此时,法老女儿在河边洗澡,其侍女发现河中漂流箱子,打开看到摩西生得俊美,于是不舍,把他留下,并且取名摩西(原意为"我从河水获得")。

过了多年,摩西在米甸已娶妻生子,一日放羊在河烈山,上帝向他显灵"我是亚伯拉罕的神,我看到你的族人在埃及遭受的不幸,我要你带领他们脱离埃及的统治",前往"流满奶与蜜之地"。因此,我命令你前去面见法老,告诉他,你将要带领自己的族人离开埃及。摩西对上帝说:"我有什么本事面见法老呢?"上帝说:"我会助你,你将族人从埃及带出。"

以色列人不许膜拜偶像,如此图的金牛犊,便被摩西所毁。

摩西从米甸回到埃及面见法老，要求法老要祭拜上帝。埃及法老说："我为什么要听你们的神耶和华的吩咐？"于是，上帝便在法老面前行神迹做了十件不可思议的事情，使得法老得以见证摩西信奉神的本事。这十件奇事是：1.血水之灾；2.青蛙之灾；3.虱子之灾；4.苍蝇之灾；5.畜疫之灾；6.泡疮之灾；7.冰雹之灾；8.蝗虫之灾；9.黑暗之灾；10.长子之灾。

摩西将以色列人带出埃及的过程，是一部惊心动魄、波澜壮阔的史诗。根据《塔纳赫》中的描述，以色列人遇到无数艰难险阻，但是都在神的帮助下化险为夷。当以色列人被追兵追至红海一筹莫展时，神就将大海分开，让他们平安通过。当以色列人饥饿时，就会有鹌鹑和马那果出现。然而，灾难总是如影随形。营地起火、瘟疫肆虐，身处大沙漠的他们孤立无援，人心涣散，甚至出现了对领袖摩西的信任危机。

"摩西十诫"

离开埃及之后，耶和华告诫摩西："你先派人去我指引你的祖先生活过的迦南之地。"大概40天后，派去窥探迦南的人回来说："果然是流奶与蜜之地，但是那地的民强壮，城墙高大。"以色列人听到后就向摩西发怨言哭闹说："还不如回到埃及。"这惹怒了上帝，他告诉摩西说："你的族人竟然敢藐视我？我帮助你的族人行神迹得以离开埃及，现在他们这些人倘若不听从我的话，他们断然回不到我向你们祖先的允许之地。而且，明天你们就要转回，穿过红海前往旷野。"这使得以色列人共行走了40年，待那批人都死后，摩西才得以带领以色列人到了迦南地（今巴勒斯坦以色列等地）。

在到达西奈山时，摩西发现族人内部意见不

西奈山意即"月亮山"，埃及西奈半岛中南部的花岗岩山峰。在犹太历史中此山是上帝发出启示的主要地点，根据《圣经》，上帝在此向摩西显灵，并赐给他十诫。

一，有人对摩西的领导地位产生质疑。摩西苦恼如何坚定族人信念，团结一心重返迦南。于是，摩西来到西奈山上，苦思冥想对策。在山顶足足等了40天之久，山下族人见摩西迟迟未归，有人打算趁乱推翻摩西的领导地位，摩西下山后制止骚乱。

对于摩西的生平，以及他将以色列人带出埃及的事迹都很难进行历史考证，但是人们普遍相信，这位传说中伟大的先知是以色列人漫漫长夜中的指路明灯，他结束了希伯来部落信仰混乱的局面。摩西死后，以色列人在他助手约书亚（Joshua）的带领下继续他们的征程。

迦南地上的瑰丽之国
犹太王国的统一与强盛

这是让犹太人倍感骄傲的 80 年，在这 80 年中，他们找到了前所未有的安全感，实现了渴望已久的荣耀，尽管它过于短暂，但足以百世回味。

犹太历史上，最初阶段的领袖是亚伯拉罕、摩西和约书亚。在他们之后，犹太人经历了"士师时代"。由于政治制度比较初级，民族的情感主要通过宗教信仰的方式加以维系。但是不断的入侵者来袭，大敌当前，犹太人王权的诞生与其说是内部变革，不如说是外部压力的结果。

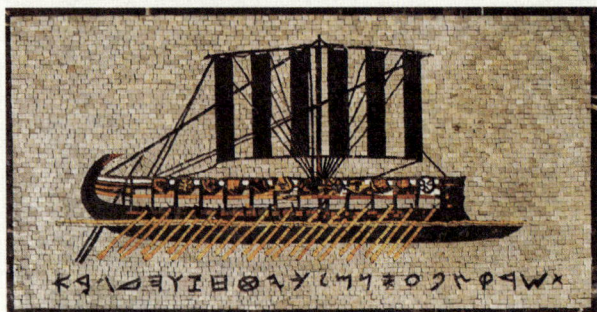

腓尼基人航海技术发达，其造船技术优势一直保持到公元前 6 世纪，图为腓尼基人船只画像。腓尼基人的海疆仅是黎巴嫩山脉和地中海之间的一条狭窄地带和近海的一些岛屿，但它拥有良港，地处要冲，有利于从事贸易活动。

统一的背景和过程

犹太人出埃及定居迦南后，不时会有外来的入侵者，而且埃及对这片土地拥有名义上的宗主权，但整体来讲，还算平静。但同时，犹太的各个支派因为不同利益的纠纷，互相残杀，这种事情也时有发生。在"士师时代"的后期，由于气候等原因，"海上民族"其中一支腓力斯丁人，首先进入埃及，

但是最终被埃及法老成功击退，于是，这支海上民族的队伍转而进入巴勒斯坦沿岸富饶的平原，他们不费吹灰之力就占领了这里。在沿海站稳脚跟势力巩固之后，开始向内地推进，于是以色列各部落受到极大的威胁。士师意识到只有各个部族统一起来联合抗敌，才有可能打败入侵者，保住自己的领土。先知撒母耳（Samuel）在这其中发挥了重要作用，在他传递神谕的过程中，认识到必须有一个统一的强有力的政府，这个政府由一个使全体族人都顺服的国王领导，才能真正抵御外族的入侵。扫罗是便雅悯支派的领袖，英勇率领民众打败袭击约旦河的一次入侵，于是人们认为扫罗好像是神派来的，赋予他神奇的力量，所以扫罗成为以色列的第一个国王。

镶嵌上精致金饰的约柜顶端有两个小天使。约柜在耶路撒冷被巴比伦人摧毁之前消失，此后再也没有找到。

后来扫罗在抗击腓力斯丁人的战争中死去，在公元前1000年，大卫被选为新的领袖。他联合佣军和其他势力对腓力斯丁人进行决战，腓力斯丁人彻底拜服，威胁永远解除。这一事件对希伯来的历史影响深远，正是由于腓力斯丁人的入侵，才使得原本散沙状态的国家凝聚起来，成为一个坚固不可分开的整体。因为这时候周边的大国埃及和亚述的势力处于衰落的状态，大卫王在这之后发动了对外战争并取得胜利。天时地利，大卫建立了真正的君主制，耶路撒冷被确定为首都，约柜（摩西从上帝耶和华得来的两块十诫石板）也被放在城中。

王国的发展壮大

大卫临终之前，命他最小的儿子所罗门受膏为王。据记载，所罗门是人类智慧的典范，在他统治期间，通过管理方法的革新来达到统治的目的，而不是一味地使用武力。在他的任内，王国处于一种比较平静、人们生活祥和的局面。

所罗门明白迦南（今巴勒斯坦）作为亚非大陆交通要道位置的重要性。大卫在世时期已经成功占领了红海的入海口亚喀巴湾。占有这个港湾和迦南，就意味着扼住了连接三块大陆的喉咙。

所罗门通过和南边的埃及结盟来加强自己的统治，通过埃及的援助，把迦南和近东地区最大的商贸地之一的加沙城纳入自己的统治范围。这样，犹太王国在地中海沿岸有了一个立足点。同时，他对从其领地经过的贸易大通道进行防御工作，使得埃及的亚麻纱布、训练有素的车和战马、黎巴嫩的香柏木材等商品货物更有安全保障。迦南成为东西南北贸易的十字路口，所罗门开始收取这些商队的贡赋，同时也向普通民众征收各种形式的税收，这些经济来源大大促进了犹太王国各个方面的发展。

在边界扩大和经济复兴的基础上，文学在这片

适合滋生繁殖的土壤上开始蓬勃发展，《希伯来圣经》中有些篇目就是这一时期经济昌盛、文化繁华的写照。王国壮大到巅峰时刻是圣殿建立的时期。圣殿建立之后，耶路撒冷不仅成为犹太人的政治首都，也成为宗教生活的首都和联系犹太人感情最厚重的纽带。圣殿的重要作用还在于，它在潜移默化的存在过程中，容纳人们的献祭和宗教活动，增强了犹太人一神教的信仰。

所罗门王时代的犹太人生活已经相对稳定富裕，当时犹太人的烹饪及饮食的餐具有陶锅、青铜罐、木盘、木碟、木匙、铁刀。

古犹太王国的缔造者
大卫

他是一个牧羊人，却用竖琴演奏出悦耳音乐；

他是一个国王，成就不世伟业。

大卫没有亚拉伯罕时代的原始，没有摩西令人敬畏的庄严，没有所罗门的威猛，没有先知以赛亚的深刻思想，但是他却比其他任何犹太先贤更有人情味。他不仅才华横溢，还是一位伟大的国王和勇士，他完成以色列各部的统一大业，建立起历史上第一个统一的以色列王国，他在犹太史上的地位是空前绝后的。

大卫的"功"

大卫王是以色列建国后的第二个国王，也是名望最高的国王，他充满了智慧。《圣经·旧约》里称大卫是"被上帝所羔之人"，即合神心意的人，并曾预言，拯救者弥赛亚也将在大卫子孙中出现。大卫王的事迹成为《圣经》中最为精彩的篇章之一。

大卫生于伯利恒，为牧羊人。战胜腓力斯丁人歌利亚，受扫罗王赏识。后来躲避扫罗王追杀四处流浪，扫罗战死后成为犹太王。在公元前1000年左右建立统一的以色列王国，定都耶路撒冷。

关于大卫王的功过，也是千百年来人们争论的话题。大卫王有着坎坷的命运，从一个牧童，经过无数战争，最终成为王，他的一生有着丰功伟绩，充满了传奇色彩。在与腓力斯丁人的作战中他建立了战功，迈开了走向王权的第一步。还是男孩的大卫杀死了几乎不可能战胜的腓力斯丁人大将歌利亚，腓力斯丁人害怕地逃走了，于是大卫一战成名。这之后大卫成为民族英雄，屡建战功。

由于扫罗的妒忌，大卫不得不面对长期悲苦的逃亡生活。但是他没有背叛自己的国家，只是在邻国获得一点土地作为居处。扫罗王一心要杀死大卫，并且要收复基伊拉城。大卫不计前嫌，两次放过了杀死扫罗的机会。后来，他又凭着他的善良，给予基伊拉城以和平。大卫智勇双全、宽宏大量的人格魅力与扫罗王的残暴形成鲜明对比。百姓受不了扫罗的凶残行径，都归附大卫王而去。大卫王统一了以色列，并在国家治理方面有着不小的作为。虔诚信仰上帝的大卫，让上帝在自己臣民之中无可取代，从而形成了犹太民族坚定统一的信仰，坚不可摧的凝聚力，世世代代的精神核心。

大卫的"过"

大卫王登基后的余生也犯下了很多致命的失误。最典型的事件就是与拔示巴（Bathsheba）通奸。功成名就之后，他就开始沉迷于安乐之中。他派遣将领四处征战，可是自己却在舒适的宫殿中散步。一日黄昏，大卫在王宫散步，看见一名美妇在

一话一说一世一界一

公元前9世纪刻有阿拉姆文（圣经时代的阿拉姆文是叙利亚地区的方言）的石碑碎片，上面提及以色列王和大卫的家族。

沐浴。大卫问旁人这名美妇的名字。

旁人告诉大卫，此妇人乃乌利亚之妻拔示巴。大卫为了满足私欲，不顾及自己的身份，与之同寝。上帝想要惩罚大卫，对他说："我赐予你土地，百姓，财富和权力，你还不知足？我已经把世上最宝贵的东西都给予了你，你为什么还要不顾自己的身份做这种恶事？你用刀剑杀害乌利亚，还娶他的妻子，我要让你的子孙后代与刀剑之事无法远离，我要让别人用刀剑与你作战，我还要当着你的面将你的妻子赐予他人，为了惩罚你偷情之事，我还要当着其他人，让你的妻子与他人同寝。因为给予你这些惩罚是来洗刷你的罪恶，所以你不会死，但是你的孩子必须死，而且你的后代也将不会得到安宁。"之后，拔示巴与大卫的儿子出生不到七天，由于没有接受割礼便夭折了，随后他的另一个儿子强奸了他的女儿（自己的亲妹妹），他还有一个儿子起来篡权，王宫被攻陷，嫔妃被凌辱。最后大卫凭借对耶和华的信任最终平定了叛乱，可是也失去了自己的第三个儿子。后来，所罗门继位，杀掉了大卫想要撺掇王位的儿子亚多尼雅。至此，大卫因为淫乱，失去了自己的四个儿子。

大卫王的功绩是足以盖过他的过失的。毕竟他战功彪炳，壮大了以色列王国，是一位英明的君主，成为被后世崇拜的伟人。回顾大卫王的一生，我们依然可以清晰地看到他身上的闪光点。与此同时，他的过错也警示着他的子民。

拔示巴是《圣经》中的一个重要美女，大卫爱上了美丽的拔示巴，使她成为自己的妻子。大卫成为以色列国王后，拔示巴成为王后，他们的孩子就是著名的所罗门王。

锡安雄狮
所罗门

他的文治武功，被后人美誉为"智慧王"；

晚年亲手打开"魔盒"，统一王国不复存在。

所罗门是以色列统一王国的最后一位国王，所罗门以他独有的智慧，保持了以色列最后的辉煌。所罗门以后，以色列王国一蹶不振，陷入战火与贫困之中。

争夺王位

大卫王在世之时，其第四子亚多尼雅就四处活动宣称自己将来会继承王位。后来他的兄长暗嫩以及押沙龙先后去世，于是他顺理成章地成为王位继承者。不过，大卫的妻子拔示巴（所罗门生母）劝说大卫应该立所罗门（Solomon，公元前960—前930年在位）为王位继承者。于是亚多尼雅惧怕所罗门赶往祭坛，欲破坏祭坛夺取王位。但是，由于他表明自己将有助于所罗门之后，所罗门宽恕了他。后来，亚多尼雅联络拔示巴，希望与大卫的王后亚比煞结婚，所罗门认为他还有觊觎王位之心，最终抓住亚多尼雅将其处死。所罗门为了遵守其父大卫王的临终遗言，将大卫生前的将军约押杀死，罪名是约押于大卫在位期间欲谋杀大卫亲戚押尼珥和亚玛撒。大卫生前任命的大祭司亚比亚也被所罗门王驱逐到外地，罪名是曾支持亚多尼雅同所罗门争夺王位。亚比亚家族是世袭大祭司，前任是以利，是地位非常高的一位先知。起初他只是被限制在都城内活动，但三年后，当其欲到迦特带回以前的仆人时被杀害，罪名是大卫王在位时期，他曾经在大卫的儿子押沙龙叛乱时诅咒过大卫王。

盛极一时

除掉同父异母的亚多尼雅之后，所罗门约在公元前960年登基。他继承了先王大卫留下的广阔土地，其王国疆域北临幼发拉底河，南到亚喀巴湾甚至远到与腓尼基和埃及接壤处。所罗门王比他父亲有更大的野心，同时他比他的父亲更具有智慧与谋略。政治上，他致力于加强国家的统一和治理，在全国设立12个省，建立起各级官职，能够更好地加强各级行政职能，以便于收取赋税，增加中央和地方财政收入。军事上，所罗门王还加强了都城周边的防御设施，包括加固耶路撒冷城墙，城外修建了美吉多、夏琐、基色等6座城防点。此外，所罗门还修建了诸如积货城、车辆库、战马场等军备建筑。时至今日，通过考古发现，在美吉多发掘出所罗门王时期的马场。位于亚喀巴湾北部的以旬迦别（今名埃拉特）也发掘出所罗门时期的冶炼厂遗址。经济上，所罗门王以旬迦别为基地对外发展海上贸易。犹太人的船队穿梭于红海、地

以色列亭纳国家公园有完美的自然奇观，人们将一处柱状岩石峭壁，亲切地称其为所罗门王的支柱（King Solomon's Pillars），以纪念这位伟大的国王。

以色列埃拉特海湾和亚喀巴镇。所罗门加强首都耶路撒冷的防御建设，扩展耶路撒冷城墙，并在耶路撒冷之外建立六座设防城邑。至今在亚喀巴湾北端的以旬迦别（今名埃拉特）发现有所罗门时代的金属冶炼厂的遗址。所罗门时代，以埃拉特港为基地，发展海上贸易，他的贸易船队航行于红海、地中海、远达非洲、印度等地。

中海，甚至到达过非洲和印度地区的港口。建筑上，所罗门王建造了雄伟的圣殿和王宫。他费时 7 年建成了圣殿，完成大卫王生前的未竟事业。这座雄伟的建筑就是历史上大名鼎鼎的"第一圣殿"。

由盛而衰

所罗门在他父亲的基础上扩张疆土，大兴土木，然而，王国边境却动乱四起。东方，米甸和大马士革相继发生叛乱。此时只贪图享受的所罗门王不顾国家的安全与稳定，恣意在王宫与来自各地的后嫔作乐，导致外部的危险远不如王国内部的分裂严重。北部，以色列为首的 10 个支派在各种苛捐杂税压迫下起来反抗，推举耶罗波安为其王，所罗门王派兵前去镇压，但耶罗波安逃亡埃及，躲过一劫。不幸的是，所罗门没能在去世前重新统一王国。公元前 930 年，所罗门王去世，他的儿子罗波安继位，新任国王远没有其父亲的勇武和谋略，叛乱没有扑灭。此后，北方各派推举耶罗波安为王，成立犹太国，统一的犹太王国至此分道扬镳。公元前 721 年，北方的以色列王国被亚述帝国灭亡，公元前 586 年，南方的犹太王国被巴比伦王国灭亡。至此，统一的王国不复存

知识链接：所罗门断案

这是一个展现所罗门智慧的著名故事。两个妓女跑到所罗门面前告状，都说死去的孩子是对方的，而活着的孩子是自己所生。所罗门吩咐拿刀来，说要把孩子劈开，一人分一半。一个妓女见状急忙说："不要杀那个孩子，把他给那个夫人吧。"另一个却赞成把孩子劈开。所罗门听罢，立刻判断出要劈孩子的人肯定不是孩子的母亲，而阻止劈孩子的人才是孩子真正的母亲，于是所罗门将孩子还给了那位妓女。以色列人见所罗门断案如此明察秋毫，都认为他有"神的智慧"。

在，犹太人再次面临的是漫长的流亡生活。

美吉多位居非洲与亚洲之间，是连接两洲军事与贸易路线的要冲。是所罗门王为保卫耶路撒冷设置的 6 座要塞之一。现今美吉多有一座可俯瞰山谷的 21 米山丘，是美吉多城的故址所在。

第 184—185 页：公元前 6 世纪的耶路撒冷

这幅绘画是后人根据史料，描绘公元前 586 年尼布甲尼撒二世攻陷耶路撒冷后的城市情形。城中少有人迹，火焰从犹太教堂中喷出，耶路撒冷将会在大火中毁灭。全城居民全部作为俘虏押往巴比伦为奴隶，史称"巴比伦之囚"，因此在《圣经》里，尼布甲尼撒二世被描绘成"罪恶的工具"。

Quasatana

apd mane

Templū mane

唯留哭墙空悲切
犹太王国的覆灭

当昔日的"圣城"只剩下一垣残壁时，"犹太王国"彻底成为历史名词。

公元前930年，所罗门王去世，犹太人由于内部日益激烈的矛盾和权力斗争动摇了王国的根基，不久王国分裂成两部分。犹太人的12支派中，位于耶路撒冷以北的10个支派，组成北方王国，史称"以色列王国"，定都于撒玛利亚。另外两个支派，则组成南方王国，仍以耶路撒冷为首都，史称"犹太王国"。分裂之后，两个王国时有斗争，导致双方实力都受到影响。在近东这种资源相对紧缺、人口众多、各路统治者都虎视眈眈的地方，没有实力无异于自掘坟墓。

大国阴影下的生存和耶路撒冷的沦陷

亚述帝国扩张势头劲猛，以色列王国因为战

亚述西征。约公元前701年，亚述国王辛那赫里布西征，叙利亚和巴勒斯坦各国国王们闻风而降，只有犹太国王希西家凭借其强大实力和埃及作后援，决意要与亚述周旋到底。就在兵临城下的时候，亚述军内发生瘟疫，于是双方停战议和，犹太国以大量的贡品保全了耶路撒冷。

略失误被一举灭亡。犹太王国因为内部比较统一，实力弱小，在大国角逐中地位显得微不足道，因此，较少受到大国的入侵。但是，亚述帝国实力雄厚，犹太王国实际上成了亚述帝国的附庸。亚述国王西拿基立在公元前701年洗劫犹太军事重镇拉吉什，在意欲入侵耶路撒冷之时，却突然撤兵，进行和谈，耶路撒冷在希西家王的统治下躲过一劫。亚述帝国灭亡之后，新巴比伦帝国又把视线关注到这里，国王尼布甲尼撒二世在公元前586年来到耶路撒冷，犹太国王无力抵抗，遭受灭顶之灾。耶路撒冷连同圣殿都被毁，犹太民族历史上的第一圣殿期就此结束，犹太人的独立历史也就此了结。

巴比伦之囚和流散及其影响

失去家园的犹太人被掳到巴比伦，长达半个世纪过着犹如囚犯一般的生活，因此，历史上把这一时期的犹太人叫作"巴比伦之囚"。他们把在巴比伦的生活当作是上帝的惩罚，而不是一场灾难。像以西结这样的先知们也会去告诫人们，要努力保守自己的信仰。他们随身携带的《律法书》，还有其他文学作品，都起到了滋养心灵的作用。不仅如此，在"巴比伦之囚"后期，犹太人在那儿获得了繁荣发展，人口大增，生活水平也大大提高。但是对回乡的渴望，连同复兴邦国的信念，开始深深扎根，通过和宗教救赎信仰的联系，并逐渐演化为犹

公元前 701 年，亚述人征服了犹太城镇拉吉什。牵着骆驼、带着行李的犹太俘虏走向流放巴比伦之路。

太复国主义思潮的最初形式。这一信念一直存在于犹太人的心中，并随着历史长河的滚滚流淌不断发酵，最终引发了犹太复国主义的高涨和最终现代以色列国的建立。在进行崇拜的时候，所发展出来的进入会堂而不是圣殿举行聚会，以无声言辞的祈祷代替实际物品的献祭，是在巴比伦生活的犹太人的创举。

将近 50 年之后，公元前 538 年，波斯国王居鲁士批准第一批犹太人回耶路撒冷，犹太人开始回乡的大潮。废墟遍野的家园没有阻止这些人的信仰热情，他们开始着手圣殿的重新建设问题。圣殿重建之后，他们的会堂和之前创建的礼拜模式也没有被废除，成为犹太人的传统，融入犹太人的血液之中。

从 135 年到 1948 年，犹太人开始了波澜壮阔的大流散时期。之前在巴比伦时期建立的传统，开始发挥巨大的作用。他们有了一个可以携带的"圣殿"（即任何地点一群人都可以聚在一起进行祈祷、读经等活动）跳出了时间、地点的限制。四海为家的犹太人并没有因时空的距离而淡化稀释自己的信仰和身份认同，无时无刻不在加强着这一意识。

知识链接：大流散

罗马皇帝哈德良（Hadrian）宣布将在耶路撒冷建造罗马神庙，并禁止犹太人居住时，忍无可忍的犹太人只好再次揭竿而起。在大卫家族后裔巴尔·克希巴（Bar-Cocheba）的带领下，他们一度夺回了耶路撒冷。在与强大的罗马军团较量中，犹太起义军在 135 年被彻底剿灭。近百万人被屠杀，上千个村庄被夷为平地，几十万犹太人被卖到各地为奴。为防止犹太人再次反抗，罗马帝国令他们"永远不得进入耶路撒冷城"。为了进一步羞辱犹太人，罗马人还以犹太人历史上最难缠的对手腓力斯丁人的名字来命名他们的家园，从那时起，这一地区以巴勒斯坦（Palestine，即腓力斯丁人的土地）而被人知晓。除了少数人留存，大多数犹太人都彻底告别了家园，拉开了犹太人长达 1800 年流散史（Diaspora）的序幕。

每年的毁城纪念日，昔日"圣城"的残墙下都是一片哀号，那是飘零四散的犹太人在向上帝哭诉着"人间的悲剧"。

哭墙又称西墙，是耶路撒冷旧城古代犹太国第二圣殿护墙的一段，也是第二圣殿护墙的仅存遗址，长约 50 米，高约 18 米，由大石块筑成。犹太教把该墙看作是第一圣地，教徒至该墙须哀哭，以表示对古神庙的哀悼并期待其恢复。千百年来，流落在世界各个角落的犹太人回到圣城耶路撒冷时，便会来到这面石墙前低声祷告，哭诉流亡之苦，所以被称为"哭墙"。

重农兴商

古典时代的经济比史前时代有了较大的发展。

古典时代各个地区的经济受地理环境的影响比较大。有些地区地理环境条件优越，适宜发展农业，常常可以形成人口集中的大国家。有些地区不太适宜开发农业，却有着优良的海港，便于开展对外贸易。

埃及有着得天独厚的地理条件，尼罗河为埃及带来了丰厚的礼物，成为古埃及的经济动脉。希腊的地理条件不太适宜发展农业，天然优良的海港使得他们可以从贸易中获得补充，因而有着较为发达的工商业。古希腊的工商业只是作为农业的补充，还不能取代农业成为最重要的经济基础。腓尼基人的情况与希腊相似，发达的造船业与大量的海港使得他们成了古代世界的商人，掌握着地中海的大部分贸易。他们不仅销售本国所产的货物，还转销他国货物，赚取中间差价，是名副其实的商业民族。

一些强国，向周围的小国、盟国征收赋税，是古典时代的一种常见的经济现象，希腊世界的雅典就是一例。希波战争期间，雅典人组建起了提洛同盟，在战后，雅典依然是提洛同盟的"老大"，它以保护同盟为由，要求它们缴纳赋税。这些赋税并不全用在军事上，很大一部分被雅典用在了国内。

古埃及的经济动脉
尼罗河

任何亲眼看见埃及的人，纵使他在以前从来没有听人提到过埃及，如果他具有一般的理解力，他也一定会立刻知道，希腊人乘船前来的埃及，是埃及人由于河流的馈赠而获得的土地。

——希罗多德

尼罗河从非洲自撒哈拉沙漠发源流向地中海的过程中，冲积出多样的地形，塑造着流经之地的地貌。无论尼罗河如何塑造，古代埃及人都有应对之法，他们因地制宜，发展经济，依靠尼罗河生活。当尼罗河注入地中海时，河道开始变宽、河流分为很多支流。尼罗河与支流交叉点是整个埃及最重要的地点，这一地区成了连接上埃及和下埃及的纽带，古埃及人称这一区域为"两地的平衡点"；统一后，它成了理想的定都之地，因为它地处国家之中，便于控制上下埃及。该地区在长达5000年之久的时间里稳坐埃及首都在世界上绝无仅有。

土地肥沃　农业兴旺

三角洲地势平坦，有许多低洼的土地，绵延到目之所及处，偶尔会有几棵棕榈树出现，像是平原上的雨伞一般。

古埃及是个富庶的国家，但有些商品还是需要进口。这是用东非的象牙雕刻出的汤匙，用来晕化妆的粉末。

尼罗河三角洲是由尼罗河干流进入埃及北部后在开罗附近散开汇入地中海形成的。它以开罗为顶点，西至亚历山大港，东到塞德港，海岸线绵延230公里，面积约2.4万平方公里，是世界上最大的三角洲之一。

危险的淤泥和众多小水道使得跨国旅行分外艰难，但三角洲却提供了丰腴的牧草地，也为农作物种植提供了肥沃的土地。缺点是它地处陆地边缘，每年都有河水泛滥或来自地中海倒灌的危险。尼罗河冲出堤岸，淹没土地，沉淀下厚厚一层沃土，因此，要等到这些淤泥晾到适合农作物播种的时节才开始农业的生产。农民开垦土地，播种各种农作物，包括大麦、小麦、亚麻（织布用）、纸莎草（造纸）、品类繁多的水果和蔬菜。古王国时期形成了国有即法老所有土地、神庙集体土地和私有土地三种格局和层次的土地制度，到了新王国时期，格局基本保持，只是在私有土地层面，随着经济的发

壁画呈现的是商人带着在尼罗河三角洲所猎取的野禽及自己酿的酒到市场途中的情景。

展，更加繁荣，中下层居民占有的土地增多。

河道便利　商业兴隆

古代的阿布即为今天的象岛，位于尼罗河中部，以贩卖象牙而著名，是埃及南部的边界标志，是一个易于防守的地点，监视并控制着南部更远地区的水路运输。由于具有得天独厚的地理位置，这个地方的商贸在很早就得以发展。阿布北面的尼罗河谷最为狭窄，尼罗河流经努比亚时带来的坚硬砂石，在这里形成了峭壁。这里的农业条件不好，一些地方土地距河床不足几百米宽，因而这个区域从来都不能养活太多人口。古代埃及人很快也发现了这里有其独到的优越性，从尼罗河枯水季节，两岸的滩涂变得干爽，可以发现一些诸如宝石、铜、金此类极其珍贵的原材料。这些因素弥补了农业土地的相对缺乏，并使得南部尼罗河谷成为一个重要的经济中心，进而上升到政治中心。

尼罗河谷在地理上的重要转折发生在盖贝尔·希西拉，在阿布北边40英里处，埃及相对柔软一些的石灰石取代了努比亚坚硬的砂石。高耸的砂石峭壁延展到水边，这些峭壁为一些大的砂石建筑提供了一个比较容易到达的采石场，也为法老文

知识链接：耕作制度

古埃及人遵循着严格的耕作制度。按照尼罗河涨落时间，埃及人将耕作分为三季：泛滥季（7—10月），耕作季（10—3月），收获季（3—7月）。

在洪水泛滥的季节，农民待在家里，享受其乐融融的家庭生活，并趁此时机修整工具，以备耕种之需。10月水位开始下降，人们开始抓紧时间耕种。播种完成后，冬季已经过了一半。地中海温暖湿润的气候特别利于种子发芽，此时孩子们被派到地里驱赶偷吃的小鸟，大人们则检查土堤，清理排水沟。3月收获的季节到来。人们用镰刀将庄稼割下，让驴子驮到打谷场。

明后期的重大建筑工程提供了材料。对这一地区的民众而言，这也是极其重要的谋生之道。

尼罗河进入大"奎那弯道"，朝东蔓延，使得它比其他河道更接近红海，在整个法老时代，埃及人从红海海岸发出他们的贸易远征队伍，去到遥远地区。在托勒密和罗马时期，红海提供了海上到达印度的最快通道，奎那弯道东边的沙漠是商业和军事活动热闹忙碌的场所。

壁画呈现的是一位古埃及财政官员正在秤金戒指的重量，由于度量精确，颇使人信赖。

农业还是工商业？
古希腊的经济基础

我们在赫拉格勒柱和帕西河之间，生活于海滨一隅之地，好像蚂蚁和蛙类生活于池畔。

——柏拉图

表面上看，古希腊各城邦都十分重视商业，地中海上的商船穿梭，城邦之间的战争往往因商业而起，但是，现代历史学家的研究表明，虽然有些古希腊城邦的商业贸易比较发达，古希腊的经济基础仍然是农业，只是农业经济在城邦生活中的重要程度有所差异，斯巴达和雅典是两种不同类型农业城邦的典范。

希腊的自然地理环境

古希腊人主要生活在今天巴尔干半岛上，爱琴海上的岛屿、黑海沿岸、小亚细亚、西西里、意大利半岛南部等地中海广泛沿岸地区分布着大量希腊人的殖民地和贸易据点。希腊属于地中海气候，夏季炎热干燥，冬季温和多雨，导致农作物生长季节和降雨季节无法配合，再加上希腊火山、地震等自

科林斯海湾。希腊位于欧洲东南部巴尔干半岛南端，包括附近许多岛屿（希腊群岛由 1500 多个岛屿组成），海岸线长，多河流，河流湍急，且境内多山，故该地区缺少开阔平原，是人类生存发展的自然局限，但这推动了古希腊人向大海索取财富和航海贸易及殖民的开展。

算盘是最早的计算器，从埃及传到希腊，在希腊得到更广泛的应用。

然灾害频繁，巴尔干半岛为多山地区，土壤贫瘠，可供耕作的农作物较少。因此，当古风时代末期希腊人口增长的速度超过了土地承受能力，他们被迫在地中海世界掀起了一场大规模的殖民贸易活动。巴尔干半岛上有众多的港口，有利于商业贸易，因此，到古典时代，希腊的商业贸易活动遍布整个地中海世界，希腊人在商业贸易方面有着得天独厚的条件。

重农抑商的斯巴达

斯巴达是典型的农业型城邦。虽然斯巴达所在的拉科尼亚土壤肥沃，是希腊为数不多的适宜农业生产的地区，但是斯巴达公民并不从事农业生产，他们一心扑在军营里。大约在公元前830年左右，斯巴达传说中的国王来库古推行改革，其中一项重要内容是将全国土地划分为9000份，每个斯巴达公民从城邦那里领取一块份地。斯巴达公民领到的份地交给国有奴隶黑劳士耕种，并收取收成的六分之五。所有斯巴达公民只负责当兵打仗，一生绝大

知识链接：伯里克利对希腊经济发展的推动

从公元前443年到公元前429年，伯里克利担任雅典首席将军，在其当政的15年里，雅典民主政治达到顶峰时期，被称为雅典的"黄金时代"。伯里克利当政时代，大力推动工商业的发展。提洛同盟建立后，雅典称为同盟的领袖，伯里克利利用同盟海军，使猖獗一时的海盗活动受到严重抑制，使雅典和希腊商船在地中海畅通无阻。他又迫使同盟统一使用雅典的银币和度量衡制度，和同盟城邦建立相同的贸易政策，如他当政时期通过三项针对麦加拉的法令，将麦加拉人从雅典、雅典殖民地和雅典同盟城邦的市场上驱逐出去。因此，麦加拉的贸易发展受到严重的限制，麦加拉人对此怨声载道，伯罗奔尼撒战争爆发前夕，麦加拉的使者在斯巴达大倒苦水，雅典颁布的麦加拉法令可能是这场战争爆发的一个重要原因。

比雷埃夫斯港在伯利克利当政时期，比雷埃夫斯港成为当时希腊世界最大的贸易中转站。伯里克利邀请了米利都的建筑家希波达摩斯对该海港进行整体规划和设计。在伯里克利推动下，雅典与地中海广泛地区都建立了商业联系，雅典的橄榄油、冶金、造船、建筑等与商业有关的行业都得到了迅速发展。伯里克利对雅典乃至希腊经济的发展都有巨大的推动作用。

多数的时间都生活在军营里。此外，来库古还限制工商业的发展，发行的是一种经醋浸泡过的铁质货币，不容易保存，也比较笨重，限制了流通。从事商业活动的主要是生活在斯巴达周边的边民，他们在斯巴达的社会地位介于公民和奴隶之间，没有公民权，也不得随意迁往他处。所有斯巴达公民都在

提洛岛的狮子雕塑。提洛岛是爱琴海上的一个岛屿，以"提洛同盟"使提洛岛闻名天下。公元前 478 年，雅典组织中希腊、爱琴诸岛和小亚细亚的一些城邦形成新的同盟，同盟金库设在提洛岛，故名"提洛同盟"。

公共食堂就餐，因此，斯巴达的工商业发展受到严重的限制。斯巴达虽然农业不是很发达，但是相对来说，工商业的发展更加滞后，斯巴达的经济基础仍然是农业。

商农并重的雅典

古希腊城邦之间以及与殖民地之间的贸易较为密切。希腊城邦都发行自己的货币，是以银币的重量为依据。种类繁多的硬币使兑换变得复杂。

与斯巴达相比，雅典工商业的发展比较突出。从梭伦改革开始，雅典一直都比较重视工商业的发展。梭伦改革的一项重要内容是鼓励工商业的发展，梭伦鼓励雅典的橄榄油出口，推行货币和度量衡改革。同时，提倡公民学习手工业技术，如果父母没能教会儿子一技之长，他们以后可以拒绝赡养父母。还吸引其他城邦有一技之长的工匠迁居雅典，给予他们公民权。梭伦改革的另一项重要内容是按照财产收入重新划分社会等级，这样，比较富有

陶器是古希腊城邦之间或与外国进行互换贸易的一种商品。公元前700—前600年的水壶，具有浓厚的"东方"风格，这是因为深受东方进口物的影响。

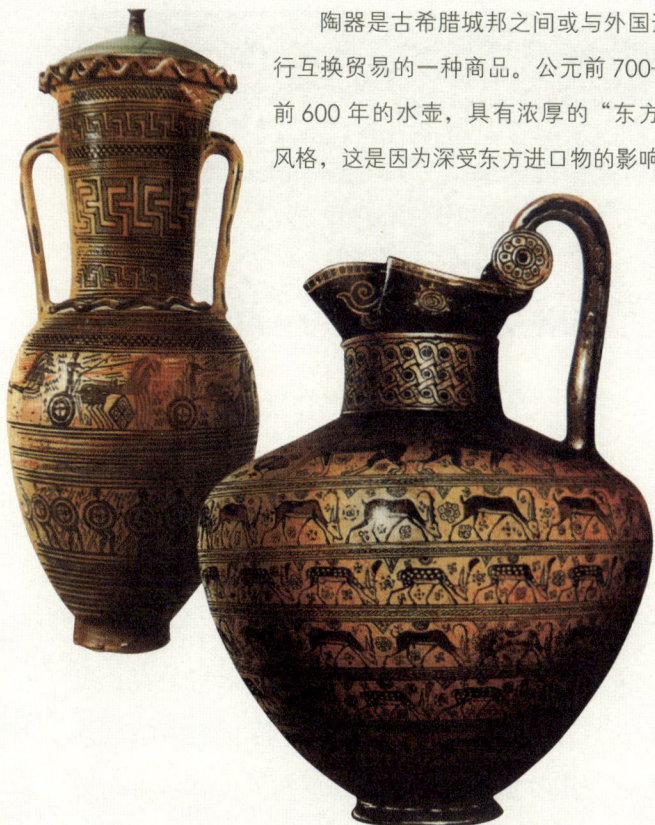

知识链接：梭伦颁布解负令

公元前594年，梭伦在雅典推行改革，改革的第一项内容是颁布解负令。改革前，大量雅典农民以自己和家人的人身为抵押向贵族借贷，若不能按时偿还债务，就要替贵族耕种土地，因为收成的六分之五都要上交，自己只保留六分之一，从而获得了"六一汉"的称号。若一年后仍然不能还清债务，则债主有权将他和家人变卖为奴。因此，雅典农民的生活非常艰苦，他们的人身自由受到威胁。雅典的军队主要是由农民组成的重装步兵，因此，债务奴役制的存在威胁到了城邦公民兵制。所以，梭伦担任首席执政官后推行的第一项改革就是颁布解负令。规定今后禁止以人身作为抵押进行借贷，那些被变卖为奴的农民立刻恢复自由身，已经被卖到国外的，由城邦负责出钱赎回。同时规定个人占有土地的最高限额，还颁布了"遗嘱法"，规定无子女者有权按照自己的意愿处理其遗产。通过解负令与相关的遗嘱法和土地法，梭伦有效地减轻了农民的负担，保障了城邦的公民兵供应，贵族的权利虽然有所损失，但他们仍然能够接受，从而缓和了雅典贵族与平民之间的矛盾，具有重要的意义。

的工商业阶层得以和贵族分享部分的特权，这从侧面鼓励雅典人经商致富，从而提高自己的社会地位。梭伦改革失败后，庇西特拉图建立僭主政治，继承了梭伦鼓励工商业发展的政策，他也鼓励农民种植橄榄树，并建造大批商船和舰队，保护雅典的海外贸易。后来，地米斯托克利和伯里克利当政时期，发动过与科林斯、麦加拉、厄基拉的战争，以战争的方式与他们展开贸易竞争，保护他们在海外的贸易事业。到古典时代，雅典的贸易市场遍布整个地中海地区，雅典成为当时东西方重要的贸易中转站。比雷埃夫斯海港里停靠着各地的商船，不同地区的产品都能见到。因此，相对斯巴达而言，雅典的工商业比较发达。

但是，即使到了古典时代，雅典城邦的经济基础仍然是农业。雅典30个乡村部落中的绝大多数都是农业部落，土地贵族一般生活在乡村地区。他们掌握着城邦的政权，绝大多数雅典公民都以农业

生产为谋生手段。对外贸易中，农产品占很大的比例，埃及和黑海地区是雅典重要的粮食供应地。虽然雅典的奴隶也用于挖矿和其他工商业活动，但是主要还是用于雅典的农业生产上。因此，即使是伯里克利当政的雅典民主政治的黄金时代，雅典工商业的发展仍然有限，从事工商业的公民在雅典社会上并没有多大的地位，至少不是光荣的。总而言之，相对斯巴达而言，雅典的工商业虽然发达，但是农业仍然是雅典的基础经济。

游弋古代世界的商人
腓尼基人

他们是敢于冒险的航海家，
他们是技艺精湛的工匠，
他们是成功的商业民族，
他们在人类历史上首先发明了字母。

腓尼基人（Phoenician）是一个古老民族，是西北闪米特人的一支。他们生活在地中海东岸，相当于今天的黎巴嫩和叙利亚沿海一带。"腓尼基"原是紫红色的意思，起源于这个地方出产的一种紫红色染料。腓尼基并不是一个统一的国家，它地域不广，常常处于异族的统治之下，但对世界文明的影响和贡献甚大。

地中海的马车夫

腓尼基人不仅拥有灿烂的文化，创造了腓尼基字母，还善于航海与经商。在公元前10—前8世纪是腓尼基的全盛时期，它控制了大量地中海区域的贸易。腓尼基人在地中海东岸被称作"腓尼基海岸"的土地上，建立了许多繁荣的

迦南人穿着染色鲜艳的束腰外衣，是公元前12世纪埃及的镶嵌作品。外衣的颜料极大可能是腓尼基人发明的"紫红"或"皇家紫"，这种染料价值比等重量的金子更高。

工商业城市。在古代希腊罗马作家的描写中，腓尼基最大的城市推罗（相当于今天黎巴嫩的苏尔）相当富庶："街上积银如土，堆金如沙。"

腓尼基商业的兴起有其特定的地理优势和时代背景。由于背靠高耸的黎巴嫩山，没有发展农业的条件，腓尼基人只能向浩瀚的大海求得生存，发展了手工业和商业。腓尼基的手工业有着悠久的历史，其中颇负盛名的是腓尼基人以其特有的紫红色染料染色的纺织业。腓尼基人对他们使用的原料和工艺严守秘密，以保持垄断。据说，他们让奴隶潜入海里采取海蚌，从中提取鲜艳而牢固的颜料，然后用紫红色染成花色的布匹运销地中海各国。腓尼基的玻璃制造业、金属加工业、木器加工业、陶瓷制造业、象牙雕刻等也很著名。腓尼基商业的发达，还得益于他们先进的造船和航海事业。他们不仅充分利用了自己众多的优良港湾，与埃及、两河流域以及叙利亚的埃勃拉国建立了广泛的联系，同时依托强大的造船业，制造出"投石战船""弩炮战船"，在将其用于大规模的侵略活动的同时，还用于商业贸易。他们驾驶着狭长的船只踏遍地中海每个角落。为了从事商业贸易，腓尼基人还开辟了进出直布罗陀海峡的航线。

海上商品流动站

腓尼基商人不仅贩卖自己的产品，如精

所罗门视腓尼基人为伟大的水手及工匠，他与腓尼基国王希兰一世结盟，并邀请腓尼基人协助建造圣殿。

知识链接：腓尼基字母

约在公元前1000年，腓尼基人开始使用腓尼基字母作为其文字符号。腓尼基字母摆脱了楔形文字那样的象形表述，是一种更为抽象的文字。腓尼基人擅长工商业和航海，在地中海沿岸建立了许多殖民城邦，因此，腓尼基字母也对其他文明产生了广泛影响。后来得到广泛使用的希伯来字母、希腊字母、拉丁字母甚至阿拉伯字母都可追溯至腓尼基字母。因此，人们也将其称之为"字母之母"。腓尼基字母是腓尼基人对人类社会最伟大的贡献。

美纺织品、玻璃花瓶、珠宝饰物、金属器皿以及武器等等，还以中间商的身份转售各个地方的特产，以此谋得丰厚利润，他们转卖的货物包括远东和印度的谷物、酒类、纺织品、地毯和宝石，黑海沿岸的铅、黄金和铁，塞浦路斯的铜、柏树和玉米，以及希腊的各种工艺品。此外，西西里岛的酒和油，巴利阿里群岛的酒和科西嘉的蜡，从非洲内地带回的象牙和奴隶，从西班牙带回的金银，还有来自不列颠的锡，所有这些都汇集到腓尼基人的手中，然后再经过他们的手卖出去。据希罗多德的记载，腓尼基人曾经还与西非的黑人进行商品交易。他的著作中如此记载：腓尼基人在海滩上卸下货物后，返回船上，升起一缕黑烟作为信

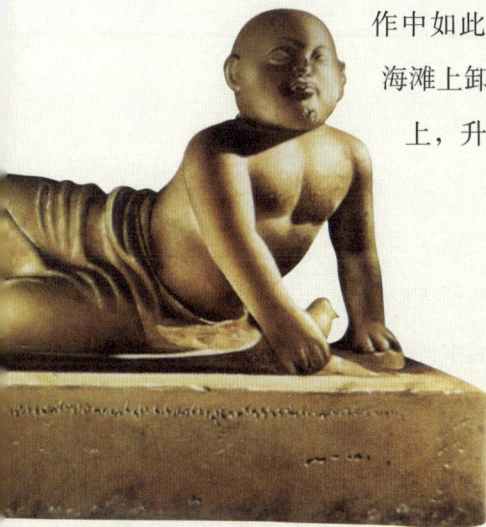

公元前4世纪，腓尼基西顿城邦的小型大理石儿童雕像。根据学者分析，腓尼基人可能会将年轻人献祭给神灵。

意大利萨丁尼亚岛的一块石碑上刻有腓尼基字母文字，约属于公元前800年。

号，黑人看到后，来到海滩上，在货物旁边放上一些金子，然后躲进树林。腓尼基人上岸，见到金子数量满意，就收起金子离开，不满意就回到船上等，直到黑人增加的金子让他们满意为止。

凭借发达的商业所积累的财富，腓尼基人在地中海沿岸建立了许多殖民地和贸易据点，有些地方后来发展成了著名的商业城市，如今天法国的马赛。有些城市在当年是雄霸一方的国家，如北非的迦太基。在腓尼基城邦的全盛期，腓尼基人几乎控制了环绕地中海沿岸的全部贸易，令罗马人都十分羡慕。

雅典帝国的"税赋"
提洛同盟
贡金

本是城邦共同对敌的盟约，
成就了雅典的霸主地位；
本是同盟的基金，
成了雅典的小金库。

提洛同盟成员在 150—173 个之间，由雅典领导。在第二次波斯入侵希腊的最后阶段，希腊在普拉提亚战役中获得胜利后，为了继续对抗波斯帝国而成立此同盟。

共御外侮的同盟

公元前 480 年，波斯国王薛西斯率领一支庞大的军队从陆上和海上进攻希腊。薛西斯首先征服了希腊北部的大部分城邦，接着便直接挥师南下。在温泉关附近打败由斯巴达国王列奥尼达率领的 300

提洛岛古剧场。提洛岛在爱琴海古代历史上一度是宗教、政治和商业中心，目前是几乎无人居住的荒岛。岛上遍布起伏不平的花岗岩山地。提洛岛是考古学家的天堂，希腊和罗马风格的遗址遍及大部分地区，面积十分广阔，这使提洛岛足以与德尔斐和奥林匹亚媲美。由于岛上丰富的考古资源，1990 年被联合国教科文组织列为世界文化遗产。

名斯巴达勇士和 1000 名同盟军后，又进攻阿提卡，攻下雅典。雅典人在将军地米斯托克利的建议下，将老弱病残转移到海岛上，并在萨拉米斯海湾率领希腊海军和波斯海军展开了一场大规模的海湾战争，结果波斯惨败。薛西斯丢下军队，独自回到亚洲。希腊人决定乘此机会，建立一支海军同盟，将波斯人赶出希腊，并打算侵略波斯，向波斯复仇。

公元前 478 年，雅典号召小亚细亚、爱琴海诸岛和中部希腊的城邦，建立了他们的海军同盟，因为同盟金库设置在提洛岛上，遂将同盟称为"提洛同盟"，后来参加同盟的城邦增加到 200 个左右。同盟的最高机构是由各成员国代表组成的同盟大会，同盟事务由同盟大会协商决定，所有成员城邦都是平等的。同盟还规定了哪些城邦应该提供战舰和水手，哪些城邦可以通过缴纳贡款的方式，委托雅典打造战舰和提供水手。

雅典的额外之财

刚建立同盟的时候，有城邦主张由斯巴达担任同盟的领袖，但斯巴达人认为他们的精力应该放在伯罗奔尼撒半岛和希腊大陆，放弃了领导权。雅典海军在萨拉米斯海战中的出色表现和他们拥有当时最强大的海军，最后获得了提洛同盟的领导权。

从公元前 5 世纪 60 年代开始，提洛同盟逐渐变成雅典扩大势力和与斯巴达争夺希腊世界霸

一话一说一世一界一

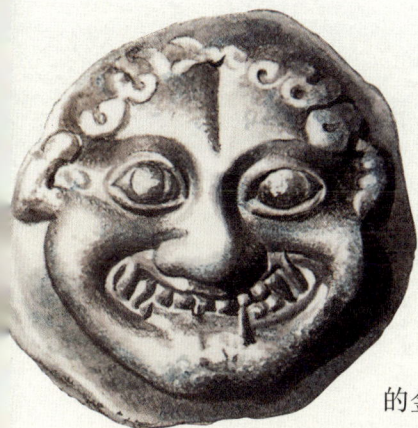

古雅典的硬币。今天来提洛岛的各地游人会在货币兑换摊上购买它们以作为纪念。

主地位的工具。公元前454年，雅典将同盟的金库从提洛岛迁至雅典。

同盟大会也由雅典把持，借此干预其他同盟城邦的内政，如扶持同盟城邦建立雅典式的民主政体，同盟城邦的重大案件也移交给雅典专门的陪审团审理，同盟城邦缴纳费用一律采用雅典的阿提卡铸币。对于那些不服从雅典统治，或打算退出同盟的城邦，则严厉打压。

提洛同盟为雅典提供了大量的"赋税"收入。一开始，那些无法提供战舰和水手的同盟城邦就通过缴纳贡金的方式委托雅典办理。后来这种方法逐渐制度化，所有的同盟城邦都不提供战舰和水手，他们只需缴纳一定的贡金，由雅典提供海军，维护同盟的利益。因为同盟城邦大小有别，所以每个城邦缴纳的贡款数额也有差别。提洛同盟成立之初，规定贡金的总额大约是460塔兰特（塔兰特是古希腊的货币单位，当时1塔兰特足以维持一个五口之家50年的日常生活开销），贡金的数量每四年在泛雅典娜节日上修改一次。伯罗奔尼撒战争爆发后，雅典的军费开销大增，同盟城邦缴纳的贡金总数也大幅上涨。

雅典通过向其他同盟城邦提供保护迫使他们缴纳贡金，以及代为审理重大案件缴纳诉讼费等方式，获得了大量的收入，同盟金库从提洛岛搬到雅典后，更成为雅典城邦的金库。

伯里克利担任雅典首席将军期间，雅典的文化和建筑事业得到迅速的发展，成为当时希腊世界最为繁荣的城邦，其统治时期的雅典民主政治进入黄

一话一说一世一界

知识链接：伯里克利的"提款机"

伯里克利担任雅典将军期间，从同盟金库中挪用了大量的资金，用于雅典城邦的公共建设，以及发展戏剧等事业。如希波战争中被波斯人毁掉的帕特农神庙重建，就是由伯里克利负责，菲狄亚斯领导完成的，其部分资金可能就是来自于同盟金库。与他的政敌客蒙相比，伯里克利没有足够的金钱笼络雅典公民，于是伯里克利提议通过了一条法令，凡是前往剧院观看表演的雅典公民，都有两个奥波尔的津贴，这笔开销可能部分来自提洛同盟成员缴纳的贡金。

金时代，这与提洛同盟缴纳的贡金私自使用有密切的关系。公元前404年，伯罗奔尼撒战争以雅典与提洛同盟的失败结束，根据雅典和斯巴达的和约，提洛同盟被迫解散。

伊瑞克提翁神庙是雅典卫城的著名建筑之一，本为放置八圣徒遗骨的石殿，传说这里是雅典娜女神和海神波塞冬为争做雅典保护神而斗智的地方。伯里克利在建造这座神庙时，应该没少拿提洛同盟的钱。

千面英雄

文字的出现是人类文明史上的大事件，是记载灿烂历史的载体。人们开始用文字来记录那些震撼人心的丰功伟绩，于是就产生了文学和史学。文学和史学都与生产有关，一开始可能是作为记录生产的手段。后来，夹杂着人们的记忆与想象的神话，就成了最早的文学，有了充满着传奇与悲壮的史诗。

由于最早掌握文字的通常是贵族，所以最早的文学和史学一般记载和反映的都是有关贵族阶层的内容，他们最感兴趣的是那些热血的战争，丰厚的战利品，动人的爱情。平民阶层对文史也作出了卓越的贡献，他们用文字来表达自己的诉求，控诉横征暴敛的赋税、残暴苛刻的统治者，讲述自己小小的理想、凄惨的身世、悲惨的命运、世俗的成就、日常的得失，等等。

文学和史学的出现，为后人研究当时的社会提供了丰富的材料。依托于这些材料，我们才建构起了迷人的古代文明。

人类最古老的英雄史诗
《吉尔伽美什史诗》

他冲去身上的污秽，磨了磨武器，把头发甩披在脊背；

他扔掉肮脏的什物，用斗篷遮身，把腰带紧系。

吉尔伽美什戴上冠冕，他的英姿竟使大女神伊什妲尔顿萌情意。

——《吉尔伽美什史诗》

美索不达米亚平原是孕育英雄的地方，更是文学与诗歌的兴盛之地，《吉尔伽美什史诗》便诞生于此。它不仅是一部英雄的史诗，更是一部艺术的宝库。它历经几千年流传至今，依然散发出美的旋律。

化敌为友

《吉尔伽美什史诗》是目前世界上最古老的英雄史诗，早在 4000 多年前就已在苏美尔人中流传。约在公元前 2150—前 2000 年，苏美尔人用楔形文字将这部诗歌刻在 12 块泥板上。此后经过千百年的加工提炼，终于在古巴比伦王国时期即公元前 19 世纪—前 16 世纪以文字形式流传至今。该史诗围绕美索不达米亚地区乌鲁克国王吉尔伽美什（Gilgamesh）和恩奇都（Enkidu）之间的友谊故事展开，主要赞颂了人们心中的英雄人物吉尔伽美什。

吉尔伽美什是乌鲁克国王，即位伊始作恶多端，暴虐无度。他凭借权势，强男霸女，强迫城中居民构筑城墙，修建庙宇，害得人民苦不堪言。民众无奈之下，求助于天上诸神。天神得知后，创造了吉尔伽美什的敌人——半人半兽的勇士恩奇都。恩奇都非常善良，经常从猎人的捕猎器中放走一些小动物。当他得知吉尔伽美什的暴行后，决定与其决战。吉尔伽美什和恩奇都两人都使出全身本领，许久不见胜负。最后他们开始相互敬佩，英雄相惜，他们表示共享王位，决心平等地治理国家，做了很多有利于民众的事情。有一次，吉尔伽美什决定为民除害，杀死森林魔怪洪巴巴，救出女神伊什妲尔。由于对方力量强大，吉尔伽美什屡遭失败。恩奇都知道后，与吉尔伽美什同心协力，终于联手杀死了洪巴巴。

吉尔伽美什石像。虽然缺乏直接的证据，但大部分学者认为吉尔伽美什是真实存在的，通过出土的刻文确认了一些与他相关的人在历史上曾经出现。像所有其他的英雄史诗一样，吉尔伽美什被赋予了神奇浪漫的色彩。

由爱生恨

恩奇都和吉尔伽美什为民除害，获得了人民的热爱。女神伊什妲尔为吉尔伽美什的魅力所倾倒，向他求爱，轻声说道："过来吧，做我的丈夫吧，如果你能接受我的爱情，我将让你拥有无尽的财富和

《吉尔伽美什史诗》插图中描绘的是智者乌特纳比西丁在告诉英雄吉尔伽美什永生的秘密：必须食用一株生长在海底的神奇植物。正当吉尔伽美什找到这株植物并伸手摘取的时候，一条蛇爬了过来，抢走了这株植物。由此，蛇得知了长生的秘密，而吉尔伽美什只能面对必须死亡的现实。

权力。"吉尔伽美什不为金钱和权力的利诱拒绝了伊什妲尔，因为他认为伊什妲尔处处留情，水性杨花，不善待自己的爱人。伊什妲尔被拒绝后心里充满了愤怒，让天牛下凡给她报仇。天牛不仅未能如女神之愿，还被吉尔伽美什和恩奇都两人所杀。最后，女神求助其父亲天神。天神让恩奇都得了疾病，不久恩奇都死去。挚友的去世让吉尔伽美什非常痛心，他抱着恩奇都的尸体哭了七天七夜，一直到尸体开始腐烂才松手。吉尔伽美什为恩奇都举行了国葬。

求仙问道

恩奇都的死让吉尔伽美什感到死亡的恐惧，于是他开始寻求永生的方法。吉尔伽美什决定寻找人类的始祖乌特纳比西丁（Utnapishtim）探寻长生的秘密。经过艰难跋涉，他终于找到乌特纳比西丁。乌特纳比西丁并未直接解答生与死的疑问，而是讲述了自己经历洪水之灾后得到神仙帮助而获得永生的事情，建议吉尔伽美什六天七夜不睡觉，直至修炼成功。但遗憾的是，吉尔伽美什修炼失败了。乌

特纳比西丁最终被吉尔伽美什的真诚和意志所感动，将获得永生仙草的办法告诉了他。吉尔伽美什在海底找到了永生之草，准备带回乌鲁克城，造福居民，但不幸被蛇偷吃。吉尔伽美什两手空空地回到了乌鲁克，见庙即入，见神就拜，唯一的请求就是让恩齐都生还片刻。神被他的虔诚感动了，就让恩奇都的灵魂复活了，两个好朋友终于又在一起畅谈，他们谈起了生，也谈到了死……全诗以吉尔伽美什与恩奇都的灵感对话而结束。

原始社会末期，部落首领产生，他们自认为勇敢无敌，在城邦内专横独断，为人民所厌恶，史诗中吉尔伽美什一开始在乌鲁克城的残暴统治，就是真实写照。但吉尔伽美什最后成为伟大的英雄，则表达了人们对英雄的崇拜，并希望拥有勇敢善良的国王。

泥板《吉尔伽美什史诗》，这是一个最新发现的《吉尔伽美什史诗》部分碎片。泥板楔形文字的历史可以追溯到古巴比伦时期。

英雄颂歌
《荷马史诗》

荷马时代是一个神人杂糅的时代，荷马时代是一个崇尚英雄的时代，在古老的图腾里，镌刻着阿喀琉斯、赫克托耳和伊萨卡国王奥德修斯的光辉业绩，同时锻造了希腊最早的史诗。

古希腊盲诗人荷马。相传为古希腊史诗《伊利亚特》与《奥德赛》的作者，这两部史诗因而也被称为《荷马史诗》。《荷马史诗》对西方的宗教、文化和伦理观产生了重要影响。

希腊上古时期是史诗的时代，希腊最早的史诗《荷马史诗》就产生在这个时期，它包括《伊利亚特》和《奥德赛》两部分。相传，这部史诗为当时盲诗人荷马所作。瑰丽的场景，英雄的传说，给我们留下了人类最初的回忆。

荷马其人

荷马（Homer，约公元前9—前8世纪）是古希腊的盲诗人，《荷马史诗》被认为是他的最大贡献。然而后世对于他的具体信息了解得十分有限，单是关于他的出生地就有希俄斯岛、雅典、希腊北部等十几种说法，甚至关于他的名字也众说纷纭。柏拉图和亚里士多德等都认为荷马是《荷马史诗》的作者，但也有人认为"荷马"并无其人，它并不是一个具体的人名，而是一个专有名词，因为"荷

马"在古希腊语中有"组合起来"之意，即指代将众多散落的诗篇集合在一起。这些都只是猜测，我们并不能得到一个确切的答案。这里我们姑且沿用承认他存在的传说来理解他的相关创作。

相传荷马整理、记述了公元前12—前11世纪发生的特洛伊战争，并将当时民间流传的短歌汇编起来，成为《荷马史诗》，他因此被奉为欧洲四大史诗诗人之首（另三人为维吉尔、但丁、米尔顿）。此外，还有人认为一些古诗以及一篇留存下来的诗作《蛙鼠之战》是出自荷马之手，但这些都没有确切的证据。

学术地位和价值

《荷马史诗》是西方文学的鼻祖，在西方古典文学史上享有盛誉。《荷马史诗》并不是荷马的原

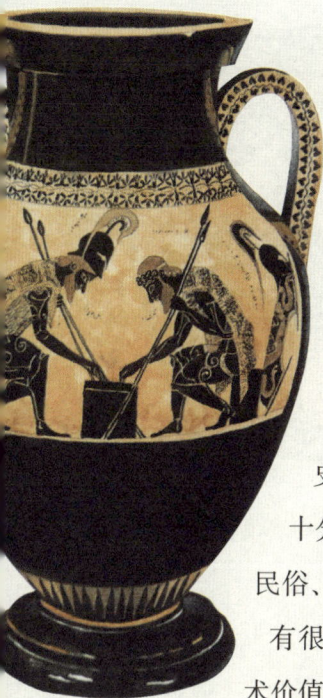

7世纪的黑色人像瓶。描绘特洛伊战争中对手阿喀琉斯和阿伽门农这两位传说人物正在下棋。

海伦和墨涅拉俄斯。海伦是希腊的绝世佳人，美艳无比，嫁给斯巴达国王墨涅拉俄斯为妻。后来，特洛伊王子帕里斯奉命出使希腊，在斯巴达国王那里做客，趁着墨涅拉俄斯外出之际，诱走海伦。画中墨涅拉俄斯想袭击海伦，但被她的美貌迷住了，他放下他的剑。一只飞行的爱神和阿芙洛狄忒（在左边）观看。

创作品，是他对当时古希腊游吟诗人作品的集合，也是古希腊从氏族社会过渡到奴隶制时期的一个大部头社会史和风俗史的集合。《荷马史诗》的内容十分丰富，无论从艺术技巧，还是民俗、历史、地理等方面来考察，都有很多值得研究的内容，艺术和学术价值都很高。

"传说"是古希腊上古时期的历史得以流传的主要途径，这些传说被加工成史诗流传开来。它们并不是规范的历史著作，但保留了许多珍贵的历史事实。古希腊史学创作也萌芽于此，不少吟游诗人、说唱艺人都从著名的特洛伊战争中取材创作，并在这些战争素材中融入神的故事，给战争中的英雄人物增添了神话色彩。经过荷马的整理，这些史诗逐渐形成一个宏大的战争传说，并在公元前6世纪左右以文字的形式记载下来。到公元前3世纪左右，经过其他学者的编订，将其分卷，最终成型。

《荷马史诗》包括《伊利亚特》和《奥德赛》两部史诗，它们各包括24卷，前者有15693行，后者有12110行。前者的主题围绕特洛伊战争中，阿喀琉斯和阿伽门农之间的争端展开；后者的主题是在特洛伊沦陷之后，奥德修斯历经千辛万苦返回

希腊花瓶上的绘饰，描述了特洛伊皇宫最后被攻击的经过。

自己的王国与妻了团聚的故事。两部史诗都有生动的情节，凝练的语言，严谨的逻辑。它是古希腊在公元前11—前9世纪的迈锡尼文明时期留存下来唯一可供参考的文字史料。

《伊利亚特》叙述了阿开亚人的联军攻陷特洛伊的故事。它从联军的统领阿伽门农和猛将阿喀琉斯的争吵切入展开论述，集中描写了战争最后几十天里发生的种种事情。特洛伊城坚守了10年未被攻破，联军中的矛盾逐渐积聚。阿喀琉斯怨恨阿伽门农抢走了他漂亮的女战俘，拒绝再为其出兵征战，一时间联军内部出现涣散状态。后来阿喀琉斯的好友和爱人在战场上牺牲，他为了给他们复仇重回战场，在和特洛伊王子赫克托尔决斗中，王子英勇战死。故事的结尾，特洛伊国王普里阿摩斯哀痛地求回王子的尸体为他举行葬礼。

《奥德赛》叙述了伊萨卡国王奥德修斯在攻陷特洛伊之后风雨回国路，他历经10年磨难才回国，史诗主要叙述了他在最后一年多发生的事情。奥德修斯由于得罪了海神而受到神的捉弄，在海上漂泊了10年，历经磨难，最后得到神的怜悯才得

彩绘的花瓶上，描述着荷马撰写的史诗《奥德赛》的一个场景。

以回家。史诗采取倒叙的方式，开头讲了天神们看到他已流落海上10年之久，决定让他返回故乡。此时他的儿子忒勒马科斯已经长大，并出去寻找父亲的下落；他的妻子珀涅罗珀（Penelope）在家中四处落难，因为本国和邻国的一些权贵认为奥德修斯已经死在他乡，逼迫她改嫁。她想尽办法拖延时间，终于迎来丈夫归家。奥德修斯扮成乞丐的样子辗转回国，杀死了求婚者们，重掌国王大权。

《特洛伊木马》。特洛伊王子诱拐了斯巴达王后海伦，从而引发了长达10年的特洛伊战争。最后，希腊军队利用木马计，攻克了特洛伊城。1560年，蛋彩画，尼科洛·德尔·阿巴特（1512—1571年）绘。

特洛伊战争

特洛伊战争是希腊神话中常常被提及的对象，它发生在迈锡尼文明时期，这是世界上发展较早的文明时期，兴起于公元前2000年初。阿卡亚人，即后来的希腊人，是迈锡尼文明的创建者。公元前1650年左右，阿卡亚人从巴尔干半岛来到古希腊半岛的中部和南部，在那里建立了迈锡尼王国。

公元前12世纪左右，迈锡尼王国为了争夺海上霸权，扩大自己的统治权威，与小亚细亚西南沿海的国家发生了多次冲突，特洛伊战争是其中最著名的一次。这场战争持续了10年，交战双方都消耗了大量的元气，迈锡尼王国的辉煌不再，文明进程大大受损。

关于这场战争的原因，最为人熟知的就是"一个女人引发的战争"。海伦（Helen）是斯巴达国王墨涅拉俄斯（Menelaus）的妻子，特洛伊王子帕里斯爱上了海伦，王子决心将海伦占为己有，于是把她带回了特洛伊。海伦的丈夫十分恼怒，邀请希腊其他城邦声援他讨伐特洛伊。在迈锡尼国王阿伽门农的率领下，联军浩浩荡荡地开到特洛伊城下，开始了10年的围城之战。然而这场战争更真实的原因可能是因为特洛伊的优越地理位置引发了周围国家的垂涎。特洛伊地处交通要道，经济繁荣，人民生活富足，是地中海沿岸最富有的地区。斯巴达等国早就想将这块"肥肉"占为己有，于是以海伦事件为借口发动战争。

海伦是斯巴达国王延达瑞俄斯的妻子勒达和宙斯所生的孩子，在她出生时，神赐予了她可以任意模仿一个女人声音的能力。她在继父延达瑞俄斯的宫中长大，出落得非常漂亮，吸引了很多人的爱慕。由于求婚者众多，斯巴达国王很难做出决定，因为无论选谁都会得罪剩下的全部求婚者。于是他决定采用一个不得罪人的公平方式选择女婿——抛戒指，并要求所有求婚者立下誓言，承诺不会对海伦的丈夫动武，并在他遇到困难时施以援手。求婚者都宣誓之后，墨涅拉俄斯，也即后来的斯巴达国王成了接中戒指的幸运儿。

得知妻子跟着别人跑了，还带走了大量的金银珠宝，墨涅拉俄斯怒不可遏。他找到哥哥阿伽门农求助，后者建议他召集当年一起起誓的英雄们联合出兵讨伐特洛伊。经过一番外交沟通，当年的英雄们齐聚在奥利司港湾，带着10万军队和1186艘船只出发。据说出发前的祭祀活动上，一条怪蛇爬上树，吃了1只雌鸟和8只雄鸟，然后变成一块石头。预言家卡尔卡斯说这个怪相预示着围城行动会在第10年取得成功（事实的确如此），众人欢喜地出发。

战前的交涉中，特洛伊拒绝了和解的条件，一场旷日持久的大战拉开序幕。经过9年的辛苦征战，很多英雄都战死了，其中包括阿喀琉斯、帕里斯等。联军中也发生了一些内讧，战争让大家疲惫不堪。第10年，联军依靠木马之计终于艰难地取得了胜利。联军佯装撤兵，在特洛伊城外留下一个巨大的木马，安排一群勇士藏于其中。特洛伊人不知如何处置木马，抓来的希腊俘虏（真实身份是间谍）假意告诉特洛伊人说木马是用来祭祀雅典娜女神的，把木马拉进城中好生看护就会得到神的赐福，获得战争的胜利。特洛伊国王轻信了间谍的话，把木马拉进城。是夜，藏身木马中的希腊战士跳出来迅速打开城门，城外埋伏的大批军队涌入城中，烧城略地，将财宝悉数卷走，海伦也被带回希腊，特洛伊战争宣告结束。

世界神话的开端
古埃及
神话传说

生与死,太阳神和冥神,是埃及神话永远的主题。

古埃及神话里的众神以及人们对它们的崇拜,是由古埃及独特的自然地理环境和人文环境所决定的。古埃及的广袤国土,大多是沙漠,人们集中居住于尼罗河泛滥区域狭长的地带。依托尼罗河谷,古埃及人创造了世界上最早的灿烂文明,神话就是构成以法老为中心的文明的重要内容。

神话传说体系和全国主神

古代埃及以诺姆作为地方行政单位,每个诺姆都有自己的保护神。古埃及宗教体系的中心特征是对宇宙的创造。创世神话体系有四个不同的版本,

浮雕中阿蒙神手持一根权杖,左边是拉神。阿蒙神和拉神都是太阳神,拉神是最初的太阳神,因为政治原因,主神阿蒙的地位上升,成为新的太阳神,但对于拉神的信仰并没有泯灭。

以四个地区为中心,分别是以赫里奥波里斯城(太阳城,即今埃及开罗)为中心的九神祇(Ennead),其中以阿图姆(Atum)为创世神,阿图姆创造了其他八神。第二个创世神话的中心在孟菲斯(今开罗以南 15 英里,古埃及最早的全国性首都),创世神是普塔(Ptah),他也被赋予了巨大的能力,是孟菲斯九神会主神。第三个地点是在赫莫城,在孟菲斯 150 英里以南,故事是由八个神(Ogdoad)组成的神祇构成。祭司们认为这些神创造了阿图姆,阿图姆进而创造了人类和动物。最后一个是底比斯,祭司们选择了上面提到的八神之一的阿蒙神(Amun)作为创世神,当地人们认为阿蒙神是创造原初之物的第一个神。

法老作为每个埃及人心目中活着的神,连同祭司们一起,在地方神的基础上,创造了一个全国性的宗教神话体系,他们认为这样可以起到维持秩序和确保国民忠诚的目的。全国性的主神是太阳神,即拉神(Ra),统治天空、大地和冥界。拉神的形象通常是一只鹰隼,头戴太阳圆盘,眼镜神蛇缠绕着圆盘,象征着神的巨大威力。第五王朝的第一位法老开始以"太阳之子"的名号称呼自己,于是以后所有的法老都用这一名号。太阳除了拉神之外还有两种形式,一是泰木神(Tem),一是以蜣螂为化身的凯普瑞神。

太阳神在演化中,也会和其他地方神结合。起

奥西里斯神（Osiris 也作 Usiris）是埃及神话中的冥王，九柱神之一，是古埃及最重要的神祇之一。奥西里斯神最初是大地和植物神，后来成为阴间的最高统治者，永恒生命的象征。

初崇拜阿蒙神的地点是底比斯，而且阿蒙神不是特别重要的一个神。到了第十二王朝的时候，底比斯的王子征服整个埃及、获得全国主权，底比斯成为全国的首都。因此阿蒙神成为上埃及的主神。新的首都底比斯要把原来的首都孟菲斯的神全部纳入现在新的宗教神话体系里面。阿蒙神的祭司们不遗余力，把阿蒙神提高为全国主神的地位。到了第十八王朝，阿蒙神和原来全国的主神拉神结合在一起，形成阿蒙拉神，意思是"所有生命的来源"。这一局面一直延续到埃赫那吞宗教改革时候，才被阿吞神取代。

冥神奥西里斯

古埃及人信奉来世观念，这和掌管冥界灵魂审判的冥神奥西里斯有密切关系。冥神奥西里斯在古埃及传说中占据着重要地位。传说奥西里斯是远古时期埃及的法老，也是人间之神，他在位时教导人们耕种，教给人民文学、数学、天文等各种知识，人民对他十分爱戴。

奥西里斯和伊西斯（Isis）是兄妹关系的夫妻。奥西里斯被其残忍的弟弟赛特神（Set）诱骗进入一个箱子里，之后赛特神把箱子紧紧封闭，扔进尼罗河，奥西里斯因此而亡。伊西斯为给丈夫一个体面的葬礼而去寻找他的尸体。伊西斯找遍全埃及，终于收齐丈夫的尸体，并恳求众神让丈夫复活。众神最终决定让奥西里斯做冥间之神。伊西斯知道丈夫

无法复活，便抱住尸体痛哭，继而受孕生子，这就是鹰神荷鲁斯（Horus）。荷鲁斯长大后立志为父报仇，于是同赛特进行了一场长达80年的战斗，终于荷鲁斯在众神保佑下战胜了赛特，夺回了王位。

伊西斯将丈夫制成木乃伊以求丈夫复活的故事深深烙在人们的心中，也促使了木乃伊在埃及的流行。

这个神话是古埃及丧葬习俗很多方面的重要标杆，是一个关于自然、宇宙和死后生活的神话。古埃及丧葬习俗相关的信仰也可追溯至此。

埃及人相信亡灵在死后的生活跟他们在生时是一致的。壁画呈现人死后生活的情形，一个男人跟他的妻子生活在墓室里，而他们仍然在播种、犁耕及收割谷物。

奥林匹斯山脉的诸神
希腊神话

烟波浩渺的大海养育了古老的爱琴文明，
同时也激发了古希腊人丰富的想象力，
创造了一个个美丽的希腊诸神家族。

希腊神话是欧洲最早的文学形式，通过希腊原住民长期口口相传，在流传中不断融入新的神话，最终形成希腊神话的雏形。在古希腊诗歌、戏剧、哲学著作中也常常看到神话的影子，后世整理出来的古希腊神话故事，分为神的故事和英雄传说两部分。

众神之巅

奥林匹斯山脉位于希腊北部，是古希腊人心目中最高的山峰。传说四季如春，绿草如茵，蝴蝶飞舞，百鸟歌唱，希腊诸神便生活在这里。

希腊神话构建起一个多神系统。古希腊人认为，神先于人出现在宇宙中，那时候宇宙是混沌一片，不辨天地的。混沌中首先出现了混沌神哈俄斯，然后又产生地母盖亚，在地面出现了黑暗女神诺克斯，地底层出现黑暗之神厄瑞波斯。厄瑞波斯打败了哈俄斯，娶了诺克斯为妻，生下光明和白昼。地母盖亚生了天神乌拉诺斯，后来乌拉诺斯娶了母亲为妻，成为第一个统治世界的天神。他的妻子生了六男六女，名为十二提坦巨神，他为了保住自己的统治地位，把12个孩子都打入地下。他的小儿子克罗诺斯起来打败了父亲，救出了兄弟姐妹，成为第二代天神之首。克罗诺斯后来娶了妹妹瑞亚为妻，生了三男三女。这时他也担心自己的地位可能被子女推翻，于是在孩子出生后就把他们吞到肚子里。小儿子宙斯被母亲用石头偷梁换柱保全了下来，后来宙斯设法让父亲吃了催吐的东西，吐出他的兄弟姐妹，然后和他们联手打败了克罗诺斯，"前奥林匹斯神系"时代结束。

推翻父亲的统治后，宙斯率领诸神居住在奥林

黄金与象牙制的雅典娜女神像，置于雅典帕特农神庙内，高约12米。雅典娜是希腊神话中奥林匹斯十二神之一，古希腊各城邦都崇拜她，尤其是雅典，雅典以她命名的。

宙斯和他的孩子们。宙斯是古希腊神话中第三代众神之王，奥林匹斯十二神之首，统治宇宙的至高无上的主神，人们常用"神人之父""神人之王""天父""父宙斯"来称呼他。

金苹果是希腊神话中著名的宝物。金苹果最早出现在宙斯和赫拉的婚礼。大地女神盖亚从西海岸带回一棵枝叶茂盛的大树给宙斯和赫拉作为结婚礼物，树上结满了金苹果。宙斯派夜神的四个女儿，称作赫斯珀里得斯，看守栽种金苹果的圣园。另外还有百头巨龙拉冬帮助她们看守。

匹斯山上，建立起奥林匹斯神系。宙斯是第三代众神之主，统治天地万物，他随后娶了姐姐赫拉为妻，开始建立庞大的神族。天后赫拉掌管婚姻和生育。其他还有自由、欲望之神波塞冬，智慧女神雅典娜，光明、音乐之神阿波罗，月神阿尔忒弥斯等。

金苹果的诱惑

很久以前，在希腊英雄帕琉斯和海洋女神忒提斯的婚礼上，众神均受邀请，唯有报复女神厄里斯没有受到邀请。她怀恨在心，决计报复。婚礼开始后，贵客正在欢乐唱歌的时候，忽然从天空中落下一个金苹果，金苹果的上面刻有"赠给最美丽的美人"。为此，天后赫拉、雅典娜、阿芙洛狄忒开始争执，闹得不可开交。最后，她们来到了宙斯那里。

一边是妻子，一边是女儿。宙斯望着她们，心中十分为难，怎么办呢？于是，他就让她们去特洛

伊的艾达山，因为那里有一个牧羊人帕里斯，他是特洛伊的王子，亦是世界上最美丽的男子，让他去判决，也许会更公平。

很快，三位美丽的女神先后来到帕里斯的面前。为了得到金苹果，天后答应让他做一个强盛富饶的国家皇帝，雅典娜则答应他战胜世仇希腊人，只有爱神最了解年轻人的心，她许诺给他世界上最美丽的女人——斯巴达王后海伦。帕里斯不爱江山爱美人，最后选择了海伦。没想到，美人没有带来和平，反而引发了一场旷日持久的战争。

寓言鼻祖 伊索

有人说他是一代寓言大师，
有人说他只是一个会讲故事的奴隶，
这本传世的《伊索寓言》已与他的名字
紧密相连，因此他也就成了一个传奇式
的人物。

《伊索寓言》是很多人童年必看的读物，其中的很多故事我们都熟读于心，例如《农夫与蛇的故事》《龟兔赛跑》《狐狸和葡萄》等都是脍炙人口的经典寓言故事。作为一本世界名著，《伊索寓言》几乎家喻户晓，但关于《伊索寓言》的作者却鲜为人知。

命运多舛的伊索

伊索（Aesop）是公元前6世纪希腊有名的寓言家，与拉·封丹、克雷洛夫和莱辛一起被誉为世界四大寓言家。他原是萨摩斯岛雅德蒙家的奴隶，并被多次转手卖掉，但是由于他聪慧过人，知识渊博，最终获得了自由。他后来因为得罪德尔斐人而惨遭杀害。

伊索曾是萨摩斯岛雅德蒙家的奴隶，并被转卖多次，但因知识渊博，聪颖过人，最后获得自由。自由的伊索环游世界，为人们讲述他的极富哲理的寓言故事。

伊索于公元前620年左右出生于希腊，因为相貌丑陋，个头矮小，大家都不怎么喜欢他。加上他天生是个哑巴，只能发出怪声，借助手势才能表达自己的意思，人们都不愿和他过多接触。幸运的是伊索有一个爱他的妈妈，伊索的妈妈很喜欢给他讲故事听，逗他开心，这些故事成为启发伊索创作的最早素材。但是伊索的舅舅十分讨厌这个丢人的外甥，经常打发他去田里干重体力活，他从田间活动中发现有意思的事情，便默默记在心中，后来都改编成了精彩的故事。母亲去世后，伊索跟随曾照顾过他的老人离开家乡，云游四方，途中听到了很多关于动物们的各种故事，度过了很多年的愉快时光。

后来，伊索被卖作奴隶，自此失去了自由。有一次伊索在梦中见到幸运之神冲他微笑，并把手指伸到他的嘴里帮他放松舌头，醒来后的伊索惊喜地发现自己可以开口说话了，自此他可以自如地将满腹故事讲给他人听。在雅德蒙家做奴隶期间，他的故事受到了大家的喜爱，也因为过人的才智受到大家的赞扬，雅德蒙认为应当让他做更适合的事情，不应被局限在家中做奴隶，于是许他自由之身。

获得自由后，伊索经常出入吕底亚国王克洛伊索斯的宫殿，给那里的人讲故事。据说他还到访过雅典，并用寓言故事《请求派国王的青蛙》来劝阻他们不要用他人替换庇西特拉图。

伊索的寓言故事深受人们喜爱，人们乐于听他讲故事，并且十分敬佩他过人的智慧。他常常靠自己的机智帮助朋友和主人摆脱危难，躲避敌人的伤害。但是他却没能用寓言保全自己的生命，据传伊索后来因为得罪了德尔斐人而被他们杀害。在他死后，德尔斐盛行文艺，这被认为是对伊索的惩罚。公元前5世纪末，伊索已经声名远扬，希腊的寓言都开始归在他的名下。

伊索寓言

伊索的故事内容大多是动物，例如狼、狮子、小羊、乌龟等。这些素材源自他丰富的生活实践，被他巧妙地加工之后，就成了一个个生动的寓言故事。他的故事短小精悍，比喻恰当，将道理生动地糅和到故事中，让人印象深刻。例如，他经常用老

知识链接:《恋爱的狮子与农夫》

狮子爱上了农夫的女儿，便向她求婚。农夫不愿意将女儿许配给野兽，但又惧怕狮子，想来想去，他急中生智，想出了一个办法。当狮子再次来请求农夫时，他便说:"娶我的女儿可以，但你必须先拔去牙齿，剁掉爪子，因为姑娘最惧怕这些东西。"狮子色迷心窍，很快地照着农夫的要求做了。但从此，农夫就不惧怕狮子了，当狮子再来时，农夫就用棍子打它，把它绑起来。

这则寓言说明：轻易相信别人的话，抛弃自己特有的长处，最终会自食其果的。

《伊索寓言》插图。伊索寓言大多是动物故事，如《狼与小羊》《狮子与野驴》等，用豺狼、狮子等凶恶的动物比喻人间的权贵，揭露他们的专横、残暴、虐害弱小，反映了平民和奴隶的思想感情；《乌龟与兔》《牧人与野山羊》等则总结了人们的生活经验，教人处世和做人的道理。

虎、豺狼等凶狠的动物比作人间权贵，利用动物的形象去揭露权贵们的丑恶行径，批判他们的专横和残暴，这反映出了平民的立场和思想；他还经常将生活和做人的道理总结在故事中，帮助人们提升素质。

伊索虽然讲了一辈子故事，但却没有亲自把它们用文字记载下来。他的故事全部都是口述给他人，可见他拥有超人的记忆力。现存的《伊索寓言》原名《埃索波斯寓言故事集成》，它并非出自伊索之手，是后人根据拜占庭僧侣普拉努得斯搜集到的古希腊、古罗马流传下来的寓言故事，以及后来陆续发现的其他古希腊寓言传抄本编订而成，同归在伊索名下。墨特里奥斯（公元前345—前283年）编辑了希腊第一部寓言集（已失传）。1世纪和2世纪，费德鲁斯和巴布里乌斯分别用拉丁文和希腊文写成了两部诗体的伊索寓言。

历史之父
希罗多德

为了保存人类的功业，使之不致由于年久日深而被人们遗忘，为了使希腊人和异邦人的那些值得赞叹的丰功伟绩不致失去它们的光彩，特别是为了把他们发生纷争的原因记载下来。

——希罗多德《历史》

希罗多德是古希腊著名的历史学家、文学家、地理学家和旅行家。他撰写的《历史》，是西方史学史上第一部叙事体历史著作，希罗多德因此被后人尊称为"历史之父"。

书香门第　游历丰富

希罗多德（Herodotus，约公元前484—前430/前420年）出生于希波战争期间，其故乡是位于小亚细亚的哈利卡纳苏。希罗多德父亲吕克瑟斯是一位颇具资产的奴隶主。他的叔父是著名的史诗作家帕尼亚西斯，曾创作过一些有关伊奥尼亚诸城邦建城的史诗。由于家境优越，并且有良好的学习氛围，希罗多德从小就得到了良好的教育，他很小的时候就熟悉了荷马、赫西俄德、赫卡泰奥斯、萨

《历史》古页残片。希罗多德在《历史》著作中开始试图找出希腊人和波斯人之间爆发战争的原因，是欧洲第一本研究历史的书。

福、梭伦等人的作品。公元前461年，希罗多德家族参与反对僭主的斗争，遭到了失败，他们全家族被流放到萨摩斯岛。后来，他虽然再次返回故乡，并赶跑了僭主，但却因为与国人不合，再次背井离乡，远去他国。

大约从公元前454年开始，希罗多德开始外出游历，足迹几乎踏遍了希腊人当时所知的世界。他向北走到了黑海北岸，向南到达过埃及的南端埃列凡提涅，向西到达过意大利半岛和西西里岛，向东到达过两河流域下游，以致后来人们称之为"旅行家之父"。旅行过程中，他凭吊历史古迹，考察地理环境，熟悉风土人情，探听奇闻轶事，他把这些内容都记了下来，并且一直随身携带，为日后的写作打下了坚实的基础。

大约在公元前447年，希罗多德来到了雅典。他与雅典的政坛精英、社会名流、文人墨客建立了

希罗多德，古希腊作家、历史学家，他把旅行中的所闻所见，将波斯帝国的历史记录下来，著成《历史》一书，是西方史学史上第一部具有文学色彩的历史著作。

亲密的交情，并因朗读自己的作品获得过丰厚的奖金。公元前443年，希罗多德与其他殖民者一起，移居到雅典在意大利建立的殖民地图里伊，并在那里专心写作《历史》。

战事为主　奇闻纷呈

希罗多德的著作原本并不分卷，后世亚历山大里亚的学者将《历史》分为了九卷，前后分为两个部分，前半部分主要涉及一些与希波战争直接或间接相关的，其他民族民俗学与人种志等方面的内容。从第五卷第28章才开始转向战争的近因和过程。

《历史》的前半部分，是从开篇到第五卷第27章。希罗多德先是叙述了波斯帝国的兴起和扩张的过程，用精彩的故事串联起了居鲁士反抗米底人的起义、冈比西斯对埃及的征服、大流士一世控制波斯政权并改组中央和地方机构、波斯人准备进攻希腊等内容。在这个主线下，希罗多德穿插介绍了吕底亚、米底、巴比伦、埃及、斯奇提亚等地区的气候、地理、物产、历史发展和现状，详细考察了当地的风土人情和社会生活。

《历史》的后半部分，是从第五卷第28章到结尾。希罗多德主要记述了希波战争的经过。首先描述了引发战争的原因，即小亚细亚伊奥尼亚诸城邦的暴动，然后是大流士镇压暴动、出兵希腊、马拉松之战、薛西斯再次出兵希腊、温泉关之战、萨拉米斯之战、普拉提亚战役、米卡列战役等。

作为史学之父，希罗多德代表着希腊历史记忆从神话传说到理性史学的过渡，他的作品包含了神话与理性两个时代的特点。虽然《历史》之中不乏荒诞的传说和故事，但却能够综合分析和理解一些历史事件的因果关系。他在写作时还是十分注意材料的真实性，许多内容被后世考古和研究所证实。对于看似与主题不相干的内容，实际上恰恰避免了

知识链接：《历史》

第一卷：波斯国王居鲁士的崛起；第二卷：埃及的风俗与历史；第三卷：冈比西斯进攻埃及；第四卷：大流士进攻波斯西部的斯奇提亚人；第五卷：斯巴达和雅典；第六卷：波斯与雅典在马拉松的战役；第七卷：薛西斯统帅各附属部落的军队进攻希腊；第八卷：萨拉米斯海战；第九卷：希腊军队进攻小亚细亚。

古代史学家以政治史与军事史为主的弊病，为后世学者进行文化研究提供了重要的参考资料。《历史》中的许多内容，是后人得以了解当时社会状况、文化习俗、政治制度等内容的唯一史料，具有无可比拟的重要价值。

希罗多德家乡哈利卡纳苏（现为土耳其境内）为他造像以表敬意和纪念。

史家典范
修昔底德

因为他相信，这将是一场重大的战争，比此前的任何一场战争都更值得记述。

——修昔底德《伯罗奔尼撒战争史》

修昔底德是古希腊著名的历史学家、哲学家和将军。他以伯罗奔尼撒战争为主题，创作了在西方史学史上享有盛誉的《伯罗奔尼撒战争史》。修昔底德的叙述客观冷静，生动真实，影响了许多西方史学家，可称为史家之典范。

先为将军　后为史家

修昔底德（Thucydides，约公元前460—前400年）是雅典人，他的家境富裕而显贵，在青少年时代，修昔底德与其他雅典贵族子弟一样，接受过良好的教育。幼年之时，修昔底德就对史学表现出了极大的兴趣。有一次，修昔底德与父亲奥洛鲁斯聆听希罗多德在奥林匹亚朗诵他的历史著作时，深受感动，流下了激动的眼泪。希罗多德看到这个

修昔底德，希腊历史学家、哲学家和将军，其著作《伯罗奔尼撒战争史》记录了公元前5世纪斯巴达和雅典之间的战争。因其治史严谨，公正客观，善于分析历史现象背后的深层原因，而被人们称为"客观历史之父"。

情况后，对修昔底德的父亲说，"奥洛鲁斯，你的儿子深受求知欲的感动"。

公元前424年，修昔底德当选为雅典十将军之一，这是雅典最为重要的官职。是年冬，斯巴达名将伯拉西达率远征军进犯雅典重镇安菲波利斯，安菲波利斯守将尤克里斯急忙向驻扎在塔索斯的修昔底德求援，修昔底德紧急派出7艘战舰前去支援。可当他们赶到时，安菲波利斯的守军已经投降，这个色雷斯战略要地落入了斯巴达人的控制之中。修昔底德受到政敌诬陷，雅典公民大会表决将他放逐。

在被放逐的20年里，修昔底德因为不再有公职，得以有充分的闲暇四处游历，收集有关战争的史料。由于他曾经做过将军，对于一些重要军务颇为了解，可以直接接触到第一手的资料。加上游历过程中，对伯罗奔尼撒、西西里等地的实地考察，为他的写作积累了丰富的材料。

修昔底德从伯罗奔尼撒战争开始的时候，就已经着手撰写他的著作了。他大概在公元前400年到公元前396年之间去世，并未能完全写完他的这部历史著作，全书的最后一句话都是不完整的。

绝无旁骛　专心战事

修昔底德前后大约花了20年时间写作《伯罗奔尼撒战争史》，全书被后世学者分为了八卷。与希罗多德的兴趣广泛有明显不同，修昔底德的写作紧紧围绕主题。与战争关系不大的事，无论多么有趣，他也不会记录在案。他的文笔老练，写作客观生动，

伯罗奔尼撒战争场景。《伯罗奔尼撒战争史》是古希腊历史学家修昔底德倾注毕生心力写就的巨著。作为战争的亲历者，修昔底德详细地记录了伯罗奔尼撒战争事件，并分析了这场战争的原因和背景。但是他的著作只写到公元前411年冬天，就突然中断了，最后一句话也是不完整的，说明他的著作尚未完成。

底德认识到了经济在历史发展中的重要性，正确分析了经济因素与战争成败之间的关系。可以说，修昔底德是西方史学史上第一位真正具有批判精神的客观主义历史学家，他被称为"科学和批判历史著作的奠基者"。

在描写历史事件时，常常给人以身临其境之感。

在第一卷中，修昔底德阐明了自己的写作动机与方法，简要介绍了希腊历史的发展过程。在第二卷至第五卷，记述了公元前431—前421年这10年之间发生的"阿奇达姆斯战争"、《尼基阿斯和约》的签订、西西里远征。第六、七卷记载了西西里远征的过程。第八卷记载了战争的最后过程，即狄凯利亚战争和伊奥尼亚战争。

修昔底德在希罗多德的基础之上，更进一步地发展了人本主义历史观，他十分重视人的力量，认为人在历史进程中起到了首要作用。他的作品注重客观主义的原则，发展了求真精神，不仅在史料上力求真实，还力图揭示历史发展的内在真相。修昔

在西西里海战中被杀害的年轻的雅典重甲步兵墓碑。在《伯罗奔尼撒战争史》一书中描写了大量的悲剧性事件，为这部书蒙上了一层悲剧色彩，修昔底德对西西里远征中雅典惨败的叙述将这本书的悲剧色彩推到了顶点。

史界传奇
色诺芬

他是史学界的常胜将军，曾率军穿越波斯腹地；

他是将军界的多产作家，著作颇丰且完整流传。

色诺芬以记录当时的希腊历史、苏格拉底语录而著称。曾参加希腊雇佣军助小居鲁士（约公元前424—前401年）争夺波斯王位未遂，后投身斯巴达，被母邦雅典判处终生放逐。著有《万人远征记》《希腊史》（修昔底德《伯罗奔尼撒战争史》之续篇）以及《回忆苏格拉底》等。

色诺芬是古希腊著名历史学家、军事家、文学家，是著名哲学家苏格拉底的弟子，一生著述丰富，且都完整流传至今，是古代作家中为数不多的一位。他的一生充满传奇，曾率军从波斯腹地成功撤退。

传奇将军

色诺芬（Xenophon，约公元前431？—前355年）生于贵族之家，家境殷实。色诺芬自幼受到良好的教育，熟谙骑术，曾在雅典骑兵队服役。

色诺芬与苏格拉底师徒二人缘分颇深。据说，有一次，色诺芬在市场上遇到了年过花甲的苏格拉底，仅寥寥数句，两人便觉十分投缘，苏格拉底于是收色诺芬为弟子。后来，在德里昂战役中，与老师并肩作战的色诺芬在败退时不慎跌下马，苏格拉底见状大惊，不顾自身安危，拼命救出了色诺芬。色诺芬写过不少与苏格拉底有关的文章，或追忆老师的言谈举止，或记载老师的观点见解。

作为一名将军，色诺芬作战经历非常丰富。公元前401年，色诺芬追随波斯王子小居鲁士在小亚细亚起兵，与阿塔薛西斯争夺王位。色诺芬应朋友之邀，加入了小居鲁士招募的雇佣军，在小居鲁士的带领下参与了波斯内战。小居鲁士兵败被杀，希腊雇佣军头领也中计被害，色诺芬成为这支雇佣军的首领之一。他率领军队，一边躲避波斯军队的侵袭，一边设法逃回希腊。公元前400年，色诺芬成了这支军队唯一的将领，他又率领他们前去为斯巴达人效力。当斯巴达人不给他们发放薪饷时，他们就劫掠当地有钱人。公元前399年，色诺分和6000名手下投奔了波斯将领提布隆。

后来，色诺芬与前去波斯作战的斯巴达国王阿格西劳斯成为莫逆之交，在其帐下成了一名幕僚。在他与阿格西劳斯一起返回希腊后，斯巴达当政者在特里斐里亚的斯基罗斯给了色诺芬一片领地。大约在公元前355年，色诺芬逝世。

多产作家

色诺芬著述丰富，为后世留下了不少作品。他

一 话 一 说 一 世 一 界 一

波斯士兵。后世历史学家曾经调侃色诺芬，面对波斯士兵时是否还熟悉那些波斯的武器，暗指色诺芬作为雇佣军参与波斯宫斗的经历。

续补了修昔底德的作品，创作了《希腊史》。本书首先接续修昔底德第八卷的结尾，叙述了伯罗奔尼撒战争的最后阶段。然后着重记载了公元前399年—前395年斯巴达军队在小亚同波斯人的战争、彼奥提亚同盟反对斯巴达、科林斯战争爆发的内容。接下来，色诺芬介绍了科林斯战争的经过，描写了其后希腊城邦在波斯大王干涉之下实现的和平。最后，色诺芬介绍了底比斯的兴起，以及它在曼丁尼亚之战后的衰落。

除《希腊史》之外，色诺芬还创作了《长征记》，主要叙述他参加小居鲁士争夺王位战争、自己带领希腊雇佣军从波斯帝国腹地撤退的艰苦历程；《居鲁士的教育》主要记载波斯帝国开国之君居鲁士大帝所受的良好教育，论证一个优秀的政治家应该接受的教育和训练，进而阐发自己的政治理想；《阿格西劳斯传》记载了斯巴达国王阿格西劳斯国王的生平

知识链接：《回忆苏格拉底》

这是色诺芬为其师苏格拉底写的一部回忆录。他在书中对苏格拉底的学问、道德和石破天惊的口才做了相当逼真的描述。虽然他对苏格拉底的学说和思想的理解比较肤浅，远不及柏拉图的同类著作来得深刻，但是此书对研究古希腊哲学史和古希腊社会史仍有很高的学术价值。

事迹；《斯巴达政制》讨论斯巴达政制，内容涉及斯巴达人社会、政治生活的方方面面；《雅典的收入》讨论同盟战争之后雅典在面临财政危机时，寻求增加收入的种种途径；此外，色诺芬还写了一系列短文，以及回忆苏格拉底的系列专著。

作为一名历史学家，色诺芬在史才上与希罗多德和修昔底德存在不小的差距，他对历史发展的认识，也不如前两者深刻。他缺乏精神的分析和深邃的思想，将重振希腊世界的希望寄托在英雄人物之上，具有不小的局限性。不过，色诺芬的作品形式多样，内容庞杂，涉及的问题较之前两位史学家更为全面，是对他们的很好补充。

色诺芬是苏格拉底哲学忠实的听众，并成为苏格拉底朋友圈中的一员，听课记录成为他所著的《回忆苏格拉底》的部分内容。

哲学童年

无论多么庞大的帝国，终究难逃衰落的命运；无论多么伟大的英雄，终究难逃时间的流逝；无论多么美丽的人儿，终究难逃岁月的无情。古典时代有一样东西，它虽然没有坚固的城墙，却得到了最安全的防卫；它虽然没有美丽的形体，却被所有的人所珍爱；它虽没有明亮的装饰，却比日月星辰都闪亮。它就是思想，人类智慧的结晶。

就像人在幼年时最具好奇心一样，史前时代的人类对宇宙、世间万物、人类本身、时间和空间充满了好奇，他们不断地拷问自己，追溯宇宙的本源、人类的本源，探求完美的政治、和谐的秩序，寻找现象和本质间的联系，追求主宰一切的规律。许多思考并不见得得出了完美的结论，但这些思考本身就如同火花，照亮了蒙昧中的人类，启发了后世的发展。

多少年以后，现代的人类有了发达的科技，有了远超远古时代的生产力，人们发现，现代人在思想层面上却很难超越古人。如同成熟了的人，很难找回童年时的好奇和天真。在哲学上，现代英国哲学家怀特海甚至说，我们现在的哲学，仅仅是在为古典哲学作注脚，从来没有，也不可能有超越他们的地方。这个评论是否正确，每个人心中都有自己的评价，但毫无疑问的是，古典时代的思想，是古人留给我们最大的财富，是我们可以不断汲取营养的智慧宝库。

"爱智慧"
古希腊
自然哲学家

世界是多么多么奇妙啊,
它们的本原是什么?
怎么形成的?
为什么?

古希腊自然哲学是古希腊哲学的重要组成部分,也是西方哲学的萌芽,始于公元前6世纪,终止于公元6世纪。这一时期的哲学与科学是不分家的,他们把对宇宙的思考和自身积累的经验技术相结合,探索世界的本原。天文、气象等自然现象的规律逐渐被发现,这为以后科学研究的发展奠定了基础。

米利都学派:质料说

位于小亚细亚海岸的伊奥利亚是希腊哲学的摇篮,其中米利都诞生的米利都学派,成为古希腊哲学的滥觞。

泰勒斯(Thales,约公元前624—前546年)

泰勒斯,古希腊时期的思想家、数学家、科学家、哲学家,希腊最早的哲学学派——米利都学派(也称爱奥尼亚学派)的创始人。他是西方思想史上第一个有记载有名字留下来的思想家,被称为"科学和哲学之祖"。

是古希腊第一位自然哲学家,也是西方思想史上第一个有名字被记载下来的思想家,他的核心观点是"水是万物之源"。泰勒斯出生于古希腊的米利都,他从小接受了良好的教育,学习了不少数学、天文知识,晚年转向哲学研究。他试图借鉴经验观察来解释世界,提出了"水本原说"。他在古希腊第一次正式提出并回答"何为万物之源",被称为哲学史上的第一人。他向埃及人学习观察洪水,发现尼罗河涨退的规律,他看到洪水退去,河床上留下了众多幼虫和胚芽,联想到埃及人的宇宙神话,得出万物源于水的结论。

泰勒斯在天文学、数学领域也颇有建树。在天文学中,他对太阳的直径进行测量,解释了日食的原理;在数学领域,提出了泰勒斯定律,使用相似三角形原理计算出金字塔的高度,提出等腰三角形两底角相同等几何命题。他的数学思想对后世毕达哥拉斯创建理性的数学研究奠定了基础。

阿那克西曼德(Anaximander,约公元前610—前545年)是泰勒斯的学生,他出生于米利都。他对老师的观点进行了质疑,他认为有形的东西都有开端,"无定形"的实物则没有开端,没有开端的东西才是世界的本原。他将其命名为"阿派朗",阿派朗在运动过程中因不同的冷热、干湿条件发生相应的变化,从而生发出万物。他绘制了世界上第一份全球地图,是第一个使用日晷的希腊

知识链接："人不能两次踏进同一条河流"

古希腊哲学家赫拉克利特的名言，意思是说，河里的水是不断流动的，你这次踏进河，水流走了，你下次踏进河时，流来的又是新水。河水川流不息，所以你不能踏进同一条河流。赫拉克利特哲学主张"万物皆动"，"万物皆流"。

据说阿那克西曼德曾率领使节团到斯巴达，在那里对斯巴达人提出两项他的伟大发明——日晷与世界地图。曾经担任过米利都一个殖民地的领袖。著作有《论自然》，已佚。

模型，所有的事物都可以用数来表达。他不仅在数学内部思考数理问题，而且从数的关系这个永恒不变中去发掘世界之所以永恒不变的本原。这一脉络经过巴门尼德、芝诺的发展，到苏格拉底、柏拉图的"理念论"，一直到亚里士多德的"形式逻辑"才宣告终结。

无论是质料派还是形式派，他们追寻的都是物质的本原问题，只是探讨的方式不同。他们的研究涉及力学、生物学、机械学等等，而且这些学科在当时是混在一起的，并未有清晰的界分。他们从实践中发现规律，思考哲学问题，既是西方哲学的开创者，也是西方科学的奠基者。

人，他还初步表达了演化论的观点，提出人是从鱼类演化而来的。

阿那克西美尼（Anaximenes，约公元前570—前526年）是阿那克西曼德的学生，也是米利都人。他继承了两位老师的传统，提出气体是万物之源。他认为气体变稀薄时就变成了火，当它被压缩时，会变成风，继续压缩，会产生水，密度更大就会变成土地、石块等。

毕达哥拉斯：形式说

形式派以毕达哥拉斯（Pythagoras，约公元前580—前500年）为代表，他以"数"为本原，从形式和量上来研究世界的统一。毕达哥拉斯认为"万物皆数学"，任何一个事物都可以转变成数学

毕达哥拉斯，古希腊数学家、哲学家。他在意大利南部传授数学及宣传他的哲学思想，并和他的信徒们组成了一个所谓"毕达哥拉斯学派"的政治和宗教团体。他认为妇女也是和男人一样有求知的权利，因此他的学派中就有十多名女学者，这是其他学派所没有的现象。

辩证哲学
爱利亚学派

哲学本体论的开端，希腊哲学开始转向。

爱利亚学派（Eleatic School）是早期希腊哲学中最重要的流派之一。它产生于公元前 6 世纪位于意大利南部的爱利亚城邦，大约持续了一个多世纪。爱利亚城邦是这一学派的活动中心地，因此被称为爱利亚学派。学者通常认为该学派有四位代表人物：克塞诺芬尼是学派的先驱者，巴门尼德是爱利亚学派的奠基者，芝诺和麦里梭修正并发展了巴门尼德的理论。

巴门尼德，古希腊哲学家，出生于爱利亚。他是前苏格拉底哲学家中最有代表性的人物之一，是爱利亚学派的实际创始人和主要代表者，是色诺芬尼的学生，同时也受到毕达哥拉斯派成员的影响。他认为没有事物会改变；我们的感官认知是不可靠的。

巴门尼德的创建

巴门尼德（Parmenides，约公元前 515 年—前 5 世纪中期以后）是爱利亚学派的实际开创者和代表者，提出"思想与存在是同一的"这一著名的命题，这一观点在他的诗作《论自然》中得到很好体现。他以"存在"为研究对象，讨论了存在的特点及其与思想的关系。他认为没有存在之外的思想。存在是永恒的，不动的，是唯一的，可以被思想（这里作动词使用）；感性世界是非存在，是假象，不能被思想。被思想的东西和思想的对象是同一的。他的观点大致可以概括为：存在是思想的对象，是永恒且唯一的。

巴门尼德表述了这样的观点：语言不是空洞的，它必然有所指代。巴门尼德哲学是希腊哲学研究的重要转折点，他关于两个世界——本质世界和现象世界——的划分确立了后世西方哲学的基本研究方向，将"存在"作为哲学研究的对象，由此确立了本体论研究的基础；同时，他初步形成了科学的论证方法，不再像自然哲学家那样武断地下结论，开始借助逻辑论证的方法寻求答案，使哲学研究的理论化水平进一步提升。

芝诺给学生打开悖论之门。古希腊数学家芝诺提出了一系列关于运动的不可分性的哲学悖论。由于量子的发现，这些悖论已经得到完善的解决。这些悖论由于被记录在亚里士多德的《物理学》一书中而为后人所知。

芝诺的辩护

虽然对后世哲学研究具有重要意义，但巴门尼德的哲学观点在当时并没有被普遍接受，尤其是他关于"存在是单一的、不动的"这一观点备受质疑。他的学生芝诺（Zeno，约公元前490—前425年）开始替老师辩护，这也是他在西方哲学史上最主要的功绩。

芝诺明确提出要"保卫巴门尼德的观点"，并深受老师喜爱，被收为义子。他从两方面论证了老师的观点：一是论证存在是单一的，而不是众多的；二是论证存在是不动的，而不是运动的。在论证方法上，他采用了归谬法，即通过论证既有观点的对立面是悖论，来证明观点的合理。

芝诺首先论证了存在众多论的不成立。他从无限大与无限小的角度分析这一观点的错误。假设存在是众多的，那么这些部分就可能存在有或没有广度和厚度两种可能，如果有的话，那么把各部分相加必然无穷大，而如果无的话，各部分相加却是无限小。他又用同样的方法论证了有限与无限的矛盾，即如果存在众多，存在的数量就等同于实际存在的事物的数量，而实际存在的数量可能是有限的，也可能是无限的。这两个矛盾的结论恰恰说明存在不可能是众多的，只能是单一的。

芝诺随后又提出了四个有名的悖论来支持老师的学说。

他用二分法证明存在不可能是运动的。他将运动物体的行程对半平分，解释道，运动的物体在到达目的地之前首先要走过给定距离的一半，为此又必须走过一半的一半，如此类推，直至无穷，由于距离可能无限地分割成两部分，因此物体永远也无法抵达目的地。

他列举了三个悖论的例子——阿喀琉斯追乌龟、飞矢不动、运动场，来证明存在是不动的。他

的这些议论，就是后世熟知的"芝诺悖论"。

爱利亚学派的贡献在于：一方面，它转变了哲学研究的中心，摆脱了之前自然哲学派的世界本原讨论，转向对"存在"的讨论，为本体论的产生奠定了基础；另一方面，他们首次引入了逻辑论证法，规范哲学思想的表达，这最终成为西方哲学的主流表述方式。

阿喀琉斯追不上乌龟和飞矢不动

人是万物的尺度
智者派哲学

相对主义，个人主义，感觉主义，怀疑主义。

智者派哲学的出现有着一定的时代背景。在波斯战争之后，希腊半岛的经济文化开始繁荣发展，当时的古希腊处于伯里克利执政的全盛时期，这激发起希腊各城邦公民特别是雅典公民的参政热情。为了更好地参与公共政治生活，需要掌握一定的技巧，例如辩论术、修辞学等。在此背景下，专门传授这类知识的职业教师群体应运而生，哲学史、教育史等学科所探讨的智者派就是这个群体。

论辩术

智者派实际上并没有构成一个学派，也没有形成共同的学说，只是因为他们在思想观念上存在相近的观点和倾向，因此就把他们称为"智者派"。智者派在希腊世界并不总是受欢迎的，他们遭受了来自不同群体的不少非议。例如，柏拉图认为智者并不是真正的哲学家，他们自作聪明、自以为是，哲学家应该是十分严谨和渊博的。不可否认的是，一些智者只注重玩弄文字游戏，进行诡辩，并沉醉于这种低端的满足感中，并没有提出太多的教育理念，但总体而言，智者派还是提出了不少有价值的理念。他们拥有独立的信仰和价值体系，而且不同程度地反对古代希腊旧的理智传统。他们怀疑神的存在，相信人可以依靠自己的力量改变自身处境。这种个人主义同样体现在他们的教育中，他们深信教育可以提升人的素质，他们引入修辞逻辑和文法，强调语言的特殊力量。

在方法上，智者派常用的主要方法有论辩术、矛盾术等。巧辩是论辩术采用的主要策略，但它很容易陷入诡辩的逻辑中，例如混淆概念、不适当定义、引对方落入自己的逻辑圈套等，取胜是他们唯一的目的，甚少关心辩论的内容是否合理。矛盾术就是悖论，在使用中也常常和巧辩术结合，爱利亚学派的芝诺曾多次使用过这个方法。矛盾术的主要特点就是从论题出发，经过一番引申和推导，得出与论题本身相矛盾或者本来就十分荒谬的结论。

感觉胜于理性

普罗泰戈拉（Protagoras，约公元前490/前480—前420/前410年）是第一个也是最重要的智

智者派是古希腊哲学流派中曾经一个诡辩学派，对自然哲学持怀疑态度，认为世界上没有绝对不变的真理。代表人物是普罗泰戈拉等。

公元前 5 世纪希腊哲学家普罗泰戈拉，智者派的主要代表人物。他出生在阿布德拉城，多次来到雅典，与民主派政治家伯里克利结为挚友，曾为意大利南部的雅典殖民地图里城制定过法典。一生旅居各地，收徒传授修辞和论辩知识，是当时最受人尊敬的"智者"。

者派哲学家之一。他出生于阿布德拉城，是有名的雅典教师，与唯物主义者德谟克利特关系甚密。由于晚年因"不敬神灵"被指控有罪，他的著作《神论》被焚烧，仅留存下很少的片段，因此后世只能从柏拉图的《泰阿泰德篇》《普罗泰戈拉篇》中了解到他的思想。

普罗泰戈拉最著名的论断是"人是万物的尺度"，把人看作是哲学研究的对象，这是古希腊自然哲学向下一阶段过渡的重要标志。他认为事物的存在是相对于人的感觉而言的，感觉是可靠的，人的感觉是怎样的，事物就是怎样的。由此他又断言"只是就是感觉"，认为凭借感觉就可以获得知识。对人的感觉的重视使他对神产生质疑，挑战传统宗教的神学观。他的观点在后续的研究中被赋予了更多的含义，围绕"人"这一核心，提出人本主义、主观主义、个人主义等命题。

高尔吉亚（Gorgias，约公元前 483—前 375 年）是另一位著名的智者。他的哲学思想集中体现在他对"非存在"的论证，他利用爱利亚学派的论辩方法，得出与其截然相反的三个论点。其一，"无物存在"，也就是说物（泛指一切事物）是不存在的；其二，即使有物存在，人们也无法认识和把握它；其三，即便物可以被把握，也无法言表。

智者派的研究宣告了以宇宙本原为研究对象的古希腊自然哲学的终结，从此哲学研究从自然哲学转向苏格拉底、柏拉图和亚里士多德的哲学。

平时沉默寡言的高尔吉亚，却是一位伟大的教师。好为人师是智者派一大特点，他们在开启民智方面作出了很大贡献。

"认识你自己"
苏格拉底

学生：请问什么是善行？

苏格拉底：盗窃、欺骗、把人当奴隶贩卖，这几种行为是善行还是恶行？

学生：是恶行。

……

苏格拉底：照你说，盗窃对朋友是恶行。但是，如果朋友要自杀，你盗窃了他准备用来自杀的工具，这是恶行吗？

学生：是善行。

提起苏格拉底，大概很多人都能说上几个关于他的故事。他是古希腊时期的哲学家、思想家和教育家，他的哲学观、他的爱情观、他的教育观等都对后世产生重要影响，是公认的西方哲学的奠基者。他和他的学生柏拉图，以及柏拉图的学生亚里士多德并称"古希腊三贤"。

苏格拉底，古希腊著名的思想家、哲学家、教育家、公民陪审员。他经常采用"诘问式"的对话形式，即以提问的方式揭露对方提出的各种命题、学说中的矛盾，以动摇对方论证的基础，指明对方的无知。

禀赋不凡　好学上进

苏格拉底（Socrates，约公元前469—前399年）出生于希腊雅典一个普通公民的家庭，父亲是一名雕刻匠，母亲是一位助产妇。他容貌十分平凡，短小的身材，扁平的鼻子，厚厚的嘴唇，凸起的眼睛。十分平凡甚至略有些丑的容貌让他显得平淡无奇，然而这样的外表中却蕴藏着智慧的火光，神圣的思想。他一生清贫，从不讲究吃穿，他常年穿着一件单衣，赤着双脚，似乎不知饥饱冷暖。他把全部的精力都放在做学问上，然而他却常说："我只知道自己一无所知。"他出生的年代正值希波战争取得完胜，雅典处于伯里克利统治的鼎盛时期。智者从各地涌入雅典，给民主制的雅典带来了大量的新知和自由论辩之风。

年轻的苏格拉底表现出对知识的强烈渴望。他曾跟随父亲学习雕刻手艺，并自学了包括荷马在内的大量诗人的诗作，收获颇丰。他曾向有名的智者普罗泰戈拉、普罗第柯等人求教，同他们探讨社会和哲学问题。他师从女智者狄俄蒂玛，宣称身边有"灵迹"相伴，它会预示什么事该做，什么事不该做，并终身信奉这一理念。此外，他还受到毕达哥拉斯学派的影响。

无偿老师和国家"牛虻"

学有所获后，苏格拉底认为自己有义务让更多的人成为有知识的人，他把自己看作传递知识的使者，是神赐给雅典人的一个礼物，因此十分热衷于教学工作。他没有固定的授课场所，整日在市场、街头等公共场合游走，找人交谈，和人探讨各种各样的问题。他的问题涉及广泛而没有章法，例如什么是民主，什么是勇气，什么是美德，你的工作是什么，你如何提升自己的知识等。贯穿这些问题的主线就是引导人们自己去发现、认识问题的答案。他自比"助产婆"，帮别人激活内心的知识，他说："我的母亲是个助产婆，我要追随她的脚步，我是个精神上的助产士，帮助别人产生他们自己的思想。"

到40岁左右的时候，苏格拉底在雅典已经远近闻名，被认为是最有智慧的人。他和很多智者辩论哲学问题，这些问题集中在伦理道德、政治和教

古希腊学习风气浓厚，图中展示的是正在上的阅读课程。古希腊的男孩必须向专业又著名的老师学习。

育等方面。他十分热爱自己的国家，曾三次参军作战，担任重装步兵。在战场上，他是英勇善战的斗士，在日常生活中，他是充满智慧的学问家。他坚信教育治国的必要性，尤其是看到伯里克利死后，雅典由于缺乏好的统治者使民主制走入无序，他更是痛心人才的缺失，因此毕其一生都在为人才培养奔波劳碌。

苏格拉底自比是一只牛虻，当国家昏睡时，需要一只牛虻紧紧地叮咬它，使其焕发活力。正是他对真理的坚持，苏格拉底最终被判死刑，一代伟人坦然就义。公元前404年，雅典在伯罗奔尼撒战争中落败，民主政体被推翻，由三十僭主取而代之。苏格拉底的学生克利提阿斯是其中的头目，他曾经要求苏格拉底去逮捕一个富人，以霸占他的财产，苏格拉底没有服从他的非法命令，并公开谴责他的恶

苏格拉底教学场景。苏格拉底传播他的哲学观点，被雅典法庭以侮辱雅典神、引进新神论和腐蚀雅典青年思想罪名判处死刑。

苏格拉底的哲学思想不仅泽被西方，也传播到东方，这是 13 世纪塞尔柱突厥出版的苏格拉底著作中的插画。

行。在僭主统治被推翻后，民主派重新夺回统治大权，他继续批评当局的腐败，遭到统治阶层的反感。民主派借由他曾和克利提阿斯关系密切，控告他反对民主统治，以"毒害青年""不敬神灵"的罪名判处他死罪。为了捍卫法律的尊严，苏格拉底拒绝学生安排的逃亡计划，慷慨行刑，终年 70 岁。他用生命捍卫了雅典法制的权威，一代伟人，就此落幕。

精神助产师和美德即知识

苏格拉底为教育事业奉献了一生，积累了丰富的教育经验和理论。他教无定所，对求教者一视同仁，无论谁向他求教，他都耐心解答。更值得敬佩的是，虽然十分清贫，他也从不收取学费，这与当时智者的有偿教学截然不同，他的教育不是为了个人利益，而是为了国家大义，他愿意无偿帮助他人，帮助别人发现史多的知识，为国家培养更多的人才。

苏格拉底认为"美德即知识"，这是他的伦理学研究中最重要的命题，也是他教育观念的核心思想。在他看来，人的行为是好还是坏，主要在于他是否具备这方面的知识，只有知道了什么是善的，什么是恶的，人们才能使自己的行为趋善避恶。因此，他主张首先要培养人的美德，使人成为有道德的人，再让他学习广博的知识，最后还需要使其有强健的体格。苏格拉底认为传授知识是培养道德的主要方式，人只有摆脱物欲诱惑和经验局限，才能获得勇敢、节制、正义等美德。

在教学方法上，苏格拉底独创了自己的教学方法，即以问答的形式进行教学，这被称为"苏格拉底法"。他自己则更直接地将这个方法叫作"产婆术"，这是因为他母亲是"助产婆"，他借用过来这个名词表述自己的方法，他说母亲的产婆术是为孩子接生，而他的产婆术则是为思想接生。在这个方法的指导下，苏格拉底并不直接给予学生问题的答案，而是先抛出问题让学生作答，如果回答错了，他也不立即纠正，而是提出另外的相关问题引导学生进一步思考，从而让学生逐渐依靠自身的思考得出正确的答案。今天我们熟知的启发式教育，也是源于此。除了教学，苏格拉底在辩论中也常常采用这一方法使对方逐渐放弃已有的错误观念，形成新的正确观念。采用讥讽、助产术、归纳、定义四个步骤，苏格拉底循循善诱，一步步把对方引导到真理的终点。讥讽是通过不断追问，使对方无力自圆其说，承认自己对这一问题的无知；助产术是引导对方抛弃成见，形成新的认识；归纳是试图从个别中找到一般规律；定义则是帮单一的概念归到一般中。

一话一说一世一界一

在政治上，苏格拉底主张专家治国，反对依靠抽签选举法实行的民主统治。他认为各行业都需要有真才实学的人来管理，这样的人不一定是通过抽签法选出来的，抽签选出来的人不少会存在各种各样的治国问题。

在哲学研究中，苏格拉底做出了"心灵的转化"，使哲学的研究对象从自然转向自我。在他看来，自然世界变化无常，其中的真理也让人捉摸不定，自我却是稳定的，是可以把握的，因而研究自我就进一步接近了他所追求的永恒的、不变的真理。由此，自我和自然在哲学研究中被明确区分，并被后世沿用。另外，他的"灵魂不灭"说进一步将物质和精神区分开来，使其成为两个迥然不同的研究对象，这在哲学研究中尚属首次，他因此成为西方唯心主义哲学的奠基人。在此基础上，他开始试图寻求事物的普遍定义。他反对智者提出的相对主义，认为真理只能有一个，是永恒的、不变的。苏格拉底所追求的，是认识"美

自身""正义自身"，柏拉图后来称之为"美的理念""正义的理念"，这是西方哲学史上"理念论"的雏形。

《苏格拉底之死》画中所描绘的就是苏格拉底服毒自杀的情节，在一个阴暗坚固的牢狱中展开，苏格拉底庄重地坐在床上，亲人和弟子们分列两旁；苏格拉底从弟子手中接过毒药喝下，面临死亡毫无畏惧。

犬儒学派
第欧根尼

一根棍子，一件褴褛的衣裳，一个讨饭袋，一只水杯，这就是他的全部家当。他常在雅典街上到处游荡，睡在一个木桶里，人称"第欧根尼大桶"。

苏格拉底死后，除柏拉图是他的继承者外，在他的弟子中还形成了三个学派：犬儒学派（Cynics）或称昔尼克学派，快乐学派或称昔勒尼学派、麦加拉学派，这些学派统称为小苏格拉底学派。它们主要研究的是关于伦理或道德问题，其中麦加拉学派继承和发展了爱尼亚学派芝诺的辩术，提出了有名的论辩，涉及质和量的转化问题。

第欧根尼的全部财产包括一根橄榄树干做的木棍，一件褴褛的衣裳，一个讨饭袋和一只水杯。他每天住在市场上，晚上睡在木桶里。人们称此桶为"第欧根尼大桶"。他骄傲地声称自己以四海为家，是一个自由的世界公民。

苦行主义

第欧根尼（Diogenes，约公元前412—前324年），古希腊著名的哲学家，犬儒学派的代表性人物之一。他出生于一个银行家庭，然而他的生活并没有按照世俗想象的轨迹发展。他放弃了父辈悠然富足的生活，表现出对哲学的浓厚兴趣。

第欧根尼是一个苦行主义的倡导者和践行者，犬儒哲学源于苏格拉底关于道德伦理的学说，认为人们只有摆脱欲望才能培养美好的品德，继续获得完备的知识。这个理念后来被他的弟子安提斯泰尼集成，形成强调禁欲为主要内容的犬儒学派。

在第欧根尼看来，除了基本的自然需求（例如吃饭、穿衣等）必须满足以外，其他任何事物都是不重要的，是可以抛下的。他强调禁欲主义倡导的自我满足，认为人们要恢复简单自然的生活状态，

第欧根尼，古希腊哲学家、犬儒学派的代表人物。活跃于公元前4世纪，生于锡诺帕（Sinopeus，现属土耳其），卒于科林斯。他的真实生平难以考据，但古代留下大量有关他的传闻轶事。

这才是生活的本来面目，为此应该放弃看似舒适的生活环境，抛下物欲杂念。他后来求学于安提斯泰尼的犬儒哲学，试图摧毁现行的一切传统价值。他从不介意被别人叫作"狗"，他甚至主动呼喊要"像狗一样活着"，他的哲学思想奠定了古希腊俭朴生活的思想基础。

"第欧根尼大桶"

第欧根尼以身作则，全面实行禁欲主义要求的内容。在他看来，人们完全没有必要为额外的东西劳心费神：房子是没有用的，因为人不需要隐私；床和椅子等家具是没有用的，我们应当像动物一样睡在地上。我们唯一需要的就是满足基本生存的衣物，房子、马匹、仆人等奢侈品将人们牢牢地拴住，人们不得不为拥有他们而奋斗，将精力放在这些不必要的东西上。

据说他住在一个木桶中，所有的资产只有这个木桶、一根棍子、一个面包袋、一件斗篷。他将他的"木桶家"安在大街上，赤着脚，半裸着躺在地上，满脸胡楂子，与乞丐并无两样。早上他迎着太阳醒来，在路边的喷泉洗洗脸，再向路人讨要一些食物，然后开始一天的悠闲生活。他像一条狗一样地生活，全然不顾社会规范，我行我素，潇洒率性。他在街上闲逛时，不时有人向他发难，他也讽刺地回应；还有人向他丢石子，他也毫不客气地大骂他们。

尽管行为看似怪异，第欧根尼依然被认为是一个有分量的哲学家。他通过诗歌、散文等阐述自己的学说，号召人们抛开世俗陈见，摆脱繁文缛节的负担，随心所欲地生活，只有这样才是一个真正完整的人。他选择游客众多的雅典和科林斯居住，希望向更多的人展示生活的真实样子。他认为世人大多只能算半个人，因为他们的另一半迷失在各种物

欲追求中不得安宁。

第欧根尼与亚历山大之间的交流将他的禁欲理念展现得淋漓尽致。亚历山大称帝后，人人都希望效忠于他、臣服于他，甚至远远地与他目光交流一下都心满意足。然而唯有第欧根尼拒不与这位君王会面，当受到邀约时，依然我行我素，拒不相见。亚历山大承袭老师亚里士多德的包容，曾经放下身段来到街头造访了第欧根尼。

亚历山大从两边闪开的人群走向"狗窝"，打量着那可怜的破桶，还有躺在地上那个粗陋邋遢的形象，他说："第欧根尼，我能帮你忙吗？""能，站到一边去，你挡住了阳光。"亚历山大听后并未像围观者一样发笑，他沉默不语，最后平静地对身边人说道："假如我不是亚历山大，我一定做第欧根尼。"这表现出他对第欧根尼深刻的犬儒哲学观的充分尊重。

理想国的公民
柏拉图

热衷于"理念"论的大师，
欧洲第一位大教育家？
名列希腊哲学"三贤"，
西方哲学的源头活水。

柏拉图师从苏格拉底，又培养出优秀的弟子亚里士多德。他是古希腊伟大的哲学家，也是整个西方哲学中影响深远的哲学家、思想家之一。

师从名家　万里游学

柏拉图（Platus，约公元前427—前347年）出生于雅典，原名亚里斯多克勒斯（Aristokles），"柏拉图"据说是他的体育老师给他起的外号，意思是宽阔、平坦之意，和他强健的外形很匹配，还有人说这个名字源于他出色的才华。他出生在一个贵族家庭，在家中排行老四，父亲叫阿里斯通（Ariston），母亲是伯里提俄涅（Perictione）。据称他的家族是古雅典国王的后裔，出身显赫。他从小就接受了良好的教育，7岁时被送进狄奥尼索斯学校学习，并表现出对文学浓厚的兴趣，期间听了荷马等人的不少诗作，并尝试写作诗歌和悲剧。

随着年龄的增长，柏拉图对政治的兴趣渐增。大约20岁时，他与苏格拉底结识，拜对方为师，潜心学习哲学。柏拉图本来希望承袭家族传统去从政，但现实情况的变化使他改变了想法。公元前404年，雅典在伯罗奔尼撒战争中落败，雅典民主政体被推翻，三十僭主上位执政，统治残酷。后来民主派恢复掌权后，极力维护自己的统治。公元前399年，由于批评当局的腐败，苏格拉底被判死刑。老师的死给了柏拉图沉重的打击，使他彻底对现存政体失望。柏拉图放弃了从政的打算，转而开始反对民主政体，认为这并不能最大限度地体现公平、正义。他认为人应该做他擅长的事情，各司其职，例如，商人只管经商，农民只专心种地，医生只管治病，这样才能各尽其用，

柏拉图，古希腊伟大的哲学家，是西方哲学乃至整个西方文化最伟大的哲学家和思想家之一。他创造与发展的概念包括：柏拉图思想、柏拉图主义、柏拉图式爱情等。柏拉图的主要作品为《柏拉图对话录》。

通向智慧之路。据考古学家考证，当年到阿卡德米学园上学的学生们走的就是这条小路，可以想见这条小路上曾经有过多少哲学家的身影。

公元前387年，柏拉图重回雅典，在城外创办了一所学校，取名阿卡德米（Academy），这是为纪念学校所在地的传奇英雄阿卡得摩斯而命名，后来人们也习惯称之为柏拉图学园。

在办学的同时，柏拉图依然试图实现自己的政治主张。公元前367年，柏拉图再次奔赴西西里岛的叙拉古，希冀在那里将自己的政治主张诉诸实践，但是现实又一次打击了他的理想，他被强行放逐。颠沛流离了几年后，他于公元前360年黯然回到雅典，继续他的讲学和写作。此后他再没有进行过其他实践上的尝试，公元前347年，柏拉图平静地死于一次婚礼宴席上，享年80岁。

促进国家的发展。

老师去世后，柏拉图不愿再待在雅典这个伤心地。28岁到40岁的时光里，他遍游海外，先后游历了埃及、意大利、西西里等地区，沿途认真考察了各地的政治法律等制度，并进一步研究了当时的各种哲学思想，这些探索与实践奠定了他将哲学与政治结合起来的理想。

但旅途并非一帆风顺，他曾因得罪了僭主被卖为奴隶，在朋友的帮助下才得以赎身。

《美诺篇》是柏拉图众多对话中的一篇，《美诺篇》的诸话题围绕"美德是否可教"这个核心话题展开。《美诺篇》涉及四个话题，即美德是什么、回忆说、美德与知识、美德是否可教。

柏拉图著名的"洞穴喻"以形象生动的方式表明了柏拉图政治哲学的基本理念,这就是:理想的国家具有唯一性,真正的哲学家适合做统治者;囚徒缺少的是自由而不仅仅是知识;理想国家须以宗教作补充。

理念论和哲学王

柏拉图研究兴趣十分广泛,且勤于写作,著述颇多。以他名义流传下来的著作就有40多篇,另有13封家书,著名的有《伊壁鸠鲁篇》《苏格拉底的申辩》《克力同篇》《理想国》《会饮》等。

他的著作大多是用对话的方式呈现,其中不少对话都是在他和老师苏格拉底之间进行的。其中的场景生动,人物鲜明,论证严谨,达到了哲学和文学的统一,又兼具修辞和逻辑之美。

柏拉图的研究是从伦理学出发的,苏格拉底探

究过善,但从未解决这个问题。为此,柏拉图极其详尽地研究了赫拉克利特等前人的思想。他认为,如果善是一个认识的客体,那它就是超主观的,柏拉图把其称为"理念"。柏拉图认为世界由两部分构成:"理念世界"和"现象世界",前者是真实的存在,是永恒不变的;后者只是反映理念世界的影子,是多变的。例如,当我们提到马时,我们并不是在特指某一匹马,而是指任何一种马,马的内涵独立于有形的马之外,它不存在于时间或空间中,因此是永恒的,而感官世界中看到的有形的马却是"流动"的,它会衰老、死亡、腐烂。

柏拉图的"理念"是宇宙间唯一超感觉的存在,它们在"九天之上"有自己的"住所",是世界上万事万物的原因和推动力,是"绝对理念"。从这儿开始,柏拉图给"理念"赋予了本体论、目的论和逻辑学的三重意义,这些在他的《理想国》和《蒂迈欧篇》等作品里都有阐述,他的全部"理念"哲学也就由此而产生。

在政治研究中,柏拉图提出哲学王的概念,认为这是理想的统治者人选。在《理想国》中,他设计了一个正义之邦的图景:适当的国家规模,以便管理;合适的等级分工:治国者、武士、劳动者三

古希腊摔跤。柏拉图对于"理想国"的军事教育非常重视,合格的公民要有强健的身体。

个等级，分别代表智慧、勇敢和欲望三种品行。由哲学家中的佼佼者——哲学王担任国家的管理者。因为只有哲学王才能认识真理，具备良善的品质和智慧，按照理性统治国家。武士们帮助哲学王治国，保卫国家安全。劳动者则为国家运转生产物质。三个等级各司其职，各行其道，不可交互。同时，统治者和武士不能拥有私产和家庭，因为这是产生私心的根源。要重视教育，提升国民素质等。

教育大师

在教育方面，柏拉图建立了完整的教育体系。他中年开始从事教育事业，在这一领域做出了令人瞩目的成绩，他是西方教育史上第一个提出完善的学前教育观点，并建立完整的教育体系的人。他继承了苏格拉底的问答法，反对"填鸭式"的教育，认为前者可以启发学习者自我思考的能力，通过分析、归纳、判断，最后得出结论。

对理性的重视是柏拉图教学思想的一大特点，他始终以发展学生的思维能力为核心目标。他认为理性只能凭借反思、沉思来实现，这两个词语也多次在他的《理想国》中出现。经过这一思考过程，学生才会获得理性之乐。

为了发展理性，柏拉图创建了金字塔形的教育体系。他将学生按照不同的年龄段分配不同的学习任务，从学前教育、初级教育、军事教育等，加强"四科"的学习，即算数、几何、天文、音乐，形成一个完整的教学体系。"四科"成为古希腊课程体系的主干，并支配了此后1500年的欧洲中等和高等教育内容设置。他要求0—3岁的儿童在育儿所集中进行照顾，3—6岁的儿童必须受到保姆的监护，在村庄的神庙里进行集体教育（游戏、听故事等）。7岁之后，儿童要学习军人所必备的技能，例如骑射、读写等。20—30岁时，就要挑选出对

知识链接：洞穴理论

这是柏拉图在《理想国》中提出的著名比喻，用来解释理念论的内涵。书中柏拉图描述了这样一幅场景：一群囚徒被捆绑在一处洞穴中无法动弹，他们面前是一堵白墙，他们身后燃烧着一堆火。由于无法回头，他们只能看到白墙上透过火堆映射出的自己的身影和其他物品的影子，因此他们会以为影子就是真实的东西。直到有一个人挣脱枷锁，跑到洞口的位置，才第一次看到了外面真实的实物，才明白之前看到的都是虚幻的假象。当他返回向其他人解释说影子是虚幻的，洞口之外才是光明的世界，却没有任何人相信他的话，甚至嘲讽他愚不可及。

柏拉图试图通过这个故事说明，"现象"其实是阳光下的实物，而我们却只能看到白墙上的影子。我们所看到、感受到的只是单调的影子，远非哲学家们所能看到的阳光下的实物。

抽象思维感兴趣的学生，专门培养他们的几何、天文等知识，以培养他们的思考能力。30岁之后，那些未来的统治者需要继续学习辩证法，训练自己认知"理念世界"的能力，5年之后，就可以成为哲学王。

第 238—239 页：《雅典学院》

这幅壁画为意大利画家拉斐尔绘制，描绘了人物之间对古哲学思想激烈的讨论场景。在这幅构图宏伟的作品中，拉斐尔巧妙地将著名的哲学家、思想家齐聚一堂，组织在壮观的三层拱门大厅内。拱门的正前方站着两个地位显赫的古代哲学家：柏拉图和亚里士多德。柏拉图右手手指向上，表示一切均源于神灵的启示，手中紧握着《蒂迈乌斯篇》；亚里士多德左手拿着《伦理学》，右手手掌向下，好像在说：现实世界才是他的研究课题。

"学者之王" 亚里士多德

吾爱吾师，吾更爱真理。
——亚里士多德

亚里士多德是历史上最博学的思想家之一。他一生著述宏富广博，涉及哲学、政治、伦理学、美学以及当时的一切自然科学问题。柏拉图创建了一套前无古人的理念论哲学体系，亚里士多德的哲学则是建立在对柏拉图哲学批判的基础之上，试图确立一种与柏拉图不同的"实体理念"。在古希腊哲学的崇山峻岭中，柏拉图和亚里士多德是两座不相上下的奇峰，它们交相辉映，构成了古希腊哲学最辉煌的篇章。

终其一生 传道授业

公元前 384 年，亚里士多德（Aristotle，公元前 384—前 322 年）出生于色雷斯的斯塔基拉。他成长在一个贵族家庭环境中，父亲是当时马其顿国王腓力二世的御医，给予家庭充分的物质财富和社会地位。大概是受到父亲影响，亚里士多德在后期的学习中对生物学和实证科学表现出浓厚的兴趣。公元前 367 年，亚里士多德全家搬到了雅典生活，这不仅是生活环境的改变，更深刻地影响了他的学术之路。

18 岁的亚里士多德来到刚创办一年的柏拉图学园学习，一学就是 20 年，直到柏拉图去世。在这里，亚里士多德浸润在哲学、政治、法律等不同学科的熏陶中，他因过人的学术天赋被称为"学园之灵"。学园中完全对话式的教育方式启发、强化了学生的抽象思维能力和表达能力，也使师生关系变得更加平等。因此，亚里士多德经常表达自己独

到的，甚至与老师相悖的见解。随着思考的深入，他和老师柏拉图之间的思想分歧也不断增大，对于老师在哲学研究中的数学倾向也不是很认可。

亚里士多德，世界上伟大的哲学家、科学家和教育家，堪称希腊哲学的集大成者。他是柏拉图的学生，亚历山大的老师。公元前 335 年，他在雅典办了一所叫吕克昂的学校，被称为逍遥学派。

虽然亚里士多德是亚历山大的老师，但除了亚历山大远征亚洲时他们曾有书信往来，很难推测亚里士多德对他这位学生的思想有什么影响。

公元前347年，柏拉图去世。由于新上任的首脑继续推崇柏拉图哲学中的数学倾向，忍无可忍的亚里士多德在两年后选择离开。

离开学园后，亚里士多德开始游历各国。20年的学园生活让他有足够的信心和能力去应对外面的世界。他第一站首先应邀来到小亚细亚，拜访他的学友赫米阿士。赫米阿士是当时小亚细亚沿岸的密细亚统治者，他非常热情地招待昔日的学友，并把自己的侄女嫁给亚里士多德为妻。幸福的生活并没有持续很久，一年后，赫米阿士在一次暴动中被杀身亡，亚里士多德不得不举家离开小亚细亚，来到米提利尼暂住。

是金子总会发光，3年后，马其顿国王腓力二世将亚里士多德召回故乡，许以他"太傅"之职，辅佐当时年仅13岁的亚历山大的学业。据古希腊传记作家普鲁塔克记载，亚里士多德向这位未来的大帝传授了大量的政治、哲学知识，并不遗余力地强调科学事业的重要性。

学生成为国王后，亚里士多德又一次挥挥衣袖，飘然离去。公元前336年，腓力二世遇刺身亡，年轻的亚历山大继位称帝。这位赫赫有名的大帝彰显出极强的沙场征战能力，在不到10年的时间里，他打垮了波斯帝国，建立起庞大的亚历山大帝国，领土范围西起希腊，东至印度河，南及埃及，北达中亚。"太傅"使命已然完成，亚里士多德重回雅典，捡起自己的办学梦。他创办了吕克昂学校，他在里面教授哲学。在这里，他前20年积淀的哲学兴趣得到发扬。亚里士多德授课之余，完成了多部哲学著作。他的上课风格也十分特别，他习惯闲庭漫步式的讲课，与学生边走边聊，闲适怡然，因此，学园的哲学被形象地称为"逍遥的哲学""漫步的哲学"。

校园生活由于亚历山大大帝的去世又一次被打破。公元前323年，亚历山大大帝去世，消息传来，雅典立马掀起反抗马其顿统治的浪潮。曾经的"帝师"亚里士多德成为众矢之的，被雅典人判处不敬神罪。念及先师苏格拉底就是以这一罪名被判处死刑，亚里士多德决定不再让类似的悲剧发生在自己身上。他说："我不想让雅典人再犯下第二次毁灭哲学的罪孽"，最终逃出雅典。

天妒英才，亚里士多德并没能保全太久。逃出后不久，他就身染重病撒手人寰，终年63岁。

百科全书式的科学家

作为一位百科全书式的科学家，亚里士多德的研究成果几乎涉及每个学科，例如神学、政治学、

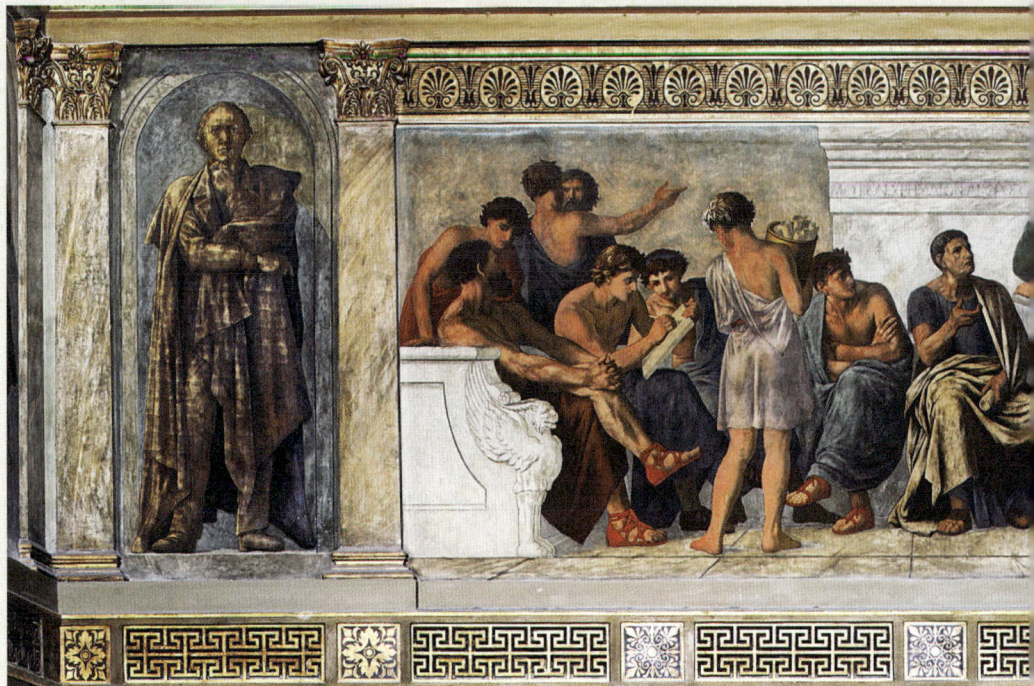

在亚历山大大帝征服波斯征途中，亚里士多德在雅典创办了吕克昂学校，传输他那百科全书般的知识。亚里士多德的教学独具一格，有苏格拉底式的诘问、训诫教学、实验式学习等教学方法。

修辞学、教育学、天文学、物理学、生物学、数学、法学等。

哲学家是亚里士多德的重要学术身份。他在哲学领域最大的贡献在于创立了形式逻辑这一分支学科，这也是他在其他领域收获硕果的思维根基。在哲学观念上，他反对老师柏拉图的实物源于理念，理念可以不依赖实物独立存在的观点。亚里士多德认为世界是由各种自身的质料和形式相一致的事物组成，"质料"是组成事物的材料，"形式"则是事物的特征。例如一只可爱的兔子，它的"形式"就是会蹦蹦跳跳去吃草，会生小兔子等。一旦兔子死去，"形式"也就不存在了，只剩下零散的构成兔子的"质料"。此外，亚里士多德认为知识来源于感觉，这一点也和柏拉图的观点相悖。

亚里士多德的物理学思想深刻影响了中世纪直至文艺复兴时期的学术思想。他不承认真空的存在；物体的运动一定是外力作用的结果；还认为自由落体运动中，重的物体会先落地；白色是最纯粹的光，而其他颜色的光则是不纯净的。

在生物学方面，他对 500 多种不同的植物和动物进行了分类，并至少解剖了 50 多种动物，指出鲸鱼是胎生动物等。他还首次将生物学分门归类，并完成相关专著。虽然他并未提出正式的分类方法，但他已经有意识地按照一定标准对动植物进行归类，这和 2000 年后的晚辈们相比也并不逊色。

1644 年版的亚里士多德《历史植物学》扉页

知识链接：四因说

亚里士多德丰富了对因果的看法。他认为"因"主要有四种：第一，质料因，即构成物体的主要物质；第二，形式因，即核心物质形状或图案；第三，动力因，即"那个使被动者运动的事物，引起变化者变化的事物"；第四，目的因，即这一物体所要达到的目的，是事物"最善的终结"。

在研究中，他发现了比较法的价值，认为这是一个非常重要的研究方法。但他坚信世界基本是完美的，从而否定了进化的观点，这一点在达尔文发现进化论之后被推翻。

亚里士多德是形式逻辑的开创者。他认为逻辑学是一切科学得以开展的工具，并力图把思维形式和客观存在联系在一起，根据客观存在来阐述逻辑的范畴。他选择几何学来验证这一研究方法，用演绎的形式展开研究。

他在政治学方面也颇有建树。在正义领域中，他和柏拉图的观点契合，认为城邦高于公民，但他同时也强调人也拥有自己的权利，应当注重城邦和公民利益的协调。他的《政治学》一书被认为是古希腊时期最重要的政治学论著，是西方传统政治学的开山之作。

教育学方面，亚里士多德认为教育的最终目的是发展理性，认为国家应当对奴隶主子弟进行教育，使他们的身心得到和谐发展。在教育方法上，他强调实践的作用。他反对学生对老师权威的崇拜，认为要保持独立思考，坚持真理。他"吾爱吾师，吾更爱真理"的精神正是这一点的生动体现。

亚里士多德给后世留下了许多著作，例如《形而上学》《伦理学》《政治学》和《分析前篇和后篇》等。这些著作对后来的哲学和科学的发展产生了很大的影响。他的出现是希腊科学研究的一个重要转折点。在他之后，科学家和哲学家们从之前追求大而完整的世界体系中转向具体问题的研究。

1566 年版的《伦理学》，是希腊文和拉丁文对照本。

彼岸世界

古典时代的宗教和思想就像一对孪生的兄弟，它们的外表很相似，很难区分开来，但是它们的个性却又大不相同，有着非常明显的区别。

如果要机械地拆分两者，思想更偏理性，是人类理性的结晶；宗教更偏感性，是人类感性的升华。这种区分并不绝对，甚至不一定合理。

宗教的产生有许多原因，都是人类对世界与自身思考的结果。战乱、饥荒、贫困、压迫，在古典时代频繁出现，给普通百姓造成了极大的痛苦，当这种痛苦无法在现实世界缓解之时，人类就转向了彼岸的精神世界。宗教如同一个一个的庇护所，安抚着穷苦人受伤的心灵。

很多情况下，当一个宗教有了大量的教众，它就会吸引当权者的注意。为了国家稳定，当权者会逐渐接纳宗教，给予支持和推动，慢慢地将其转化为自我的神化。有时候，宗教所代表的神权甚至会威胁到王权。

宗教的基本功能，是孜孜不倦地给人以安慰，劝人行善，劝人追求美好。也有一些别有用心的人会创立一些邪教，用迷信的力量哄骗民众，危害百姓，暗地里却为自己谋取利益。

众神的国度
两河流域的宗教

这是自然崇拜的国度，
这是宗教信仰的故乡，
两河流域的居民抬头祷告上苍，
漫天的神明在天空飞扬。

两河流域地势平坦，一马平川，没有天然屏障，给众多民族在这里上演宏大历史剧提供了广阔的场地。无休止的征战使得两河流域的人们没有安全感，仿佛一切都是匆匆过客，你方唱罢我登场，让人不知何去何从。怎么办？生命的庇护交给谁？现实中找不到答案，那就想象出来，而且不止一个，因为我们的需求是多样的，我们的神佑也是多元的。独特的历史背景造就了两河流域居民对神的独特虔诚。

万物有灵的宗教信仰

苏美尔时期，两河流域的人们就开始虔诚地信

苏美尔人的宗教发展程度不高，但宗教在他们的生活中占有很重要的地位。他们崇拜许多的自然神灵，如天神（安努）、地神（恩利尔）、水神（恩奇）、太阳神（沙马什）、月神（辛）、女神（伊什塔尔）等。

仰神灵。他们信仰很多神，认为万事万物都有它的保护神，并且每个城邦、每个群体、每个人都有自己的保护神。众神可分为两类，生活在天空中的神和居住在大地上的神。其中有四大主神，分别是：天神安努（Anu），"天上的超权力中心"，裁判一切，主神庙在乌鲁克；地神恩利尔（Enlil），"分开天地创造世界，使世界秩序井然"，主神庙在尼普尔，也是苏美尔的民族神；水神恩奇（Enki），性格比较微妙复杂，是埃丽都的保护神；母神宁胡尔萨格（Ninhursag），掌管大地的兴荣和生育。四大主神反映了人们希望政通人和、风调雨顺、五谷丰登、人丁兴旺。

这么多神，如何去安排他们的位次？两河流域的人们认为，神的国度和人的世界是一样的。神有等级之分，主神就像人间的最高统治者一样，独掌大权，养尊处优；小神是劳动者，他们要为大神提供无偿服务。神和人同性，具有七情六欲，他们会相互嫉妒、斗争。每个城邦都有自己的守护神，城邦的战争是神的纷争引起的；城邦的胜利也归功于神。他们把神制成具体的塑像，进行偶像崇拜。两河流域地区出土了大量的各种各样的神像。

命运寄托于神庙

神的地位是至高无上的，神给人安排的命运是不可战胜的。《吉尔伽美什》的主人公吉尔伽美什

女神和祭司。古巴比伦时期，一个带翅膀的裸体女神。在该时期祭司权力和荣誉等同于国王。他们是神与人之间的调解人。

知识链接：王权与神明关系

在古代美索不达米亚，王权和神权紧密地结合在一起。其中最为夸张的，是在古代西亚流传甚广的一个传说中，一位叫作杜牧兹（Dumizi）的国王竟然把女神伊什塔尔娶做了妻子，最终不但未能羽化成仙，还坠入冥界，永世不得超生。现实中的国王可是要比杜牧兹聪明得多，大多数国王只是在登基或是大型仪式中宣扬自己与主神不可分割的关系，那么作为神在人间的代理人，自然就要替神履行在人间的统治任务，他们通过这种方式稳定了统治基础，神明成了国王的护身符。

与巨人恩奇都是形影不离的密友，两个人一起拯救世界，但恩奇都惹怒了众神，受到惩罚，身染重病而死。吉尔伽美什寻到能使恩奇都复活的仙草，却被神指使的蛇所吞食。吉尔伽美什身心俱疲，仰天长啸，感叹命运不可战胜。这个故事充分说明了两河流域人民面对命运之路时，那种悲壮却无力叩开通往幸福时空大门的尴尬境遇。两河流域来来往往的征伐勇士太多，他们必将永垂青史，却不知身后有多少皑皑白骨。置身于残酷的现实，人们只能把命运完全交托于神。

神庙是众神栖息的地方，所以修建神庙成为一项重要的活动。苏美尔神庙规模宏大，工程量十分浩大。一个神庙的修建往往需要1500名劳工每天不停地工作10小时，需要5年才能完工。不过，由于人们对神的敬重，他们干这些工作是志愿的，是十分荣幸、快乐的。神庙作为庄严神圣的地方，需要专门的工作人员，这就是最早的祭司群体。他们逐渐成为最有权势的人群，掌管着人们的灵魂。他们拥有政治、经济和文化特权。在宗教仪式上，祭司常常赤身裸体，以此向神证明自己彻底的清白。贵族男女制出代表自己的塑像，呈现膜拜状，放在神庙的墙边，以此表现对神的无限敬诚。有时连续一周都是宗教节日。

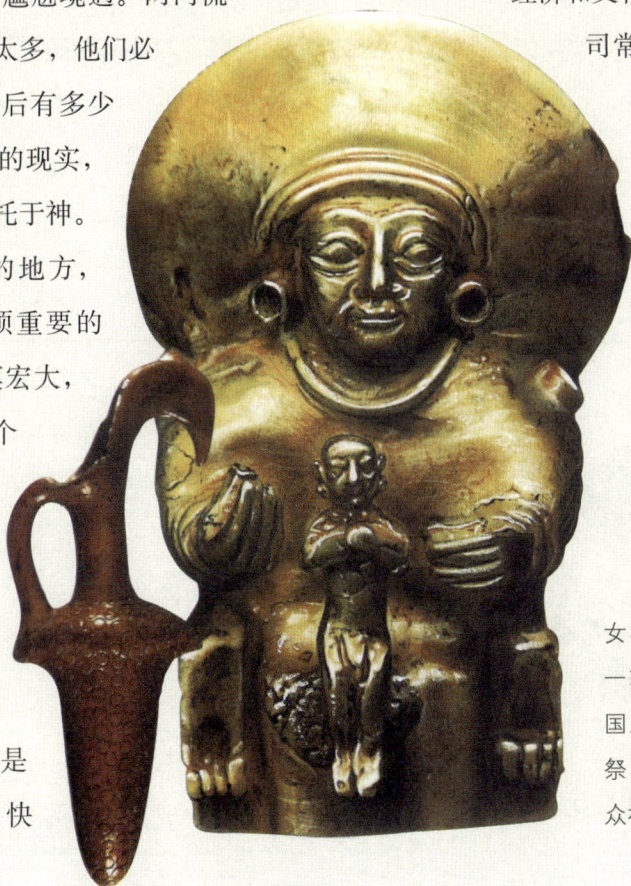

赫梯女神。保护众人的太阳女神亚瑞娜被视为天国的王后，一轮金盘环绕着她的头部。赫梯国王与王后即为她的大祭司与女祭司。图中左边的水壶是用来为众神倒酒、油或蜂蜜的。

"胜利者" 耆那教

印度最古老的宗教，众多教义成为后世宗教的滋生养料。历经 2500 多年，仍然拥有着信徒。

耆那教是印度献给世界的重要宗教之一。公元前 6 世纪时，列国时代的印度出现了不少思想的火花，耆那教大约与佛教同时兴起。据耆那教的传说，该教共有 24 位祖师。不过这些传说似乎并不怎么可信，直到传说中的第 23 祖巴湿伐那陀，才是历史上真正有过的人物。真正使耆那教得以确立并兴起的是第 24 祖筏驮摩那。

耆那教的兴起

筏驮摩那于公元前 599 年出生在吠舍厘城的高贵家庭，属刹帝利种姓。他婚后并不幸福。30 岁时，筏驮摩那不再留恋世俗之乐，决意出家苦行，

印度河流域的宗教史料和考古发现不多，发现的这尊留有胡须的石灰头像，可能代表印度河流域的一位祭司兼国王。

想在宗教之中寻求解脱。他的修行痛苦且漫长，时间长达 12 年之久。到第 13 个年头时，他终于悟道成功而成为"耆那"，时年 42 岁。他被其弟子们称为大雄，即伟大的英雄或胜利者。大雄成道后，先后组织教团，开始在恒河流域传道布教，积极开展宗教活动 30 余年。公元前 527 年，他在巴瓦死去，终年 72 岁。据耆那教文献《圣行经》记载，大雄逝世时已有教徒 52 万多人。

出于对婆罗门教的反感，一些国家的君主接纳了耆那教，促进了该教传播。印度历史上著名的孔雀王朝，就注重保护耆那教的利益。公元前后，随着新的城市和贸易中心的出现，耆那教传播到了更广的范围，教徒们也随之迁徙分散。渐渐地，教徒们对于教义的理解逐渐产生了分歧，耆那教分裂成了天衣派（或称空衣派）和白衣派两个派别。白衣派否认裸体的必要性，主张僧侣穿象征廉洁的白袍，认为男女一样能获得拯救，各种姓一律平等，允许出家人占有一定的生活必需品，允许男女结婚生育等。这一派别将宗教仪式限定在耆那教寺庙举行。空衣派又称裸体派，较为保守。他们认为纯净的修行必需摒弃世俗的财富，教徒们不仅不能积蓄财产，甚至连衣服都不应该穿。僧侣要尽量裸体，最伟大的圣人会全裸。不知是不是为了驱赶降落在裸体上的蚊虫，他们都常常手拿孔雀毛做成的掸子，看见蚊虫他们只会驱赶，并不杀死，他们认为蚊虫也是生灵，不应随意杀害。因为不能积攒财富，他们一般只能生活在寺庙或远离世人的地方，

耆那教徒的大理石雕像。在早期耆那教中，第23始祖白史婆最早提出耆那教的教义，即不敬神，反对种姓制度，人人均可得道，不歧视妇女等。

通常靠乞讨化缘为生，甚至有时候举行宗教活动，都要借用别的庙宇。

不做屠宰为生的职业，诸如士兵、屠夫、皮匠等职业，甚至也不从事农业生产，因为耕地时不免伤害地下虫蚁。所以耆那教教徒中有很多商人。直到现在，印度还有许多耆那教教徒。

清规戒律

每一个独立的宗教都有自己的经典著作，耆那教最早的经典著作是《十二安伽》，记录了大雄的生平主要事迹，还有一些讲述教义的故事和寓言。耆那教主张灵魂解脱、业报轮回和非暴力。与伊斯兰教和基督教不同的是，耆那教不祭拜神灵，而是崇拜祖师。耆那教有自己的戒律和修行方法，主要是持五戒，修三宝，实行苦行。持五戒即不杀生、不欺狂、不偷盗、不奸淫、不蓄私财。修三宝为正知（正确地学习和理解耆那教的教义）、正信（完全彻底地信仰大雄和他所传的教义）、正行（要求在家的信徒实行五项誓戒，即一不伤害生物，二不说谎话，三不偷盗，四不奸淫，五不贪私财）。耆那教认为，要使灵魂超越轮回，必须奉持"三宝"。耆那教徒还实行各种苦行，他们认为只有苦行才能排除旧业，使新业不生，达到寂静，使灵魂呈现出原有的光辉，从而脱离轮回之苦，获得解脱。耆那教最重要的戒条是禁止杀生，因此，耆那教徒一般

这座耆那教寺庙位于印度拉贾斯坦邦斋浦尔，在耆那教徒的世界中，这里是耆那教徒主要的朝圣地之一。

如来佛祖
释迦牟尼

世界三大宗教之一的佛教是如何诞生的？

苦海无边，芸芸众生如何解脱？

作恶行善，怎样陷入报应轮回？

品读佛教教义，参悟佛法真谛。

释迦牟尼，又称释迦摩尼、佛陀（约公元前565—前486年），是佛教的创立者。释迦牟尼并不是他的本名，是后人对他的尊称。他本名乔达摩·悉达多，释迦是他的种族名，意思是"能"，牟尼的意思是仁、儒、寂，释迦牟尼合起来的意思就是能仁、能儒、能寂等，同时也是"释迦族的圣人"之意。

佛陀从菩提树下走来

释迦牟尼的父亲净饭王是释迦族的首领之一，他的母亲摩耶夫人在生下他七天后就去世了，因此他从小跟随父亲的妃子波阇波提长大。他从小衣食富足，起居无忧，享尽富贵，还拥有适合不同季节居住的三座宫殿，分别是避暑、防潮、防寒之功用。他的父亲净饭王对他抱以厚望，希望他长大后

能子承父位，成为一统天下的转轮王。然而，释迦牟尼最终却选择放弃王位，在29岁（也有说在19岁）出家修行。

有几个原因促成了释迦牟尼的出家。当时处于群国争霸时代，国家形势动荡。释迦族不断受到强邻侵扰，岌岌可危，他已预感到国将不复的局面。另外，受当时的社会思潮影响。当时的印度，普遍追求哲学和思考，出现不少与婆罗门对立的沙门，他们深居森林中沉思，在当时印度上层人士中十分普遍。释迦牟尼个人的因素使然。经历幼年丧母，他在年少时就养成了强烈的自省和敏锐的感受力。在目睹了生老病死的人生场景后，他觉得世事无常，谁都摆脱不了注定的命运，因而产生了厌倦世俗的苦恼，出家是他自我解脱的途径。他的父亲虽然极度伤心，但见劝说无效后，便顺从了他的意志，还在亲族中选派了阿若憍陈如、阿说示、跋提、十力迦叶、摩诃男拘利五人陪伴他。

出家后，他开始寻求适合自己的修行之道。他先来到跋伽仙人的苦行林，在那里看到很多修行者通过折磨肉身来获得精神的解脱。他很不认可这种苦行的修行方法，选择离开。后来，他南渡恒河，来到摩揭陀国的首都王舍城，寻访到王舍城附近山林中的数论派信奉者，然而他认为这仍不是他满意的解脱之道。于是，他又来到苦行林，在尼连禅河边静坐苦行，六年后，他依然觉得没有收获真正有

释迦牟尼足印浮雕，每一只脚上都刻印着佛教的法轮。

乔达摩·悉达多独自一人来到菩提迦耶的一棵菩提树下，盘腿而坐，总结过去的经验，重新调整思维方法。经过数天苦思，终于获得了彻底的觉悟，立身成佛，号称释迦牟尼，那年他只有35岁。

价值的结果。于是，他决定抛弃苦行，跟随他的五个人认为他是自甘堕落，选择离他而去。一日他来到菩提迦耶一棵菩提树下，静坐冥思，终于觉悟成道。

佛法真谛

释迦牟尼在成道后，首先在鹿野苑（今北印度瓦拉那西市以北）寻找到曾随他一道出家的五个侍从，从三种不同角度向他们宣讲自己悟到的"四谛"，史称"转法轮"。

"四谛"是佛教教义的核心。"谛"就是"真理"的意思，包括"苦、集、灭、道"。"苦谛"是说人世间一切都是痛苦的。"集谛"是造成人生痛苦的原因，痛苦是由于人的欲望造成的。"灭谛"说明如何消除痛苦，认为如果断绝了欲望，苦果自然随之断绝。"道谛"则指出了修道的途径和方法。"灭谛"提出了佛教的最高理想——"涅槃"。"涅槃"是达到消除一切烦恼、超越时空、超越生死轮回的境界，具有"四德"："常"，全然永远；"乐"，全然

知识链接：《奥义书》

《奥义书》是印度最经典的古老哲学著作，婆罗门教信奉的经典之一。它最早出现在公元前9世纪左右，已知的奥义书大约有100多种。佛教的思想也部分地来源于《奥义书》，但被释迦牟尼进行了再加工，思想内涵得到升华。

安稳；"我"，全然主体；"净"，全然清纯。

"业"，梵文写作Karmar，它的本意是行为，即众生的一切身心活动。佛教认为一切事物有因必有果，众生的一切活动，必然会引起一定的果报，称为"业报"。众生依据各自行为所得的业报，流转在"六道"（天道、人道、阿修罗道、畜生道、地狱道、饿鬼道）之中。人若行善，死后就可升入天界。人若行恶，死后就会变成畜生，变成饿鬼，或堕入地狱。

在教义上，释迦牟尼强烈反对婆罗门教的宗旨。认为婆罗门教传统的火供、血祭等祭祷方式是作恶行为，斥责他们的问卜、咒术是邪术，是让人下地狱的行为。释迦牟尼大致认可《奥义书》中的轮回思想，但认为世人生死的根源是烦恼。

日本的僧尼来到那烂陀朝拜释迦牟尼

波斯宗教
琐罗亚斯德教

伟大的天神阿胡拉·马兹达，创造了地，创造了天，创造了人，并为人创造了快乐。

——大流士一世墓志铭

琐罗亚斯德教是在基督教诞生之前中东最有影响的宗教，是古代波斯帝国的国教，也是中亚等地的宗教。琐罗亚斯德教是流行于古代波斯（今伊朗）及中亚等地的宗教，该教崇拜光明、崇拜火，故而也称拜火教。中国人也称之为祆教。

星火燎原的琐罗亚斯德教

琐罗亚斯德（Zoroaster，公元前628—前551年）出生于波斯西北部一个贵族家庭，年少时从事祭司职业，20多岁隐居遁世，后来接受神的启发，顿悟并创建了琐罗亚斯德教，但受到传统教祭司的迫害。他42岁时，毗邻中国新疆和青藏高原西北部一带的大夏（即巴克特里亚，今阿富汗一带）的宰相娶他女儿为妻，将他引见给国王，此后，琐罗亚斯德教才在大夏迅速传播。77岁时，在一次战争中，在神庙里被杀身亡。另有说法认为琐罗亚斯德的生存年代要更早，琐罗亚斯德教也非他首创，

琐罗亚斯德是琐罗亚斯德教的创始人，该宗教已存在2500多年，至今仍有信徒。琐罗亚斯德也是该教圣典《火教经》最早分册《伽泰》的撰写者。

他只是一个集大成者。该教曾广泛流行于波斯和中亚地区，在唐时已传入中国。琐罗亚斯德教在波斯第一帝国（公元前550—前330年）传播之广、信众之多已是蔚为壮观。到了波斯第二帝国，即波斯萨珊王朝时期（224—

这个长着翅膀的人物代表善神阿胡拉·马兹达。琐罗亚斯德教相信他们至善的神不断与贪婪及愤怒的毁灭恶势力曼尼奋战。

琐罗亚斯德教寺庙遗址景观

651 年），更是发展成为波斯国教，影响了整个中东以及中亚的宗教。651 年，波斯萨珊王朝被阿拉伯帝国所灭，波斯王子流落中国唐朝。此后波斯帝国的故土便为伊斯兰教所掌握。伊斯兰教属于一神宗教，不如多神宗教那样富有宗教宽容。在残酷的压迫之下，琐罗亚斯德教的大量信徒被迫改宗，该教逐渐遁入历史长河，不复往日风采。今天琐罗亚斯德教的信徒仅仅留存于伊朗边境与印度西北部等一些偏远穷困地带，总人数不足 10 万。

琐罗亚斯德教经典是《阿维斯塔》（在萨珊王朝时编订成书），中文翻译为"知识"，主要记载先知琐罗亚斯德生平及其言论。原有 21 卷，后遭亚历山大大帝摧毁，仅余 1 卷。至波斯第二帝国时期，发动国内学者，广泛搜揽，在残卷的基础上勉强拼凑为 21 卷。《阿维斯塔》不仅是宗教经典，而且也具有重要的史料价值。

"二元论"教义

琐罗亚斯德教相信世界是善和恶两种力量撕扯中的对立，世间种种皆是这两种力量此消彼长的体现。善神阿胡拉·马兹达掌握着善的世界，是光明之神、正义之神；恶神阿胡拉·曼尼则掌握着恶的世界，是黑暗之神、邪恶之神。人类的使命是站在善神这一侧提供帮助。善神创造了精神和灵魂，而恶神创造了物质与身体，人类自身也是一个善的灵魂与恶的躯体之间的角斗场。人类的终极命运将是善神终将战胜邪恶，光明必将代替黑暗。

"二元论"的宗教观之所以一经产生便风靡一时，在于其解决了古时人类大量关于"恶"的困惑："为什么世界会有邪恶？""为什么行善之人却总是遭遇苦难？""神难道不是无所不知，无所不能的吗？既然如此，他怎么会允许世界上这么多苦难的存在呢？"对于二元论者来说，之所以善人发生了不幸，正是源于掌握这个世界的不仅只是那个无所不知、无所不能、事事完美的善神。世界上还有一个对立的、不受控制的恶神，所有的邪恶、谎言、肮脏全部来源于他。琐罗亚斯德教极为崇奉火，认为火是善神阿胡拉·马兹达的长子，象征绝对的神与至善，代表着正义。故而所有该教派的神庙中都有熊熊燃烧的圣火台。除火之外，信徒认为水、土也都是神圣的，不可玷污，信徒死后多采用天葬的形式，将尸体斩成块状，任由秃鹰分食。

犹太人的精神纽带
《旧约全书》

没有哪一个民族，能够在几千年的流亡之中，如此坚强地维护自己民族和宗教的特性，从中汲取力量并重新站起来。散居异乡仍能忠于自己民族的这种非凡力量，是犹太民族所独具的。

——以色列学者阿巴·埃班

犹太人的《旧约全书》，是相对于基督教的《新约》的称呼。《旧约全书》主要是用希伯来语写成，所以又叫《希伯来圣经》，是犹太教经书的重要组成部分，同时也是基督教圣经的前半组成部分。犹太民族自古以来就多灾多难，他们被迫散落在世界各地，但却一直以其坚定的民族认同为世人所赞叹。在2000年后仍然能迅速地建立一个统一的犹太人国家——以色列。究其原因，犹太教才是其民族凝聚力中最强大的力量。

一神论和契约

在犹太教中，唯一的真神是上帝耶和华，上帝有着超验、永恒、全能、公正、仁慈等特性，这是其他任何人和神所不具备的，因此具有独一无二的属性。犹太人在一神论的影响下又形成了包括统一

宇宙观：对时间的全新认识，是线性前进的历史观，取代了以往古人的循环演化的历史观；对人以及生命的看重，追求在今生而非来世的生命之幸福美满和完善，即敬神和人生的归一；善恶和伦理道德的标准统一，从而才有可能建立一个公平正义的社会，个人对自己的行为负有完全的责任等这些观念和意识。

除一神论外，契约观是《旧约全书》的又一重要思想。契约观认为：犹太人和上帝之间的关系不再是一种内在的、无可奈何的"血缘"和宿命关系，而是通过一种外在的、经过思考的"约"的形式确立的关系，是通过犹太民族选择上帝，上帝选择犹太民族这样一种"双向选择"。这与犹太人的一

早期犹太人的宗教是多神教，石碑上显示掌管气候的巴力神。

罗马泰特斯拱门上的浮雕，显示罗马士兵在返回耶路撒冷时，带着犹太俘虏，炫耀着战利品。此拱门建于公元81年。

神思想一道成为犹太教的基础，并由此演绎出"应许之地""特选子民"和"救赎"等观念以及末世论思想。

为核心的共同体，犹太教是一个以律法为中心的宗教。犹太人对自身历史记忆的认同由此确立起来。

正典化

在基督教发展势头强劲的背景之下，犹太教导师拉比们着手对本民族信仰的典籍进行拯救和完善。公元90年，拉比们经过讨论，确定了《圣经》文本的内容，把经典内容完全纳入《圣经》体系，不再更改，于是，《旧约全书》能够一以贯之地保存下来，超越时间和空间的限制，抵达每一个渴望了解它的智慧的人心中。正典解除了正统信念面临的危机，犹太民族认识到自己的民族建立在以摩西律法（以"摩西十诫"为主）

原始的犹太烛台有7个分支，放在耶路撒冷的神殿中。后来许多的烛台样本却有8个分支，在为期8天的光明节庆典中被点燃。光明节是为纪念犹太人反抗罗马人强迫他们改变宗教信仰的起义。

美轮美奂

　　仓廪实而知礼节，在最基本的生活需求得到满足之后，人类开始追求更高层面的审美需求，于是就产生了艺术。古典时代的艺术形式远没有现在的繁荣，却不失经典。在史前艺术的基础上，古典时代的艺术家创造了更为精美的作品，其中不少流传至今。

　　在东方，埃及人的雕像艺术和工业美术日臻完美，他们制作精美的雕像和绘画，刻画出一件件栩栩如生的人物、动物或植物，懂得用特定的比例展现事物的不同侧面。埃及人在建筑方面有突出贡献，他们建造了雄伟的金字塔，成为古代世界建筑史上的奇迹。

　　在西方，希腊人同样有着高超的艺术造诣。他们的雕刻与绘画受到了东方的影响，但发展出了自身的特点。与埃及不同的是，希腊的雕刻与绘画是从透视的角度看待物体，类似于现在摄像机拍摄的画面，擅长用空间想象而非平面直铺来表现物体。伯里克利统治时期，雅典城内进行了大规模的建筑建造，雅典卫城是其中的杰出代表，它屹立至今，依旧十分雄伟。帕特农神庙、德尔斐神庙是希腊建筑和雕像的杰出代表。

　　不仅在埃及和希腊，古典时代的其他地区也有着精美的艺术品，它们分别代表了当地的风格和特点，与希腊和埃及各有千秋。

开创戏剧先河
古希腊戏剧

诸位观众，请原谅，

我，一个穷鬼，写喜剧，

想对雅典人谈论国家大事，

因为喜剧也懂得正义，

我的话会骇人听闻，但却正当。

——阿里斯托芬《阿卡奈人》

公元前 6 世纪的雅典城中，当春季葡萄藤长出透着馨香的嫩叶时，人们头戴常春藤冠，身披山羊皮，嘴里唱着酒神的颂歌，不约而同地围在酒神狄奥尼索斯的祭坛周围，载歌载舞，一派热闹非凡的景象。后来，这种庆典活动逐渐形成一种表演的习俗，古希腊的戏剧艺术就在这种仪式的基础上慢慢滋长起来，诞生了很多伟大的戏剧诗人，包括三大悲剧作家埃斯库罗斯、索福克勒斯、欧里庇得斯，以及喜剧作家阿里斯托芬。戏剧诗人的作品，不仅具有极高的艺术性，还与城邦的政治生活密切相关。

这个"托勒密的杯子"珍贵宝石是在亚历山大时期制造的，它描绘了一个酒神节活动场面，时代为公元前 1 世纪。

悲剧之父：埃斯库罗斯

埃斯库罗斯（Aeschylus，约公元前 525—前

埃斯库罗斯，古希腊悲剧诗人，他与索福克勒斯和欧里庇得斯一起被称为古希腊最伟大的悲剧作家，有"悲剧之父""有强烈倾向的诗人"的美誉。

456 年）出生在厄琉西斯的一个世袭贵族家庭。从很早的时候开始，他就喜欢戏剧，传说酒神狄奥尼索斯曾经托梦于他，传授诗学的艺术。他也热衷于参加戏剧节日，曾在自己创作的戏剧中担任角色。大概在 25 岁的时候，埃斯库罗斯第一次参加了戏剧竞赛，但没有获得胜利。公元前 490 年，埃斯库罗斯参加了马拉松战役。从公元前 484 年开始，埃斯库罗斯已经成为雅典文坛的泰斗之一。

埃斯库罗斯一生创作过 80 部悲剧，但其中只有 7 部流传了下来。最著名的悲剧有《奥瑞斯提亚》三部曲、《七雄攻特拜》《被缚的普罗米修斯》《波斯人》等。埃斯库罗斯的悲剧风格崇高，语言优美。

一话一说一世一界一

从这个希腊古风时期的浮雕可以看出，剧院里的幕间表演排满了舞蹈和音乐项目。

他率先引入了第二个演员，使得演员可以在舞台上对话。埃斯库罗斯塑造的人物大多意志坚强、气魄雄伟，接近于完美的神灵，而不是普通的凡人。

埃斯库罗斯曾经是一名战士，所以他的悲剧作品中处处流露着爱国热情。《波斯人》描写了雅典海军在萨拉米斯痛击波斯海军的情景，充分表现了希腊民族的战斗精神，抨击了波斯帝国的专制与集权。

公元前 456 年，埃斯库罗斯前去西西里做客。传说有一只老鹰叼着一只乌龟，看到埃斯库罗斯秃秃的头顶，以为是一块石头，就把乌龟丢了下去，想砸开乌龟。埃斯库罗斯被乌龟击中，不幸去世了。

戏剧界的荷马：索福克勒斯

索福克勒斯（Sophokles，约公元前 496—前 406 年）是继埃斯库罗斯之后又一位伟大的悲剧诗人。他出生富贵，父亲是一位兵器作坊的坊主，家庭条件优越，这使得他从小就受到了良好的教育。索福克勒斯自小就表现出了良好的音乐才能，他长

相俊美，擅长音乐和舞蹈。索福克勒斯在政界也一帆风顺。公元前 443 年，他被选为雅典同盟的财政总管。公元前 440 年，他被选为雅典十将军之一。后来，他又相继担任祭司、"十人委员会"成员等官职。索福克勒斯很擅长处理人际关系，与雅典当时的政治领袖如伯里克利等人保持着良好的关系，与雅典的名门望族也都相交甚厚。他经历了雅典最辉煌的时代，死于雅典向斯巴达投降之前。

索福克勒斯一生创作过 123 部剧本，参加过大约 30 次竞赛，获得过 4 次一等奖。他的戏剧作品有 7 部流传至今，其中最为著名的是《俄狄浦斯王》。该剧讲述了底比斯国王俄狄浦斯一生的悲剧经历，生动刻画出了充满矛盾的角色，表现了城邦鼎盛时期人们在城邦与道德、法律之间的挣扎。其他代表作品还包括《安提戈涅》《埃阿斯》《俄狄浦斯在克罗诺斯》等。

据说，索福克勒斯去世的时候，正值斯巴达与雅典战火重燃之时，雅典人无法将诗人安葬故里。斯巴达将军闻讯之后，表现出了对这位伟大诗人的高度尊敬，他们立刻宣布停战。当索福克勒斯被安葬在他的故乡后，人们在其墓碑上刻下了这样一首恬淡的挽诗：

常春藤
轻轻地
轻轻地爬
索福克勒斯在这里宁谧的安息。

欧里庇得斯

与索福克勒斯相比，欧里庇得斯（Euripides，公元前 485—前 406 年）远没有那么幸运。欧里庇得斯也生于雅典，也是贵族之家，同样从小受到了良好的教育，自小就醉心诗和哲学。在他青年时期，还利用得到的遗产在家中修建了一个私人藏书

室。此外，他还参加过纪念阿波罗的舞蹈队和游行队伍。他学习过摔跤、拳击与绘画，在运动会上还获过奖。

按理来说，欧里庇得斯的成长也算顺风顺水，但是他的悲剧创作生涯的开端却并不那么随顺。公元前455年，诗人首次参加戏剧比赛，他不仅得了最后一名，还在演出结束后被观众们扔了垃圾。欧里庇得斯受到不小打击，在很长的时间内都没有作品问世。不过到后来，欧里庇得斯的作品逐渐受到欢迎。公元前441年，欧里庇得斯终于在戏剧竞赛中获得头奖，但是这部作品却没有流传下来。公元前438年，他的作品《希波吕托斯》再次获得了头奖。欧里庇得斯一生总共创作了90多部作品，流传下来的共有18部。比较著名的除上述提到的《希波吕托斯》之外，还有《美狄亚》《赫卡柏》《特洛伊妇女》《海伦》《乞援女》《酒神的伴侣》《腓尼基少女》等。

欧里庇得斯与索福克勒斯的性格与为人处世有很大不同，他淡泊名利，很少参加公共活动，也不爱与政治人物相交过多。到了晚年，欧里庇得斯看到了雅典对盟邦的高压政策，逐渐产生了

> **知识链接：《俄狄浦斯王》**
>
> 索福克勒斯的《俄狄浦斯王》取材于希腊神话传说，展示了典型的希腊悲剧——人跟命运的冲突。剧情是俄狄浦斯这位希腊神话中底比斯的国王是拉伊俄斯（Laius）和王后约卡斯塔（Jocasta）的儿子，在不知情的情况下，杀死了自己的父亲并娶了自己的母亲。剧作家以当时浓重的命运观念，使俄狄浦斯逃脱不了体现命运的太阳神"神示"的罗网。但他对命运抱有强烈的不满情绪，认为俄狄浦斯并不是有意杀父娶母，本人非但没有罪，反而是一个为民除害的和受人爱戴的英雄。

反感情绪，被雅典当局所排斥。公元前408年左右，这位伟大的悲剧诗人被迫来到了马其顿，他最后的杰作《酒神的伴侣》就是在这里完成的。公元前407年，欧里庇得斯被国王的猎狗咬死了。包括索福克勒斯在内的雅典人，都为这位诗人的逝去感到悲伤，但马其顿人拒绝了他们接回欧里庇得斯遗骸的请求。

《俄狄浦斯王》戏剧，取材于希腊神话传说中关于俄狄浦斯杀父娶母的故事，展示了富有典型意义的希腊悲剧冲突——人跟命运的冲突。

阿里斯托芬的喜剧多属阿提卡旧喜剧，这种喜剧通常直接取材于现实生活，喜爱针砭时弊，抨击时政。在阿里斯托芬笔下，伯里克利、克里昂、亚西比德、苏格拉底都曾是被攻击的对象。克里昂因为受到阿里斯托芬的攻击，还派人打了喜剧诗人，双方甚至公堂相见。阿里斯托芬的语言辛辣又不失幽默，风格天马行空又不失现实，虽然使用了许多非理性元素，但都是为严肃的主题服务。不过，阿里斯托芬喜剧中的秽语也引起了一些人的反感，亚里士多德在《诗学》中就很少提到阿里斯托芬，因为他认为阿里斯托芬的喜剧语言太过粗鄙，不是理想的喜剧。

阿里斯托芬以喜剧为工具，抒发自己挽救城邦、教育人民的责任。他热爱雅典民主制度，希望人民能真正的当家作主，而不是为人民领袖所误导；他热爱和平，反对战争，将伯罗奔尼撒战争的爆发归结为几个女人引发的闹剧；他捍卫社会道德，批判诡辩派学说，认为他们的思想对城邦不利。

阿里斯托芬在后世受到了广泛的称赞。他的喜剧风格受到希腊晚期和罗马时期语文学者的推崇。罗马帝国时代的希腊语讽刺作家琉善就深受阿里斯托芬的影响，他用阿里斯托芬的风格攻击希腊的神和宗教迷信，讽刺社会的不平等现象。后世的俄罗斯文学批评家别林斯基认为阿里斯托芬是"最善良最有道德的人"，也将他称为"古希腊最后一位伟大的诗人"。

《云》以"讽刺苏格拉底"这一主题闻名于世，它讽刺性极强，对苏格拉底及其观点的批判十分犀利。同时语言诙谐，表达幽默，具有十足的喜剧效果。

一面凸凹不平的镜子：阿里斯托芬

阿里斯托芬（Aristophanes，约公元前446—前385年）是著名的喜剧诗人。他出生于雅典，阿里斯托芬的父亲腓力好像是从罗德岛或埃及迁居到雅典的，阿里斯托芬曾被雅典执政官克里昂控告为外邦人。阿里斯托芬自小受过良好的教育，对文学和艺术的兴趣浓厚。他也喜爱交际，与苏格拉底和柏拉图都是好朋友。

阿里斯托芬一生写作了44部喜剧，流传至今的有11部。其中，《阿卡奈人》《骑士》都曾得到过头奖。其他的代表作品还有《云》《和平》《鸟》《公民大会妇女》《地母节妇女》《蜂》《蛙》等。

顶部的陶瓦面具是一件用于戏剧表演的原始模型的复制品。底部是来自希腊化时期的陶瓦面具，描绘了一位头戴着花环的青年的面部。

上帝之手和生活之美
古希腊雕塑和绘画

最伟大的艺术家云集在雅典，
将最美的雕塑献给了神；
那些陶陶罐罐，
同样流溢着丰衣足食的美满气息。

从迈锡尼文明覆灭到多利安人入侵，在经历了漫长的黑暗后，希腊人在艺术的道路上蹒跚起步。除了继承下来迈锡尼文明的根基之外，希腊人十分乐意吸收学习其他文明的长处，表现出空前的创造性，艺术手法也臻于完美。希腊艺术还体现在生活用品上，日常使用的陶罐陶瓶也散发着绚丽的艺术气息。

古希腊雕塑

我们习以为常的古代希腊雕塑作品都是以光洁的大理石为原料，这和文艺复兴时期以来雕刻家和建筑家创作时偏爱大理石有关。实际上，古代希腊的雕塑材质多样，金属、木质、陶土等都可以作为雕塑的原材料。这些材质不易保存，再加上自然灾难和人为等方面的原因，导致我们现在看到的绝大多数雕塑作品都是比较单一的大理石材质。与我国陕西秦始皇兵马俑博物院刚出土的彩色兵马俑一样，古希腊的雕塑和建筑也是色彩斑斓的。

希腊雕塑主题呈现出多样化的特点。

早期希腊雕塑主要以神话和传说中诸神和英雄的光荣事迹为主题。从古风时代末期开始，雕塑艺术家们将人们的日常生活和一些历史事件作为主题，吸收到他们的艺术创作中，如宴会、竞技、马术等。

古典时代，雅典城邦鼓励艺术创作，各地艺术家云集于此，在城邦集体和个人的赞助下，完成了大量的雕塑作品，使雅典获得"希腊艺术学校"的美誉。如位于雅典卫城的帕特农神庙里面，有一尊城邦守护神雅典娜的雕像，相传是由雅典著名雕刻家菲狄亚斯于公元前 438 年完成的。据说雕像高约 12 米，核心是木质材料，表面覆盖着青铜箔片，女神的脸部和手臂是用象牙雕刻的，青铜箔片上面又覆盖着金箔。雕像既显示出崇高、威严的智慧和战争女神的形象，又显示出安静祥和的希腊少女形象，成为古代希腊雕塑艺术的典范和巅峰之作，可惜未留存到今天。

古希腊绘画

绘画是希腊视觉艺术的另一种重要表现形式，以瓶画艺术最具代表性。陶器是古希腊常见的生活

阿波罗的雕像。莱奥卡雷斯（Leochares）是希腊古典后期的雕塑家，他最著名的传世之作就是这尊《贝尔维德尔的阿波罗》，因最早收藏于罗马的贝尔维德尔宫而得名。这尊雕像就把阿波罗描绘成了一个英俊的少年，神采焕发。阿波罗像中国的潘安一样，被西方的人们视为"最优美的男子"，他们也用贝尔维德尔的阿波罗比喻身材优美的男子。所以在外国文学里经常能见到"Apollo Belvedere"这个单词。

帕特农神殿上的人像雕刻。其衣服的褶皱处理显示出雕塑家的技巧和敏锐的观察力。

用品，可用来取水、储存粮食、酒和橄榄油等，或作为供品奉献给神灵。瓶画便是艺术家在陶器表面创作的绘画作品。

早期陶器上面只有一些简单的几何图形，如三角形、平行线、交叉线等，历史学家根据这种陶器绘画的风格，将公元前9—前8世纪的希腊历史称为几何陶时代。

到公元前7世纪，科林斯在借鉴东方文明的成果后，发明黑图彩绘瓶画，该绘画使用切刻技术和红白染料，使瓶画上的多个人像部分重合，色彩的使用让画面更加鲜艳和形象。绘画主题也从原来简单的几何图形，向复杂的动植物主题转变，如亚洲和非洲的狮子、公鸡、斯芬克斯等形象。精美的科林斯陶器在希腊世界受到广泛欢迎，为科林斯带来了巨大的财富。

到公元前6世纪中后期，雅典工匠在科林斯陶器的基础上，发明红图彩绘瓶画技术，即在科林斯暗淡陶土的表明涂上一层雅典地区特有的红色陶土，使花瓶呈现出暖红色色彩。然后，瓶画艺术家用粗细不同的线条对勾勒好的人物轮廓填充内部细节，最后用黑色的染料涂抹其余作为背景的部分。这样创作出来的瓶画呈现出立体的效果，十分逼真。因此，很快便取代科林斯在希腊陶器贸易中的地位。

希腊瓶画作品的典型代表莫过于考古学家于

瓶画双骄。左边这个黑绘式酒杯是由尼科斯特尼斯工场制造，这里"发明"了许多陶器制作的形状。右边是著名的弗朗索瓦双耳喷口杯，它描绘了一群神话人物。

1844年，在伊特鲁里亚附近发现的"弗朗索瓦瓶画"，现存于意大利佛罗伦萨考古博物馆。该瓶画大约创作于公元前570年左右，主题既有希腊人日常生活用品，如板凳和水罐，也有神话传说中的英雄和诸神，瓶身六条绘画带上有200多个人物，有从米诺斯迷宫中逃出来的提秀斯和雅典青年，也有特洛伊城下的阿喀琉斯、埃阿斯等。和我国兵马俑制作工匠一样，"弗朗索瓦瓶画"的陶工和瓶画家也在瓶身上刻下了他们的名字：陶工厄尔戈提诺斯和画家克雷提阿斯，表明他们对自己创作的作品充满了自豪感。

第264—265页：米罗的维纳斯

这个爱神形态的展现被整个世界所赞赏，也被世人公认为女性美态的典范。身姿颀长呈螺旋状，宽胯，腰部偏高，乳房坦露，肩膀瘦削和相对偏小的头颅被希腊化时期的古典美学誉为完美女性的评判标准。这个雕像促使了大量的一系列强调这种对比的女神雕像的出现，约属于公元前120年。

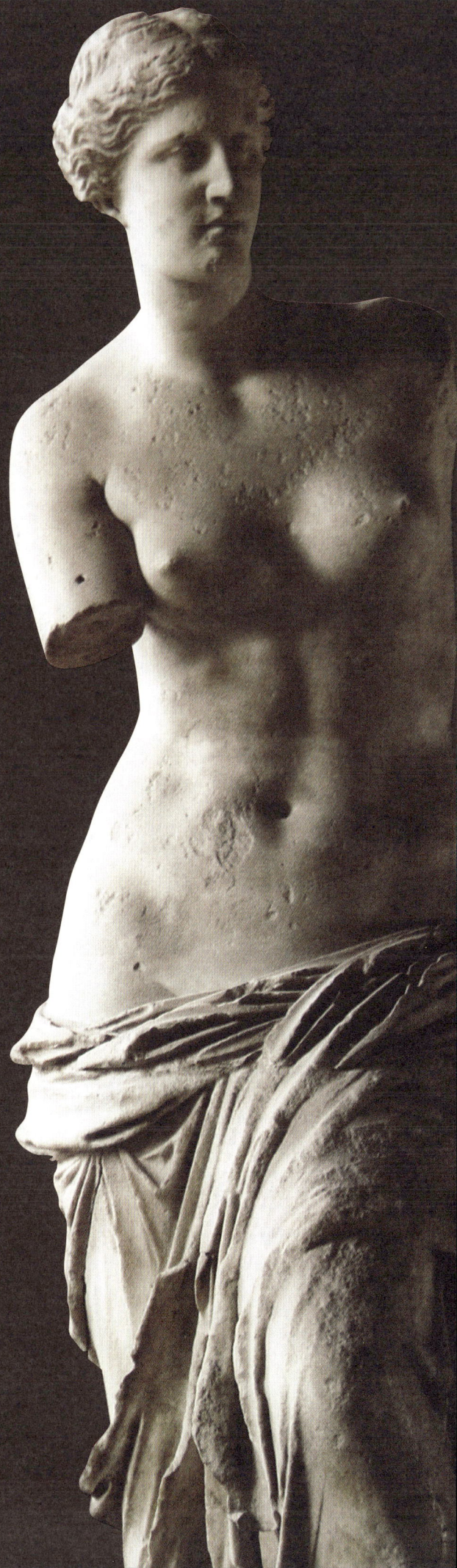

特写

希腊三面临海，气候适宜；境内群山环绕，风景秀丽。希腊人享受着大自然的恩赐。如果你来自异乡，当你驻足在那一座座雄伟的神庙前，或者偶尔把目光落在那些透着灵气的大理石雕像上时，就会自然而然地被这种天人合一的景观所吸引，因而也就不能不为古希腊人的勇敢和智慧所折服。

雅典卫城

雅典的阿克罗波利斯山实现了自然景观与完善的建筑以及社会实用三方面的理想结合。这个山丘不太高，与其周围的景观互相和谐，也不太低，人们很容易看见。山顶上卫城的建筑，有具体的用意，并以最少的材料，来实现这种用意。山丘和山顶神庙，是雅典市民天然的市政中心，战时，起着堡垒作用，和平时期，是人民朝拜的圣地。对外部来说，这个位于雅典中部的利卡维托斯山下的强大的城邦，是自豪、实力和天才的有形物证。

凝固的乐章
雅典卫城、帕特农神殿、德尔斐神庙

当我们的眼睛从遥远的爱琴文明、
神庙和美不胜收的古希腊雕塑作品前掠过时，
我们的心灵仿佛是在经历一种震颤的富有生命气息的洗礼。

卫城最重要的神庙，是一座女神的神庙。这位女神是从宙斯的头部生出来的。据说，人们赋予她很多额外的精明和才智。许多希腊城市，把她当作保护神、顾问和指路明灯。她叫雅典娜，她和她同父异母的妹妹狄安娜一样，是个自命清高，最不合群的人。她不屑与住在奥林匹斯山上的吵吵闹闹的亲戚为伍。有时她会作为一名威武的武士出现，现存有她作为战争女神的许多尊雕像，头戴战盔，一手执剑，一手执矛。

雅典城是以雅典娜女神命名的，雅典人为她修了一座最壮观的神庙，叫帕特农神庙，即贞女女神之庙，以示永志不忘。此神庙相当于罗马人的圣彼得大教堂。修筑这一神庙，仅在彭特库斯山开采贵重大

雅典卫城，古希腊最杰出的古建筑，是群综合性的公共建筑，为政治、宗教的中心地。雅典卫城面积约有3万平方米，位于雅典市中心的卫城山丘上，始建于公元前580年。卫城中最早的建筑是雅典娜神庙和其他宗教建筑。雅典卫城，也称为雅典的阿克罗波利斯，原意为"高处的城市"或"高斤上的城邦"。

在雅典卫城的最高点，耸峙着一座巍峨的矩形建筑物，这就是在世界艺术宝库中著名的帕特农神庙。这座神庙历经两千多年的沧桑之变，如今庙顶已坍塌，雕像荡然无存，浮雕剥蚀严重，但从巍然屹立的柱廊中，还可以看出神庙当年的风姿。

理石石料就用了 20 年。经过这番备料的功夫，雅典人的保护神才有了一个和她在诸神之中的崇高地位相当的住处。

在这之前不久，大约是公元前 480 年，波斯雇佣军入侵时，雅典的老卫城，在战火中被烧毁了。拼命从雅典逃到邻近的萨拉米斯和埃伊纳岛上的难民，可以望见白色烟柱冲向阿提卡的蔚蓝的天空。但是，看啊，奇迹出现了，波斯人没有久驻，他们不过变成吓唬小孩的妖怪。雅典作为全国的大救星挺过来了。它是当时最富有的殖民列强，它成为人们默认的独立城邦和联盟的首领，这些城邦不久就发展成强大而统一的国家希腊。

帕特农神庙

正是在雅典处于鼎盛时期的伯利克利时代，帕特农神庙才得以落成。同时还修建了奈基神庙，奈基是胜利女神。修建了厄瑞克忒翁庙，这是奉献给雅典城守卫神波里亚斯的。这座神庙的修筑采用了著名的女像柱。还修建了山门，也就是通往阿克罗波里斯山巅的卫城的大门。

最壮观的帕特农神庙，高踞于各神庙之上。它比晚一些的建筑，似略嫌小。神庙的 46 根柱子，有三种主要的柱式：多立克柱式，又被称为男性柱，是古希腊最早的一种柱式。柱身粗大雄壮，柱头部位是一个倒立形的，无装饰的圆锥台，柱身有 20 个凹槽，没有柱座；爱奥尼柱式，又被称为女性柱，它底部通常有一个基座，柱头有漂亮的涡卷作装饰，柱身比多立克柱纤细，有 24 条凹槽，显得十分优雅；科林斯柱式，它与爱奥尼柱式十分相似，被认为是后者的改良版，区别在于它的柱头如盛满卷草的花篮。科林斯柱式在希腊时期并没有得到广泛应用，目前只在雅典的宙斯神庙里见到这种柱子。帕

知识链接：帕特农神庙之雅典娜

帕特农意为"处女"，传说雅典娜是威力无比的天父宙斯和聪慧绝伦的女神墨提斯所生。当墨提斯怀孕时，宙斯怕她会生出比自己强大的儿子，便把她吞入腹中，结果宙斯的头颅突然奇痛无比，马上叫人把头劈开，全副武装的女神雅典娜才得以诞生，她代表了智慧和威武两种力量。

特农神庙内的贞女雅典娜雕像，高达 13 米，几乎能触及屋顶。墙的颜色，被涂成暗红，天花板则色彩明亮。

雅典娜女神雕像，据说出诸菲迪亚斯之手。原作不存，现在我们所见到的，是多年以后的它的一些复制品。想起原作是用青铜、黄金和象牙综合制成的，而且是在形形色色的外国雇佣军入侵的情况下制作的，不得不感到难能可贵，叹为观止。

现在已不再制作这种合成雕像。因此，可能你们很想了解它的制作方法。雕像的内壳是用木头做的，外层包着石膏一类的东西（我们不了解具体是什么东西）。在石膏上，覆盖一层象牙片，代表肉体。衣服和其他许多饰物，是用真金做的。想想看，一伙进行掳掠的散兵游勇闯进来之后，会怎样肆无忌惮地蹂躏神庙吧！

经过这场洗劫，一切荡然无存。只有石柱、四壁和屋顶还在。三角形山墙上的真人大小的石雕像还在。此外还有一条围着神庙四周檐下刻有传奇人物的石檐壁。这条宽石檐壁，全长 160 米，高 1 米。今天，除了山墙上几个头像，以及部分的檐壁还留在原来的位置上之外，其他的东西已经见不到了。

石檐壁上刻的是，在泛雅典娜节期间最后举行的庄严的游行。这个节日每九年举行一次。节日期间，进行各种体育活动，如赛跑、跳远、掷铁饼、赛车。节日的最后一天，全雅典的人，都走向帕特农神庙，向贞女女神献一件由雅典全体童女纺织并刺绣的橘黄色的袍子。同时，给运动会上各项目获胜运动员戴桂冠。泛雅典娜节，是希腊最神圣的一个节日。在公元前 438 年的泛雅典娜节的最后一天，是修了 10 年的帕特农神庙正式落成的日子。在希腊失去独立之后的几个世纪里，希腊人仍在过泛雅典娜节，直到 3 世纪，才不再过这一节日。因

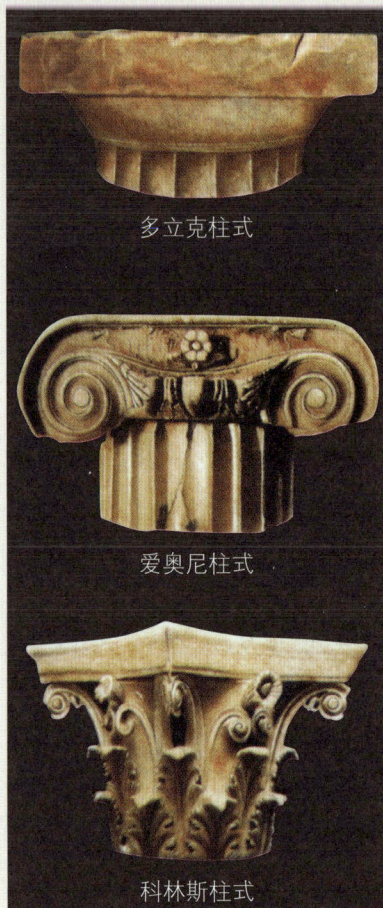

多立克柱式

爱奥尼柱式

科林斯柱式

据说建筑的名称是根据发明它们的民族而来：多立克柱式（多利安人）、爱奥尼柱式（爱奥尼安人）、科林斯柱式（科林斯人）。这三种柱式是依照柱子顶端不同样式的柱头来区别。多立克柱式没有花纹，质朴；爱奥尼柱式有卷轴状的柱头，细致优雅，科林斯柱式则有着叶状装饰，最精巧复杂。

画面呈现的是泛雅典娜节时一游行队伍的部分队伍，为帕特农神殿上的雕刻品。

此，可以说，帕特农作为神庙，受人顶礼膜拜，长达7个世纪之久。

今天，受人喜爱的石檐壁，一部分藏于伦敦，一部分藏于雅典博物馆。至于山墙上的雕像，除了几个头部，已荡然无存。1801年英国驻奥斯曼帝国大使埃尔金勋爵，获准拆走雕像。其后若干年，以"妥善保管"为由，他又携雕像返伦敦，现在被不列颠博物馆收藏。为此埃尔金勋爵经常挨骂，被骂掠夺文物，但我们不怀疑埃尔金的诚意，他确实想把能挽救的石雕都挽救出来。雅典卫城可谓经历了沧桑巨变。

德尔斐是世界闻名的古迹。主要由阿波罗太阳神庙、雅典女神庙、剧场、体育训练场和运动场组成，其中最有名的是古代希腊象征光明和青春，并且主管音乐、诗歌及医药、畜牧的太阳神阿波罗的神庙。

"世界的中心"：德尔斐阿波罗神庙

世界的中心在哪里？这个问题如果你要是问古希腊人，他们会毫不犹豫地告诉你：在德尔斐。德尔斐圣地位于雅典150公里处的帕纳索斯山附近。传说中宙斯曾放飞两只雄鹰并且让它们朝着相反的方向飞行，环绕世界后它们恰好在德尔斐相遇。在古希腊人心中这就是世界的中心，是天堂与大地相接的地方，人类可以在这里接近神灵。

在最早的时候，德尔斐地区崇拜着众多神灵，包括了大地女神盖亚、法律与正义女神西弥斯、丰饶之女神得墨忒耳以及著名的海神波塞冬等。不过在公元前8世纪中叶至公元前7世纪中叶期间，与如火如荼的殖民运动相呼应，对殖民的保护者阿波罗的崇拜逐渐取代了其他所有神灵，阿波罗成为该地的守护神。

这个以阿波罗神庙为核心的圣地占地面积大约为1.67万平方米，圣地的院子内满是宝物库、祭坛、柱廊、纪念碑之类，包括著名的白色大理石的雅典宝物库，这都是众多城邦为了供神而祭献的。当时这些宝物库可都是装满了青铜的器具、雕像、黄金饰品等珍品，也正是这些宝物在希腊城邦衰落之后引起了一次次的掠夺。现在大部分的宝物都被博物馆所收藏，圣地内只留下这些孤寂的石制建筑。

神庙背后是大理石砌成的半圆形德尔斐露天剧场。由于阿波罗同时也是音乐之神，因此这个献给阿波罗的剧场上刻着许多阿波罗的颂歌。虽然隔壁的阿波罗神庙早已荒废，但这个剧场却神奇地保全了下来，成为全希腊保存最为完好的露天剧场之一。德尔斐剧场有38层台阶，可容纳5000名观众，直到今天，希腊人仍然会在这个剧场举行表演，在同一个空间中上演与两千多年前相同的古老剧本。

🦉 **知识链接：殖民的保护者阿波罗**

希腊的神往往一身兼多职。据说当阿波罗来到德尔斐的时候，这里由一条巨蟒（Python，前文所提到的派同竞技会即源于此）看守，它是大地女神盖亚所生，守护着一个属于西弥斯的神谕。阿波罗希望用自己的神谕来指导人们，因而用弓射杀了派同，将圣地取而代之。阿波罗在这个神话中被塑造成一位征服者，这也是他成为殖民活动的守护神的原因。

独树一帜
古埃及的雕像艺术

皇室雕像、私人雕像、神圣雕像和木质雕像，安置着死后的魂灵。

古埃及制作雕像的数量比其他文明都要多得多。埃及历史之悠久，国力之强盛，和比较稳定的政局，以及丰富多样、高品质的物质条件使得这一切成为可能。

灵魂的居所

埃及雕塑的繁荣和巨大数量与其宗教观念密不可分。其推动力量就是，无论人还是神，都需要有一个居所，在雕像这一空间存在里被安抚、被照顾。每一个雕像提供给某位神或者去世的普通人的，是其不死的灵魂在尘世的栖息之处。虽然雕像本身不是活的，但是居于其中的神或者人的灵魂却是活的，可以接受生者的祈祷、祭品和捐赠。

每一种用来制作雕像的材质都被赋予了不同的含义，金子因为永不褪色，被认为是众神的皮肤；

浮雕为埃赫那吞法老与妻子涅菲尔提提王后及其三个小孩的雕刻，法老家庭生活也其乐融融。

银子是众神的骨骼；绿松石对哈特神来说是神圣之色，因为蓝色和绿色都象征着富饶（或者是孕育生命）；白色有纯洁之意，石灰岩和碳酸盐，或者就是埃及所说的石膏和大理石，适用于宗教和葬礼场合。木雕的母神，比如努特，哈特神和伊西斯是神圣之物，这几位神经常被刻画为提供阴凉和给养的大树。红色花岗岩是和太阳联系在一起的，黑色的花岗闪长岩代表着黑土地，黑色也和地下即冥界相关，很多冥神奥西里斯的雕像都是黑色的玄武岩。石英岩被埃及人称为"神奇的"，因为它在太阳底下闪闪发光。

雕像的外形也是为永生服务的。为了保证牢固，巨像的后背，一般会有石柱或者石板做支撑，手臂紧贴着身体，腿也基本上和板凳挨着，重心保持得很低，因此雕像下重上轻，非常稳固。

为了使雕像充分发挥其功能，就要制作得尽可能逼真，以便灵魂能够认出雕像来，好找到"家"。哪位法老在位，所雕刻的与动物形象非常接近的神的雕像就和这位法老的特征非常接近。因为法老是神在人间的代理人。

"官营"的雕刻

从审美上来看，正面刻画是埃及雕像的一个非常重要的原则。但是侧面描写也和正面一样重要，因为有时候我们第一眼看一个雕像可能是从侧面看

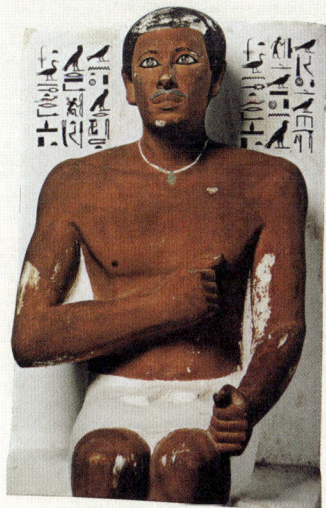

王子拉霍特普的彩绘石灰岩雕像,是美杜姆最出色的杰作。形象近乎完美。他的眼睛以石英和白水晶制成。

古王国时期的墓室壁画大致反映了墓葬主人生前的生活和渴望来世继续过的生活,壁画主题主要包括:农业、园艺、狩猎、奴仆、工匠等,非常细致入微,栩栩如生。这些完全是古代埃及人现实生活的再现。

中王国时期的墓室壁画,最突出的特征表现在第十二王朝的一些法老的墓室壁画上面。除了可圈可点的对动作神态无懈可击的精准描绘,诸如,手臂的动作、腰部的曲线、肩部和背部的姿势这些之外,最令人惊异的是画家在构图和描绘上自由不羁的风格。它打破了人们觉得埃及的艺术作品中人物表情和动作僵硬呆板的印象。

的,而不是正面。雕刻家们通常会用一个网格来使得比例尺寸符合要求。

法老控制了雕像的制作,采取的主要措施包括,作为神在人间的代理者,他要提供祭祀崇拜所用的雕像以及神庙装饰所用的雕像;考虑到法老自身的来世生活,他需要雕像,以使他死后的灵魂有安居之地。法老从制作的石材这一关就开始层层把控,俨然为了制作雕像而形成了一整套流程。

比较活跃的雕刻时期有:前王朝晚期、早王朝时期、第四王朝、第十二王朝、第十八王朝、第二十六王朝,也包括托勒密王朝。这些时代有一个共同特征,那就是在想象力、工匠技艺以及雕像的体积等方面都是空前绝后的。

在古王国时期第三王朝时期,出现了比真人的比例还要大的雕像。埃及最大的最著名的雕像是狮身人面像,长达70米,守卫着法老哈夫拉（Khafre）的帝王谷神庙和通道,这个以法老的肖像为原型,以卧着的狮子为身体的雕像,其中狮子本身就是一个神的形象,发展得非常成熟,赋予人们非常安全的形象。

中王国时期随着国家首都的迁移,制作雕像的地点也主要转移到了底比斯。在这一时期,开始有了青铜类型的雕像。其中比较有名的是阿蒙尼姆哈特三世的大型雕像,双眼内置,带着头巾的青铜雕像。另外,这一时期女性雕像主题开始出现。

新王国是雕像的繁盛期。体型巨大,数量增多,材质丰富,法老的和平民百姓的雕像都增多。

法老陵墓中有很多壁画,为死后的法老服务。这幅壁画描绘埃及工人在大太阳下辛勤地从尼罗河取泥做砖的情形。

法老的陵寝
金字塔

任何一位神明，若不替这个国王建造梯阶，当这个国王升天时，他就不得享有面包，不得享有阴凉，不得在澡盆中洗澡，不得嗅肉香，不得尝肉腿，土地不得为他而开垦，献祭不得为他而设。

——金字塔文

金字塔是法老在生前为了死后继续享用各种特权、为了来世有居所、维持生前的秩序而建造的坟墓。按照外形可以分为马斯塔巴和层级金字塔，另外还有建造过程中发生弯曲的弯曲金字塔。

哈夫拉除了为自己打造埃及第二大的金字塔即哈夫拉金字塔外，还建了一座大型葬仪神庙，它以一条长坡道与河谷神庙、狮身人面像相连。

外形的演化

古埃及人虽然有丰富的使用石料的经验，但是王室贵族的墓葬在第一、第二王朝的时候，使用的还是泥砖和木材。外形是长方形，后世阿拉伯人因为它们形似板凳，遂称呼为"板凳"（音译为马斯塔巴）。到了第三王朝开始有用石料来建墓葬的先例，在萨卡拉，一位法老为自己建造了6层的阶梯式的金字塔。不同于马斯塔巴的是，这座6层的建筑物，层层在面积上缩小，即从下往上，越来越小，这就是最早的层级金字塔。从这个法老开始，金字塔的结构和组成部分基本固定下来，分为三个部分，一是陵墓，二是向国王献祭的寝庙，三是祭司们的住处和储藏室。第四王朝时，层级金字塔开始演变为我们现在常见的锥形金字塔。

法老胡夫生活在公元前2500年前后，他建造的金字塔，底是方的，四边各长244米，高也如此。整个建筑结构都是由磨光的石头严丝合缝垒起来的，每块石头都不止9米长，金字塔就像一个有台阶的楼梯那样。当这个最初的形状完成时，工匠用短木桩制成的杠杆来举起剩下的石头。之后，胡夫的弟弟哈夫拉继位，也建了一座金字塔，但是比他哥哥的规模小。它没有地下间，也不像胡夫那样由尼罗河引一条运河进入其中。哈夫拉金字塔的底面积和胡夫的是一样大的，只不过在高度上稍逊，

专家估计，胡夫金字塔的建造至少需 10 万人用 20 年的时间把所有的石头进行移动进而垒起来。这些工人绝大多数是尼罗河水泛滥时期农闲的农民，他们每年只能工作 3 个月左右。另外有 400 名左右的专职技术人员，长年驻扎在金字塔的建造地附近。他们的生活区已被考古工作者发现。

狮身人面像具体是哪位法老说法不一。一说是哈夫拉，因为它就在哈夫拉金字塔不远处；二说是胡夫，据说胡夫之子根据他父亲肖像来建造的。此像高 20 米，长 57 米，面部长约 5 米，头戴皇冠，额上刻着"库伯拉"（即 cobra：眼镜蛇）浮雕，下颌有帝王下垂的长须标志，一只耳朵就有两米多长。

矮了 12 米左右。它毗邻胡夫大金字塔，最底层是由埃塞俄比亚的形形色色的石头建成的。下一位埃及的法老是胡夫的儿子门卡乌拉（Mycerinus）。门卡乌拉也留下一座金字塔，但是比胡夫的要小得多。它的每一个面呈正方形，每一边都是 85 米，将近一半高的地方都是用埃塞俄比亚的石头建成的。这三位法老建造的金字塔构成了尼罗河畔的金字塔群。

构造及原因

那么，金字塔里面有什么宝藏呢？是像《圣经》中约瑟所说，是法老的粮仓，用来储存粮食的吗？答案当然是否定的。金字塔是真真正正的皇室墓葬地，是死去国王的休息之所。人们想象着墓室里满是宝藏，于是盗墓的情况就难以阻挡。因此在建造金字塔地下墓室的时候，建造者使出浑身解数来愚弄、错误地指引潜在的盗墓者。即便如此，绝大多数的金字塔都曾遭遇盗窃，目前唯一没有被盗的墓仅有在尼罗河畔国王谷的法老图坦卡蒙的墓室，他

的墓室是直接用石头开凿的，他躺在三个棺材里面，其中一个是完完全全用金子打造的，周围有着无数的珍宝。其他金字塔里面的宝物，可想而知。

古埃及人宗教信奉死后灵魂的存在和复活，法老又有着至高的权力和财力，才得以建造这样劳民伤财的结构复杂、考虑周全的墓室。

古代金字塔不仅埃及有，古玛雅人也建造了"库库尔坎金字塔"，又称"城堡"，是墨西哥奇琴伊察主要古迹之一。金字塔有 52 块有雕刻图案的石板，象征着玛雅日历中 52 年为一轮回年。

ARCHIMED

天理初窥

古典时代，人们已经开始注意到科技与生产之间的紧密关系。经历了原始时代的蛮荒之后，人类开始用理性认识周围的世界。他们关心的第一个问题就是生存问题，为了生存，需要关注气候环境、地理环境，需要知晓植物的生长规律、生长周期，需要研究动物的生活习性、繁衍规律。

西亚、埃及、中国和印度，人们为了提高粮食产量，依据太阳或月亮的运行规律，制定了历法，指导生产实践；为了厘清税收、划分土地，发展了数学和几何学；为了掌握天气和地理变化，发展了天文学和地理学；为了提高生产效率，人们对生产工具进行了技术层面的创新。

希腊世界的科技受到了东方的影响。不少著名的希腊天文学家、地理学家、数学家、力学家都有游历东方的经历，在与东方祭司、僧侣等知识分子的接触中，掌握了先进的科技。

希腊人的创造能力和他们对科技的贡献青出于蓝而胜于蓝。相对于东方对技术的侧重，西方人对科学理论层面的贡献更为突出。正是在那些游历东方的人或者他们的后人中，产生了被称为力学之父、几何学之父、地理学之父等众多科学家。值得关注的是古希腊科学家更专注纯粹的科学探究，其科学成果仍然是我们今天的必修课程。

因用而生
来自东方的
科学

西方东方，不在各自一方。

东西方之间的互动，对世界文明的发展具有重要的意义。最初，东方拥有更先进的科技，西方在与东方接触的过程中，逐渐掌握了先进的文化。许多著名的哲学家、天文学家、数学家，都有在东方游历的经历。后来，发展起来的西方文明，也对东方有不少影响。正是在文明的交互之中，古代世界的人们在天文、数学、地理、医学等诸多方面取得了令人赞叹的成绩。

近东科学

一般认为，西亚与埃及地区是古代世界西方人眼中的"近东"，与西方之间有着更为直接的接触。

古代西亚人数学方面颇有成就。他们创造出了影响至今的两种进位制，即10进位制和60进位制。10进位制被广泛应用于计数之中，60进位制则被用以计算时间和圆周。西亚人还创造了位值的概念，即一个数字在不同的位（个、

十、百、千等）上代表不同的数量，例如7在千位上就代表7000，而在个位上就代表7。西亚人已经掌握了计算长方形、三角形等图形的面积，也会求平方根、立方根，会解二元一次方程和一元三次方程。

与西亚人相比，埃及没有位值的概念，他们采用10进位制，有一套象形文字的数学符号。埃及人会解一元一次方程和简单的一元二次方程，会计算圆形、梯形、三角形等图形的面积。

在天文学方面，西亚人依据月亮的运行周期制定了历法，他们将一年分为12个月，其中6个月有30天，6个月有29天，每个月有4周，每周7天，全年一共354天。每隔几年设置闰月，以便与太阳年吻合。西亚人通过观测，画出了黄道十二宫的图形，确定了行星运行的轨道。

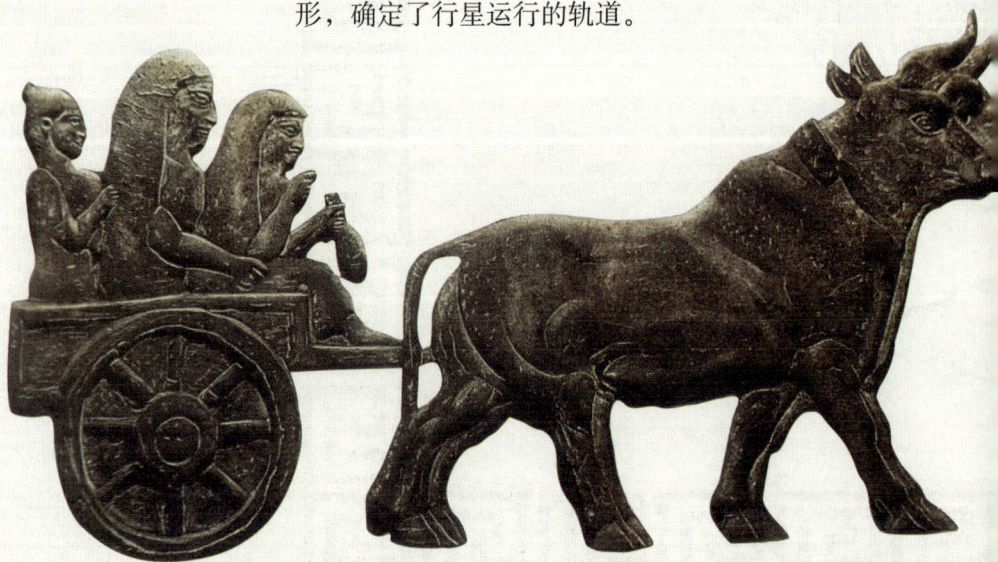

约公元前3250年，两河流域第一批有轮子的运输工具开始使用，通常是由驴或牛拉动。有轮子的车最早用来运输货物，取代更早期的木橇。

埃及农夫犁田。埃及农业发达，使埃及在天文计算方面有出色的成就。

埃及人制定了人类历史上最早的太阳历。他们同样将一年分为 12 个月，每月 30 天，年末还会加上 5 天，一共 365 天。埃及人依据月相制定了阴历，同样将一年分为 12 个月，一年共 354.36 天，每三年会增加一个闰月。

埃及人的医学成就十分值得一提。他们把医生分成不同的专业，每个医生只治一种病。制造木乃伊，可以说是埃及医学发达的一个例证。

远东科学

在印度，人们在数学方面也取得了不低的成就。印度人最大的贡献是发明了后世所称的阿拉伯数字。他们创造了 2 进位制和 10 进位制，创造了从 0 到 9 这 10 个数字。后来，阿拉伯人把印度人的数字传到了欧洲，因而被称为阿拉伯数字，但它们实际上是印度人所发明的。印度人还会进行加减乘除等综合运算，能解二次方程，将圆周率定为 3.1416，与实际的圆周率已经十分接近。

在天文学方面，印度也有不错的成就。印度人将一年分为 12 个月，每月分为 30 天。他们将一年分为三季，分别是冬、春、夏；还有一种方法将一年分为六季，分别是春、热、雨、秋、寒、冬。印度人在希腊人的启发下，提出了地球自转的理论。

中国科学

春秋时期，出于测量土地、统一度量衡和厘定租税的需求，中国的数学有了不小的发展，已经能解二元一次方程。中国的历法采用阴阳合历，将一年定为 365.25 天，每 19 年设置 7 个闰月，达到了非常高的精度。

中国的医学产生了分科，对内科、外科、妇科、儿科等多种专科都有专门的研究。战国时期著名的医学著作《素问》提出了一个非常先进的理念，即强调预防重于治疗，要求人们根据外界环境调节饮食和起居。如果有人生病，治疗时要综合考虑病因、病人的具体情况，然后再对症、对人下药。

在医学方面，印度产生了颇具特色的医术。印度人在解剖学、胚胎学和麻醉学等方面颇有成就，有治疗麻风、风湿、黄疸等 77 种疾病的药方。

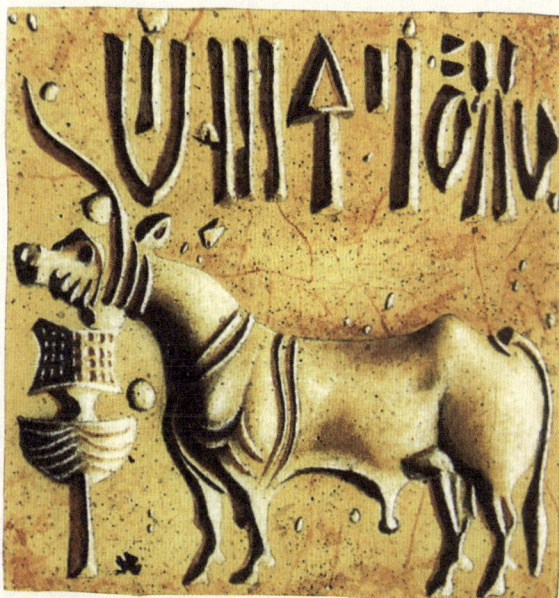

古印度货物标记，出自摩亨佐·达罗的一块滑石印章，用来印在黏土上，当作货物的标记。上方的字母仿佛是古老的"阿拉伯数字"。

科学怪咖
德谟克利特

一个不爱财产只爱求知的人，
他博采众长，首次提出原子论。

德谟克利特，古希腊哲学家，创建了原子唯物论，认为世界的本原是物质，是由原子构成的，不是意识，对后世唯物科学的发展产生了非常深远的影响。

生活上的怪人

德谟克利特（Democritus，约公元前460—前370年），一生的经历非常丰富。他出生在希腊东北部色雷斯的海岸城市阿布德拉的富商家庭，阿布德拉是当时希腊的大商埠，海外贸易十分发达，云集着来自世界各地的商人。出生在这样繁华的城市，德谟克利特从小就见多识广，对来自各地的人和事物都充满了好奇，兴趣非常广泛。

小时候，德谟克利特就是身边人眼中的怪人。

一话一说一世一界一

德谟克利特，古希腊哲学家，原子唯物论学说的创始人之一。德谟克利特一生勤奋钻研学问，知识渊博，他在哲学、逻辑学、物理、数学、天文、动植物、医学、心理学、伦理学、教育学、修辞学、军事、艺术等方面都有所建树。

他拜云游的波斯术士和星象家为师，跟他们学习神学和天文学方面的知识，不断打听着东方的文化和轶事。当师父们不在的时候，他就把自己锁在花园里的一间小小的木屋里，独自钻研自己感兴趣的事儿。有一次，德谟克利特的父亲进到了小木屋里，将里边的耕牛牵了出去。令父亲惊讶的是，这么大的动静竟然都没有让德谟克利特发觉，只见他仍专心盯着桌子上的书本，连头都没回一下。不仅如此，有时候为了找到一个更安静的环境，德谟克利特还会一个人跑到荒凉的墓地里。

成人之后，德谟克利特保持着对东方文化的高度兴趣。他亲自到埃及、巴比伦、印度等地游历了十余载，仅在埃及就待了五年之久。在这期间，他实地考察尼罗河的灌溉系统，跟巴比伦的祭司们学习观察星辰。德谟克利特返回故乡后，没有放弃外出游学的计划。德谟克利特与两个兄弟划分了祖产，他的份额最少，但也有100塔兰特。他拿着这笔钱又开始了四处游历，他的足迹遍布了希腊、地中海、埃及、巴比伦、印度。长期在外游历，花掉了大部分钱，亲戚们都以为他发疯了，因为他每天写奇怪的文章，做奇怪的事。

回到阿布德拉之后，有人以"挥霍财产罪"的罪名将德谟克利特告上了法庭，因为他们想让法官没收德谟克利特的财产，以便让自己从中获利。德谟克利特为自己进行了辩护，他义正词严地说："与众族人相比，无论游历之广，还是思想之深邃；无论见识之多，还是知识之渊博，未必有人超得

哭的赫拉克利特和笑的德谟克利特。这是一幅 1477 年的意大利壁画，绘画者让两位生卒年代不重合的哲人，坐在一起探讨哲学问题，应该是这位画家当时并不清楚他们各自的生卒年代。他们两位观点虽然不同，但都属于追究世界本原的自然哲学家。

过。"他宣读了他的名著《宇宙大系统》，彻底说服了法官。法庭不仅没有对他罚款，还给了他五倍的奖金，用来资助他进一步研究，德谟克利特声名鹊起。

科学界的奇才

德谟克利特在科学上最大的贡献，是继承和发展了他的老师留基伯的原子论。他认为原子与虚空是世界的本原，原子是存在，虚空是非存在，在虚空中运动着的原子是宇宙一切事物的本原，原子结合形成了世间万物。原子是不可再分的最小的粒子，它本身具有运动属性，一直存在于宇宙之中，不能被创生，也不能被消灭，它们的结合与分离引起了宇宙的变化。

德谟克利特还有一个著名的论断，他将人类对事物的认识分为了感性认识和理性认识。他认为感性认识是肤浅的，是人们对事物的主观感知；理性认识是真实的，是对"真理"的认识。据说，为了不让自己被事物的表象以及自身的感性认识所迷惑，德谟克利特弄瞎了自己的眼睛。

德谟克利特的学说对后世影响深远，他的原子说虽然只是哲学推断，不是科学理论，但却启发了现代的科学原子论。在许多其他领域，包括逻辑学、数学、心理学、地理、生物、医学等多个方面，德谟克利特都有不小的成就。不过，柏拉图对于德谟克利特的观点并不欣赏，据说他曾想将德谟克利特的作品给烧光。今天人们对于德谟克利特对科学的贡献，及其对后世科学的重大意义，早已达成共识。

希腊硬币上正反两面分别镌刻着德谟克利特的头像和原子，以纪念这位伟大的原子论者。

掌握蛇杖的人
希波克拉底

我以阿波罗、阿克索及诸神的名义宣誓：

我要恪守誓约，不给病人带来痛苦与危害。如果我违反了上述誓言，请神给我以相应的处罚。

——《希波克拉底誓言》

希波克拉底，古希腊著名的医学家、哲学家。他大约生活在雅典的伯里克利时代，被认为是医学史上最为杰出的人物之一，有"医学之父"之称。

悬壶济世

在古希腊，医学在一开始并不是一门独立的学科。当时的人们还不懂病因、病理，认为人之所以生病是与神灵有关，多半是受到了神灵的惩罚。如果想医好病，需要向神灵祈祷，或者求助于神庙中的祭司们。希波克拉底（Hippocrates，公元前460—前370年）坚持从科学出发，认为疾病都有病因，与病人的卫生状况、性格个性、生活方式有关。

有一天，希波克拉底在市场上看到一个病人全身抽搐、面色发青、口吐白沫，连意志都不清楚了。市场上的人们都被吓坏了，以为这个人中邪了。正巧这个时候有一个祭司路过，人们便纷纷跑去向他求助。祭司观察过病人之后，说他是得罪了山神，需要尽快抬到神庙里去，让祭司们为他医治。希波克拉底看到这种情况之后，向大家解释道，这个病人并不是得罪了什么神，也不是中了邪，而是脑子出了问题，得了癫痫。

在今天看来，希波克拉底的诊断十分准确，但是当时的人们却不相信，认为希波克拉底的话是无稽之谈。他们仍将病人抬到了神庙里，结果祭司们忙活半天，也没有任何效果，病人没有得到应有的救治。

公元前430年，正当伯罗奔尼撒战争进行得如火如荼的时候，雅典城内突然爆发了一场大瘟疫。由于当时雅典采取了坚壁清野的政策，将所有阿提卡民众都迁移到了雅典城，所以城内人口密集，卫生条件较差，瘟疫一发不可收拾，就连雅典最重要

希波克拉底，被西方尊为"医学之父"，西方医学奠基人，提出"体液学说"。他的《希波克拉底誓言》是警诫职业道德的圣典，20世纪中叶，世界医学会又据此制定了国际医务人员道德规范。

一话一说一世一界一

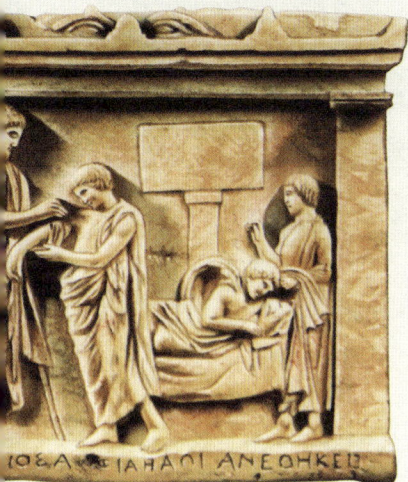

这是一幅"感谢"古希腊医神阿斯克勒庇俄斯的浮雕。浮雕呈现一位医师和他的助手为病人诊治的情形。

的政治领袖伯里克利及其家属也未能幸免，在瘟疫中去世。此时，希波克拉底远在希腊北部的马其顿王宫内担任御医一职，在得知雅典疫情之后，他立即向马其顿王请辞，冒着生命危险来到雅典，希望能够提供帮助。

到了雅典之后，希波克拉底马上开始着手调查疫情，他发现几乎每户雅典人家中都有人染病，唯独铁匠家一个都没被传染。他据此分析，认为铁匠之所以能免疫，也许跟他在工作中与火接触较多有关。于是，希波克拉底让人在全城各处都点起了火，高温环境有效遏制了病毒的蔓延，拯救了雅典城。

医学体系

希波克拉底创建了"体液学说"，认为人的气质与体质是由体内的四种体液所决定的，分别是血液、黏液、黄胆和黑胆。在每个人身体内，这四种体液的比例都不相同，从而构成了不同的气质。胆汁质的人性情比较急躁，做事果敢麻利，动作比较迅猛；多血质的人性情较为活跃，动作比较灵敏；黏液质的人性情沉着冷静，考虑较为周全，但是行动比较迟缓；抑郁质的人性情脆弱，感情非常敏感，容易受伤害，动作也相对迟钝。

在体液说的基础上，他还指出了人生病的原因，是四种体液失去了平衡所致。人的气质虽然有天生因素，但是后天环境也起了很大作用，环境的改变会引起人性格气质的变化。因此，当一个人到陌生的城市里，首先要注意的就是城市的气候、土壤、水源、饮食习惯等自然环境。从现代人的观点来看，希波克拉底的体液说虽不见得十分正确，但却完成了医学从神学向科学的过渡。四种体液说至今影响颇为广泛，许多现代测试将体液说及其对应的四种气质沿用至今。

12 世纪的壁画描绘的是古罗马医学大师盖伦和古希腊希波克拉底（右）两位医生。希波克拉底生前就被古希腊人称为"医神的后代"，但现有资料不能确定他是否出身医生世家，传说他属于大力神赫拉克勒斯的家族。

柏拉图门人
欧多克索斯

师从柏拉图，却没成为哲学家，而成了数学家和天文学家，哲学史上有柏拉图已经足够，科学史上不可以没有这位柏拉图的学生。

欧多克索斯，古希腊天文学家、数学家、地理学家，一生致力于科研与教育，刻苦勤勉，写下了不少论著，颇有成就，被誉为"柏拉图同时代最杰出的数学家""古希腊最伟大的天文学家"。欧多克索斯与著名哲学家柏拉图颇有渊源，是柏拉图的门下弟子。

吾爱吾师

欧多克索斯（Eudoxus，约公元前408—前347年）曾在柏拉图的学园学习，与老师建立了深厚的感情。欧多克索斯出生于小亚细亚尼多斯的一个医生世家，他虽然在尼多斯医科学校学医，但对天文学和数学很感兴趣，曾游学多地，遍访名师。公元前368年，欧多克索斯随人一起前去雅典访问。为了节省开支，他住在了比雷埃夫斯港，求知的欲望驱使着他每天都去学园，聆听柏拉图等大师们的教诲。从比雷埃夫斯到雅典，欧多克索斯每天需要步行10多公里，他的求学热情加上非常好的天赋，令柏拉图十分欣赏。

返回尼多斯之后，欧多克索斯又去了埃及等地，一方面向僧侣们学习知识，另一方面考察当地的风俗。由于地理位置不同，他在埃及还观察到了希腊人看不到的南天星座。虽然与僧侣们接触不少，但他并不相信占星、占卜等，仅仅将星星当做科学研究的对象，坚持科学的立场。

后来，欧多克索斯在基齐库斯创办了自己的学校，培养了不少优秀的学生。在公元前4世纪五六十年代，欧多克索斯将一些学生和学校迁到了雅典，与恩师柏拉图的联系更为密切。据说当他再次去拜访柏拉图时，柏拉图专门为他举行了宴会。当时，柏拉图有一个经典的理论，认为行星必须在正圆轨道上运转，但是人们通过观测发现，行星实际上并非在正圆轨道上做匀速圆周运动。欧多克索斯修正了柏拉图的理论，认为行星最终的运动受到相邻星体运动的影响，因而虽然它们应该是正圆轨迹运行，但是实际观测到的却并非如此。这样的解释既符合人们的观察，也保全了柏拉图的面子。

欧多克索斯是和柏拉图同时代的最杰出的数学家，他由于对三门学科：几何学、天文学和地理学的贡献而闻名于世。他一生的著述很多，除以上三门外，还涉及医学、法律、哲学等多个领域，可惜都没流传下来。

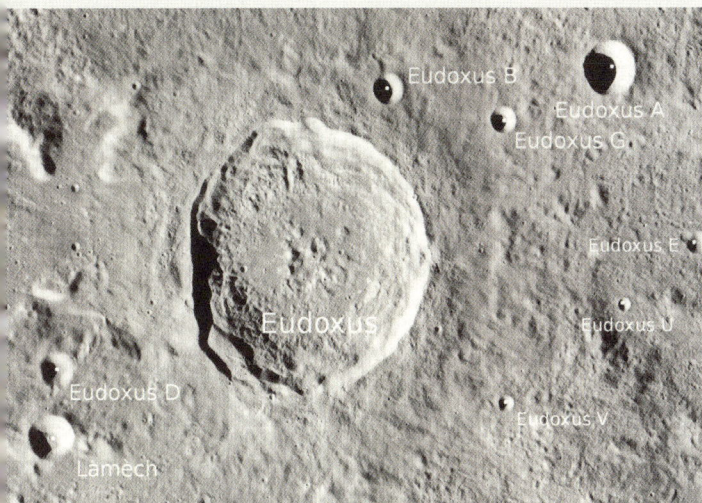

欧多克索斯因为对于天文学的贡献，月球上一处地形以他的名字命名。

科学贡献

欧多克索斯最突出的贡献是在天文学上。他将球面几何运用到了天文研究之中，发展了地心说的理论。地心说最早起源于毕达哥拉斯学派，后被柏拉图所继承，欧多克索斯又继承了柏拉图的观点。今天看来，地心说是一个错误的假设，但欧多克索斯的伟大之处在于，他建立的同心球模型是创建数学化天文理论的第一个尝试，彰显了天才的创造性。欧多克索斯通过长期观测，记载了一些星座在地平线的起落情况，为后人提供了重要参考数据。在天文学成就的基础上，欧多克索斯编制了新型历法，即著名的《八年周期》。据说，欧多克索斯还是第一个试图画星图的希腊人。

在数学上，欧多克索斯有很深的造诣。他引入

知识链接：阿里斯塔克斯与日心说

阿里斯塔克斯是古希腊伟大的数学家和天文学家，他在人类历史上首次提出了"日心说"，认为太阳是已知宇宙的中心。在当时，阿里斯塔克斯的观点并不被人们所接受，他的天文才华也不被世人认可，居于亚里士多德和托勒密的光芒之下，还有人竟然要以渎神罪控告他。大约在1800年之后，随着哥白尼的出现，阿里斯塔克斯的观点才再次引起了人们的注意。遗憾的是，由于不被人们所重视，阿里斯塔克斯证明日心说的论著已经遗失，只能从后人的转载中部分了解。

了一个新的数学概念"量"，将"量"和"数"进行了区分。之后，他将这个定义应用到了几何学中，取得了数学史上的重大突破。他还建立了严谨的穷竭法，提出了"黄金分割""倍立方"等著名问题。

欧多克索斯写过一本地理学专著《地球巡礼》，考察了当时希腊人所知的世界，对每个地区都从政治、历史、人种等方面进行了详细的介绍，行文流畅、文笔生动，据说可与古希腊史学家赫卡太乌斯的《环游世界》相提并论。不过，可惜的是，这本著作没有流传下来。

埃及"亡灵"。一幅纸莎草的绘画，埃及人送死去的亲人去下葬。欧多克索斯在埃及学习过一些知识，但是他对埃及人相信人死后进入阴间世界持怀疑态度。

几何之父
欧几里得

《几何原本》，是西方仅次于《圣经》流传最广的书籍，它在差不多2000年间，被奉为必须遵守的严密思维的范例。

图中克罗狄斯·托勒密（Claudius Ptolemaeus，约90—168年）与欧几里得讨论天文学。托勒密（左）生于埃及的一个希腊化城市赫勒热斯蒂克，古希腊天文学家、地理学家、占星学家和光学家。欧几里得不仅是数学家，对天文学也抱有热忱，写有《观测天文学》一书。

欧几里得（Euclid，约公元前330—前275年），古希腊伟大的数学家，因为一生都活跃在托勒密一世统治时期的亚历山大里亚，也被称为亚历山大里亚的欧几里得。因为在几何学上的突出贡献，他常被人称作"几何之父"，一生著作颇丰，最为著名的是《几何原本》，从诞生之日起就被广泛用于几何学教学。

求学雅典

雅典郊外有一座著名学府，绿树成荫，环境优雅，这就是柏拉图创立的阿卡德米学园。有一天，一群年轻人慕名前来求学，来到学园之后，只见门口竖着一块牌子，上书"不懂几何者，不得入内！"这几个字可是颇有来历，相传是柏拉图亲自立下的规矩。这个规矩可把这群年轻人愁坏了，他们前来学园就是学习的，怎么会懂几何呢？正在人们一筹莫展的时候，欧几里得却微微一笑，从人群中走了出去，整理了一下衣服，推开了学园的大门，径直走了进去。这位颇具几何天赋的青年，成了柏拉图学园的学生。

入学之后，欧几里得学习十分勤奋。柏拉图学园的教学活动，基本上都是以师生间的对话形式展开，要求学生有高度的抽象思维能力和概括能力。数学是最具抽象性的学科，几何学尤其如此。它不仅与生活密切相关，还具有相当的抽象性，因而是既普遍又抽象的学科。欧几里得对几何十分痴迷，他疯狂地爱上了这门学科，几乎翻阅了柏拉图的所有著作和书稿，对柏拉图的了解程度甚至超越了其亲传弟子。尤其是在圆和直线方面，他造诣颇高。

学成之后，欧几里得离开了学园，到了埃及，成为亚历山大里亚图书馆的学术部负责人。他谨记自己在学园接受的教诲，在亚历山大里亚建立了一座传授几何学的学校。随着他的到来，亚历山大里亚取代了雅典，成为数学研究的中心。

《几何原本》

来到埃及之后，欧几里得打算做一番流芳千古的事业。埃及是几何学的兴起之地，后来经过毕达哥拉斯学派的系统发展，已经达到了一个相当高的水平。人们了解了不少的几何学知识，也将不少应用到了生产实践之中。然而，当时的几何学还存在

一话一说一世一界

英国 16 世纪第一次将《几何原本》翻译成英文出版。有学者推测，英国人注重实用主义，伊丽莎白时代去新世界的探险家画地图、算航道，都离不开几何知识。

知识链接：《几何原本》传入中国

中国最早的《几何原本》译本是 1607 年意大利传教士利玛窦（Matteo Ricci，1552—1610 年）和徐光启根据德国人克拉维乌斯校订增补的拉丁文本《欧几里得原本》（15 卷）合译的，定名为《几何原本》，几何的中文名称就是由此而得来的。该译本第一次把欧几里得几何学及其严密的逻辑体系和推理方法引入中国，同时确定了许多我们如今耳熟能详的几何学名词，如点、直线、平面、相似、外似等。他们只翻译了前 6 卷，后 9 卷由英国人伟烈亚力和中国科学家李善兰在 1857 年译出。

一个很大的不足，就是知识还是片段化、零碎化，不同的公理、公式、证明之间缺乏联系，没有系统性，这个不足也使得几何学在现实中的应用有许多局限。有着深厚学术积淀的欧几里得敏锐地注意到了这个问题，他下定决心，要在有生之年弥补几何学这个局限。

有了远大的志向之后，欧几里得开始更加努力地工作。他一方面自己努力钻研文稿，一方面请教相关学者，没日没夜地向着目标前行。功夫不负有心人，在公元前 300 年的一天，欧几里得几经修订，终于完成了《几何原本》的写作。《几何原本》问世之后，立即轰动了整个亚历山大里亚。它的语言简明，论证严谨，不仅将自公元前 7 世纪以来的整个数学发展史囊括其中，还利用了深入浅出，从繁至简的方法论证了 5 条公理、5 条公设、23 个定义和 467 个命题，被人誉为"数学界的帕特农神庙"。

《几何原本》甚至引起了王室的注意，托勒密一世研读了这本书之后，亲自前去拜访欧几里得，向他请教学

习几何的方法。在欧几里得那里，托勒密发现几何学实在太过深奥，就问有没有什么便捷点的途径。欧几里得看了看国王，笑了笑说道："学习几何没有王者之路"，意思是没有任何捷径。

《几何原本》残片，是现存最古老的欧几里得《几何原本》的片段，发现于古埃及时期的城市俄克喜林库斯，时间在公元 100 年前后。

力学之父
阿基米德

给我一个支点，我就能撬起整个地球。
——阿基米德

阿基米德，古希腊著名的哲学家、科学家、数学家、力学家、天文学家。他一生致力于科学研究，取得了丰硕的成果：在数学上，他与高斯、牛顿并列为世界三大数学家；在力学上，因为他在静态力学、流体力学上的造诣，他被誉为"力学之父"。

浮力定律

阿基米德（Archimedes，公元前 287—前 212 年）生于西西里岛的叙拉古城邦。他出身高贵，家境富裕，父亲是一位学识渊博的谦谦君子，可谓书香门第。受到家庭的熏陶，阿基米德从小就对天文学、数学、几何学很感兴趣。在他 11 岁的时候，父亲将他送到了当时精英集结的亚历山大里亚，拜在欧几里得的学生埃拉托塞和卡农门下学习。阿基米德勤学好问，悟性极高，据说曾经跟随他的师公即著名的几何学大师欧几里得学习。

浮力定律是阿基米德最为重要的发现之一。有一次，叙拉古国王想让工匠打造一个纯金王冠，在王冠做成之后，国王总觉得有些不太对劲，他感觉王冠的成色有问题，怀疑工匠私吞了黄金，在里边掺杂了其他金属。国王却找不到什么证据，因为王冠的重量与当初给工匠的黄金重量一致，他又不忍心为了查看有无杂质而破坏王冠。国王与众位大臣们都没了主意，不知怎么办才好。于是，他们想到了学成归国的阿基米德。阿基米德最初也是一筹莫展，被这个问题难住了，想不出

阿基米德，百科全书式科学家，静态力学和流体静力学的奠基人，还与高斯、牛顿并列为世界三大数学家。

什么好法子。

有一天，阿基米德在家洗澡，他踏入浴盆之后，发现浴盆中的水溢了出来，阿基米德突然灵机一动，想到可以用测量排水量的办法来测量固体的体积。他马上兴奋地大叫"尤里卡！尤里卡！"（希腊语："找到了"），连衣服都顾不上穿，一路跑了出去。

阿基米德来到王宫，向国王要了一块与王冠同等重量的黄金，然后将王冠和黄金分别放进装满水的两个盆子里，结果放王冠的盆子里溢出了更多的水，这说明王冠的体积更大，相同重量下

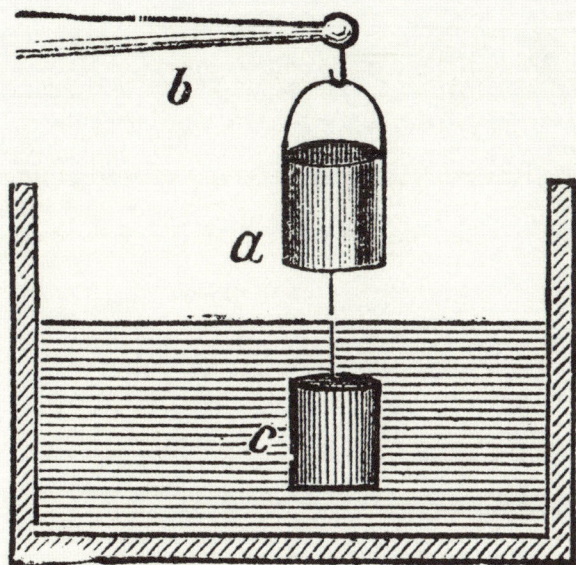

浮力定律。物体在液体中所获得的浮力，等于它所排出液体的重量。

一 话 一 说 一 世 一 界 一

知识链接：东方的"叙拉古王冠"

叙拉古王冠的故事，启发了阿基米德，使他发现了浮力定律。其实，在遥远的东方，三国时代的中国，也出现了一位神童，用浮力办了一件大事，他就是曹操的儿子曹冲。有一次，孙权送给曹操一头巨象，曹操想要知道这头象的重量，却没有这么大的秤，就询问下属谁有主意。大臣们有的说赶制一杆大秤，有的说将大象分割成块，都难以令曹操满意。这时候，只有五六岁的曹冲想了一个办法，先让人把大象放到船上，在船的吃水线上做了个标记，然后把大象换成其他实物，让船再次达到刚刚标记的吃水线。这样一来，通过称量实物，就可以得到大象的重量了。曹冲称象可以称为东方的"叙拉古王冠"。

说明其密度更小，所以不是纯金，一定是掺杂了其他金属。

对于国王来说，阿基米德的智慧让他知道了工匠克扣黄金；对于阿基米德来说，国王的王冠让他发现了浮力定律，使他享受了科学发现的纯粹喜悦。

杠杆原理

杠杆原理是阿基米德的另一大发现。有一次，

叙拉古国王替埃及托勒密国王建造了一艘大船，这艘船非常之大，以至于人们无法将它拖到海里。国王又想到了聪明的阿基米德，他将阿基米德招来，对他说："你曾说过要撬动地球，现在来帮我将船挪到海里去吧！"

阿基米德在《论平面图形的平衡》一书中最早提出了杠杆原理。他首先把杠杆实际应用中的一些经验知识当作"不证自明的公理"，然后从这些公理出发，运用几何学通过严密的逻辑论证，得出了杠杆原理，即"二重物平衡时，它们离支点的距离与重量成反比"。

阿基米德微微一笑，心中便有了计策。他让国王叫来一群工匠，让他们将一些巧妙的滑车和杠杆放在了船的前后左右，然后让100人站在了船前，抓住一根绳子。然后他又将一根与之相连的绳子交给了国王，让国王亲自来拉船。国王只轻轻一拉绳子，那艘无比沉重的大船竟慢慢向前滑去，令周围的人惊叹不已。

阿基米德在发现了杠杆原理之后，并不是仅将他的智慧为国王效力。有一次，他在河边散步，看到农民从河里提水，非常费力而且不方便。回到家后，他利用杠杆原理，发明了一种螺旋提水器，这种提水器是杠杆原理与螺旋作用的结合，能通过旋转把水吸上来，被后人称为"阿基米德螺旋提水器"。这种提水器十分方便实用，甚至到了今天，都依然有人在使用。

保家卫国

科学没有国界，可是科学家却有祖国。阿基米德作为叙拉古的科学家，深深地爱着自己的城邦。他虽然醉心于科学研究，但当外敌入侵，祖国处于

> ### 知识链接：阿基米德的数学成就
>
> 阿基米德在数学方面颇有成就。他发展了欧几里得的趋近观念，创立了"穷竭法"，计算出了球形的面积和体积，计算抛物线和椭圆的面积，推算出圆周率 π 值在 3.14163 到 3.14286 之间。阿基米德虽然没有极限概念，但是在他的思想的推动下，后人发展出了微积分，他也被视为"微积分之祖"。阿基米德流传下来的数学论著有《论球和圆柱》《圆的度量》《沙的计算》《抛物线求积》等。

危难的关头，他没有"两耳不闻窗外事"，而将自己的智慧运用到了保家卫国之中。

由于叙拉古与罗马帝国的敌人迦太基结盟，罗马大将马塞拉斯率领罗马军队前去攻打叙拉古，他们包围了这个城市。阿基米德看到祖国要被别人攻占，心中十分着急，他虽然反对战争，但也不想让祖国陷落，被敌人所占领。于是，他便发明了许多防御性武器。

阿基米德最拿手的是杠杆原理，他利用这个原理发明了投石机，能将石头、标枪等发射出去，射程远，威力大，让罗马军队深受其害，他们只要靠近叙拉古的城墙，就会被投石机所伤。即使远在海岸的战舰，也难逃投石机的威力，叙拉古人能用投石机发

阿基米德的"爪"。古代历史学家把它描述为一种装有挂钩，可以提拉船部分出水的起重机。

阿基米德研究过光学，显然知道用凹面镜能够聚集阳光。但是当时的技术是制造不出一面足够大的凹面镜的。用凹面镜聚焦烧毁敌船可能是一种传说。

射更为巨大的石块，有时会直接击沉敌舰。利用杠杆原理，阿基米德还发明了一些超级大的起重机，叙拉古人将起重机推到靠近海岸的高处，它有长长的"手臂"能伸到海面上，会先将敌人的战舰抓起，然后狠狠地丢到海面上击碎它。

最危急的一次，阿基米德几乎靠一己之力挽救了城邦。那时，罗马舰队前来偷袭叙拉古，叙拉古的战士们在前线战斗，城内只剩下老人、妇女和儿童。看到敌国舰队不断逼近，阿基米德让城里的人将镜子从家里拿出来，然后都站到海岸上，把镜子反射的光聚焦在敌军主舰的帆上。不久，强烈的阳光让船帆烧了起来，火借风势，越烧越大，罗马人大为惊慌，以为阿基米德又发明了什么新武器，赶紧撤军了。

阿基米德的威名远扬，罗马将领马塞拉斯就把阿基米德称为"神话中的百手巨人"，将他们与叙拉古的那场战斗称为"罗马舰队与阿基米德一个人的战争"。

后来，罗马军队攻破了叙拉古城，极为敬佩阿基米德的罗马将领马塞拉斯进城后，马上派人去请阿基米德。当那个士兵跨进阿基米德的宅院时，他正全神贯注地盯着一堆几何图形，此时的阿基米德

已完全沉浸在了自己的思考当中，要求把问题论证完了再去，但这个士兵却被阿基米德的态度激怒了，拔剑刺死了这位伟大的科学家。

古罗马政治家西塞罗有次来到叙拉古，还专程去凭吊这位伟人。科学史上的伟人，达·芬奇、伽利略、爱因斯坦、牛顿等，都从阿基米德的科学发现中汲取了不少灵感。

《阿基米德之死》。19世纪油画，描绘了阿基米德遭马塞拉斯军队逮捕前的情景。

绘制星图
喜帕恰斯

他的第一次实在太多，仅举两项就让人赞叹：

在爱琴海的罗德岛建立了他的观象台，发明了许多用肉眼观察天象的仪器。这些仪器后来沿用了 1700 年。

喜帕恰斯，古希腊最伟大的天文学家，同时也是著名的数学家和地理学家，被视为方位天文学的创始人。喜帕恰斯一生最为重要的贡献是绘制了星图，准确记载了 1022 颗恒星的位置，并且用"星等"对星体进行了分类。

探索星空

在古代，人类对星空充满了好奇。劳作之余，人们常常会仰望星空，欣赏闪烁的群星，想象星体上的生活。后来，人们开始用科学的方法研究星星，一代又一代的天文学家创立了不同的学说，按自己的观点解释宇宙，喜帕恰斯（Hipparchus，约公元前 190—前 125 年）是其中有杰出贡献的一位。

喜帕恰斯出生于比提尼亚国的尼西亚，他自小就对宇宙和星空十分痴迷。据说他的视力极佳，这为他开展天文观察提供了有利条件。喜帕恰斯曾在亚历山大里亚学习，不过他并没有在那里工作，而

喜帕恰斯除了完成他的恒星目录，还计算出一年为 365 天 6 小时，月球年是 29 天 12 小时 44 分 25 秒。从此以后月食的预测就能准确至 1 小时内。

是在罗得岛度过了大部分时间。

喜帕恰斯研究了太阳和月亮的运动轨迹，建立起一个现存最早的模型。从这点来看，他一定使用了巴比伦和其他美索不达米亚人的观测数据和数学成就。他依据前人的数据，创建了三角学，以此推算出了预测日食的方法。

喜帕恰斯是首位演绎日心说的天文学家，但是他最后放弃了这个观点，因为他算出来的星体运行轨迹不是完美的圆形，与当时的科学家的认识相悖。他的影响，加上亚里士多德观点的支持，支配了 2000 多年，直到哥白尼的日心说模型问世。

绘制星图

公元前 134 年的一天，喜帕恰斯在观察星空时，在天蝎座里发现了一颗新星。这颗星从未被以前的天文学家所记录。这颗新星使喜帕恰斯十分困惑，因为在古希腊人们的意识中，星星是永生不灭、永恒不变的，怎么会突然出现一颗新星？

喜帕恰斯没有挑战传统观念，但是决定开始着手一项伟大工程，绘制一份精确的星图，将人们所能观测到的 1000 多颗亮星按照连续的位置编排起来，将它们全部摘录在册，以免后世的天文学家再遇到他所经历的困惑。喜帕恰斯根据每个星体的经纬度，标注出它们的位置，用井井有条的坐标格将它们形象地反映出来，比他的前辈欧多克斯、埃拉

一话一说一世一界一

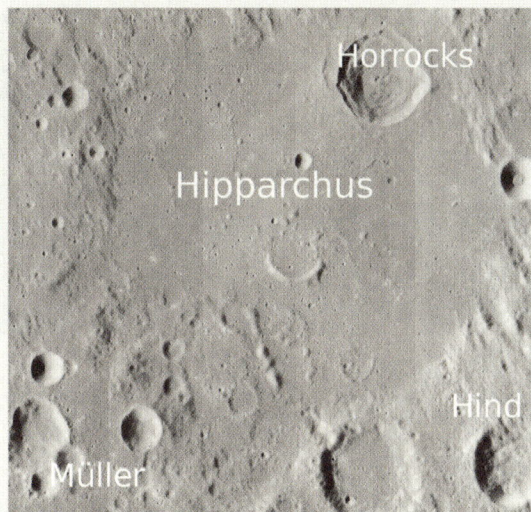

Hipparchus 地块。因为喜帕恰斯对于天文学的贡献，月球上一处地形以他的名字命名。

托色尼绘制的星图要精确、形象得多。喜帕恰斯还根据星体的亮度，为它们划分了等级。他将星空中最亮的 20 颗星定为一等星，然后根据光亮度的递减，依次划分了二、三、四、五等星，第六等星的亮度大概是肉眼所能观测到的极限。这套星级系统影响深远，经过后世的改进和发展，一直沿用到了今天。

喜帕恰斯将自己的星图与前辈们比较，发现恒星们从西向东存在一定的位移，由于当时的人们还没有意识到地球的自转，他认为是星体在作缓慢的圆周运动，周期大概是 26700 年，因此每年春分、秋分的日期都会稍微提前，他把这个现象称为"岁差"。

遗憾的是，喜帕恰斯虽然一生写了 14 本著作，但是其中的大部分都遗失了。他留下的大量观测资料，通过后人的记载流传了下来，这要归功于另一位著名的天文学家托勒密的著作。喜帕恰斯的观测资料常被后人所参考，1718 年，著名天文学家哈雷通过将自己的观测与喜帕恰斯观测资料的对比，发现了恒星的自行。

喜帕恰斯头顶着星球地图，他标明恒星的亮度，第一次记录了新星，推断太阳和月亮的运动，提供了高质量的行星观测工具和创立了首个 1000 星级目录。

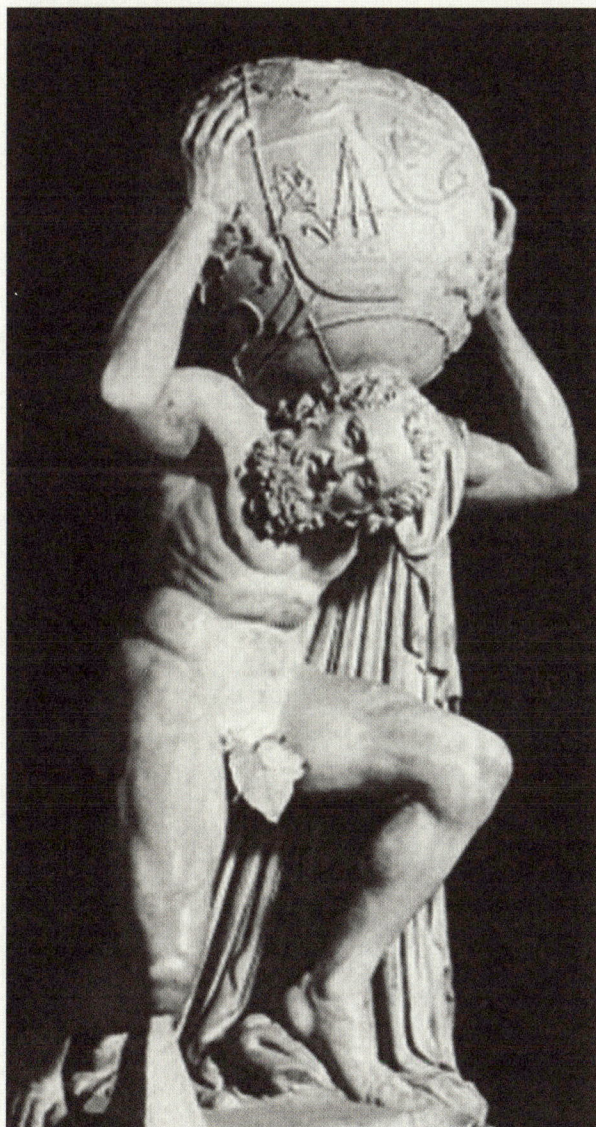

地理学家
斯特拉波

> 我认为，我现在打算要研究的地理学，
> 就像任何其他科学一样，
> 也是与哲学家的工作有关的。
>
> ——斯特拉波《地理学》

斯特拉波，古希腊著名的历史学家、地理学家，著有《地理学》《历史学》。斯特拉波在古代历史上一直默默无闻，6世纪时有学者将他视为地理学的权威。到文艺复兴时期，《地理学》的价值被重新发现，斯特拉波从此开始声名显赫。

游学四方

斯特拉波（Strabo，约公元前64/63—公元23/24年）出生在小亚细亚本都王国的阿马西亚城，在斯特拉波出生后不久，他的家乡就被罗马人所攻占，所以斯特拉波的一生大部分时间是处在罗马人的统治下，是罗马公民，因而也有人将他视为罗马地理学家。

斯特拉波生于小亚细亚的阿马西亚，后移居罗马，游历意大利、希腊、小亚细亚、埃及和埃塞俄比亚等地，曾在亚历山大城图书馆任职。著有《历史学》（43卷）和《地理学》（17卷）。

斯特拉波的家庭可谓深爱希腊文化的书香门第，他的家族与本都国王颇有渊源，后来在政变中受到牵连。斯特拉波的外公为了替家族复仇，背叛了国王，投靠了罗马人，煽动15座城池投向罗马。在当时看来，这种行为并不是投敌卖国，因为当时的上层知识分子受到希腊化世界主义的影响，认为政府和君主只不过是公民雇佣的公仆或奴才，当他们表现不好时，推翻他们、寻找更好的公仆是天经地义的事。

从青少年时代开始，斯特拉波就开始游学四方。一方面考察各地的地理环境、风土人情，一方面请教名师，求得学问。斯特拉波的第一位老师是阿里斯多德姆斯，他传授斯特拉波修辞学和语法。在启蒙老师的指引下，斯特拉波变成了一个荷马史诗的爱好者，他还通过老师的关系，与著名的哲学家、天文学家波塞多尼奥斯建立了私交。

斯特拉波的第二位老师是地理学家色纳尔库斯，他是一位地理学家、教育家，与罗马大帝恺撒颇有交情，一生致力于教书育人，曾在雅典、亚历山大里亚、罗马等多个地方传道授业。斯特拉波第三位老师是提兰尼昂，他是一位法学家和地理学家，据说西塞罗曾邀请他撰写地理学著作。不过，斯特拉波与第三位老师的关系似乎比较冷淡，他把老师称为"像书贩子一样的人"。

求学完成之后，斯特拉波还到过希拉波利斯、以弗所、亚美尼亚、撒丁、黑海、埃及、科林斯、

知识链接：《地理学》的学术建树

斯特拉波对已知世界进行了区划和分类，成为区域地理研究的代表；把海岸分为岩岸、沙岸和潟湖等类型；研究了陆地上升、下沉和三角洲的形成；第一个描述了非洲沙漠中的绿洲，正确解释了尼罗河的泛滥，将其归因于埃塞俄比亚夏季丰沛的雨水；指出火山土、碎屑土和冲积土的肥力不同；提出自然因素对人文现象（如聚落、人口密度和风俗习惯）有很大影响，注意到历史对地理的作用。

意大利文艺复兴时期是大规模翻译古典著作的时期，画面中威尼斯贵族委托翻译家来翻译斯特拉波的著作。

意大利、非洲等地，令人奇怪的是，他并没有去过雅典。

著书立说

斯特拉波最重要的著作是《地理学》，他写作此书的动机是什么？一般认为，大致有三个理由促使他决心写作该书。首先，斯特拉波在求学过程中，见识到了不同地区的地理风貌，所结识的老师多少都与地理学有关，这对他从事地理学研究可能有不小的影响。其次，希腊人天生具有冒险精神和求知欲望，特殊的地理环境使得他们十分重视海外贸易，需要在外建立商业据点和殖民地，这催生了地理学的发展。再次，斯特拉波生活的年代正值罗马帝国兴起之时，他与其他知识分子一样，渴望用自己的特长为帝国歌功颂德。

《地理学》凡17卷，记载了当时希腊人所知的人类世界，详细考察了不同地区的地理气候、人文历史、民风民俗等信息，是古人第一次对整个有人居住的世界所进行的描述。《地理学》的另一项功绩是，它广泛引用了古代希腊所有地理学资料，直接或间接引用了50多位古典作家的材料，对其进行了严格的筛选和科学的考察，这为我们保留了大量作家的作品，尤其是那些著作遗失的作家，具有很高的学术价值。书中对许多地区历史地理、人文地理的记载，是当地古代地理信息的唯一史料，非常珍贵。《地理学》还对我国古代西域各国有所记载，是研究中西文化史、中西交通历史的重要史料。

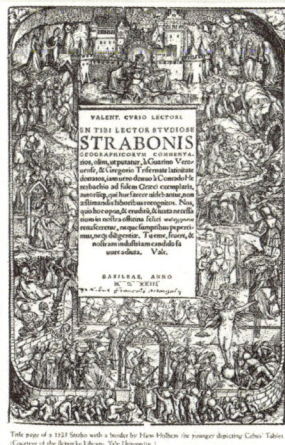

斯特拉波的《地理学》1525年在德国巴塞尔出版，可能是最早的翻译版本之一。

活色生香

古典时代，人们每天是如何生活的？他们的主要活动是什么？有哪些娱乐项目？靠什么消磨时间？有哪些特别有趣的事儿？他们最喜欢吃什么？

古典时代人们的生活与现代人有着不小的差距，与经济活动一样，他们的生活也受到地理环境的不小影响。很多情况下，气候环境和地理条件甚至可以决定他们的生活方式。

以埃及人为例，他们的生活就与尼罗河关系颇大，人们的日常生活基本都要围绕尼罗河展开，贵族奢侈，平民也很滋润。

在希腊，公民的城邦生活似乎更加多姿多彩。因为希腊气候温暖，适宜于户外活动。他们以宗教之名，举办了最早的体育赛会，邀请许多其他城邦的人来参加，是现代奥林匹克运动会的故乡。希腊人喜欢举办戏剧节日，由戏剧诗人负责创作、表演，公民不仅观看表演，还负责组成评委团，评选戏剧的优劣，获得优胜的戏剧诗人受到城邦的嘉奖。

贵族阶层一般还会进行一些比较高雅的活动。在希腊，贵族们常常会聚餐，他们会携带精美的食物和酒水，让奴隶表演音乐和舞蹈。在聚餐过程中，他们还会谈论一些与城邦、文学相关的话题，文化氛围十分浓厚。

母亲河的馈赠
古埃及人的生活

荣耀归于您，哦尼罗河！你从泥中奔流而来，养育了埃及这片土地！你湿润平原，喂养牛羊。你使干旱的沙漠不再饥渴，任何其他水源都做不到这一点。你使大麦小麦生长繁盛。你装满谷仓和储藏室，你没有丢下穷苦人。因为你，我们吹起竖笛。因为你，我们欢快歌唱！

——尼罗河赞歌

在法老统治的 3000 年左右的时间里，古埃及人的生活并未发生太大变化。农民占人口的大多数，他们生活的一切都有赖于尼罗河。有肥沃的黑色冲积平原，古埃及人不担心生计问题，可以根据尼罗河的周期，恰当安排农业活动，进而在农业产出的基础上，创造了辉煌独特的文明。那么，古埃及人每天是如何生活的呢？

滋润的平民生活

古埃及人饮用尼罗河水，也用河水来做饭、洗漱、洗衣，浇灌农作物。他们通过尼罗河，坐船从一个城市到达另一个城市。如果由南往北（即从尼罗河的上流到下流），他们直接顺流而下。如果是

这幅画呈现的是船上载牛渡过尼罗河的情景，由此可知古埃及人可能是最早畜牛的民族。

从北向南，即逆流，也不用担心，因为从地中海吹来的风力足够他们利用风帆的作用完成自己的目标。在古埃及象形文字里面，逆流而上的书写表达就比顺流而下多了一个风帆的图形。

古埃及人也根据尼罗河来划分时间和季节。比如说，从 6 月到 9 月，他们命名此季节为泛滥季。那么，有些人就趁机休息；有些人就制陶，做珠宝首饰，从事手工业；有些人则忙于和政府有关的活动，包括建造金字塔、神庙以及其他一些和石头有关的工程。虽然有一小部分人长年累月从事手工艺和贸易，比如木匠、金属锻造和冶炼，但大多数埃及人会在其他两个季节重返土地。在种植季节，即从 10 月到来年 2 月，农民开垦土地，播种各种农作物。在干旱季，即从 2 月到 6 月，农民开始收获。他们也饲养各种动物，诸如牛、山羊、绵羊、猪等等。在尼罗河不远之处居于破旧简陋的茅草屋里，他们也会捕鱼，并且鱼也是饮食的重要组成部分。他们用大麦酿造啤酒，作为饮料。用小麦磨成面粉，制作面包。宗教活动和节日庆典也是日常生活的重要部分，这些活动多和其来世观念有关。古埃及人的化妆、医药学（包括木乃伊的制作）、天文等方面也有非常独到的贡献和成就。

古埃及音乐家演奏弦乐器（如诗琴及竖琴）与管乐器（如木管、木喇叭）。

知识链接：古老的禁忌——古埃及人的针

古埃及人对针有种特殊情结。据说，天神在每天下午 3 点至 5 点时来体察民情，越富有的人得到的赏赐就越多，越穷的人得到的赏赐就越少。穷人的特征之一是总是穿针引线，缝缝补补。为了不让天神看出自己的穷，这个时候人们绝不做针线活，也绝不卖针。甚至一些人晚上也不敢做针线活。农村里也忌讳借针，就算是不得不借，也是在暗地里进行。例如，出借人将针插在面包里，借针人回家后偷偷将针取出。更有意思的是，妇女们互相对骂也用针当口头语，她们认为这是对人的巨大侮辱，被骂者会痛不欲生。

法老的奢华生活

作为比较富裕、社会地位比较显赫的一些人，他们统治着更穷苦的大众。古埃及的社会结构就像他们建造的金字塔一样整齐，农民在底端承重，渐渐往上走越来越窄，村长、区长、祭司、首都的官员，顶点是法老，就是这么一层层的等级。

法老妻妾成群，子孙兴旺，居住在金碧辉煌的宫殿里，众多的侍从、谋士和官员伴其左右。法老是神在人间的代理人，一人独揽政治、经济、宗教、军事等权力，整个国家都是他的私有财产，拥有随意的处决权。法老头戴双工冠，象征上下埃及的统一，手持权杖，代表权威不可冒犯。法老有使埃及成为公平国度的义务，并且肩负保护埃及国土免遭外族入侵的责任。法老的统治之所以可以相对比较稳定，还在于法老懂得放权，把地方事务交给信任的官员们去治理，使用恰当的手段保证官员们可以恪尽职守，不贪污受贿，不徇私舞弊。因此，对很多人来说，读书做官也是一条颇具诱惑力的仕途之路。法老的精英人士也包括医生、书吏、雕刻家等。他们各司其职，各行其是。

在尼罗河的滋养之下，古埃及人因为经济、出身等原因形成了社会阶层的金字塔。法老高高在上，其权威和意志力的发挥依靠农业、农民，也依靠其智囊集团的出谋划策，前提是法老保证能够对官员监控有力，达到平衡。这就是古埃及人生活的复杂网络。

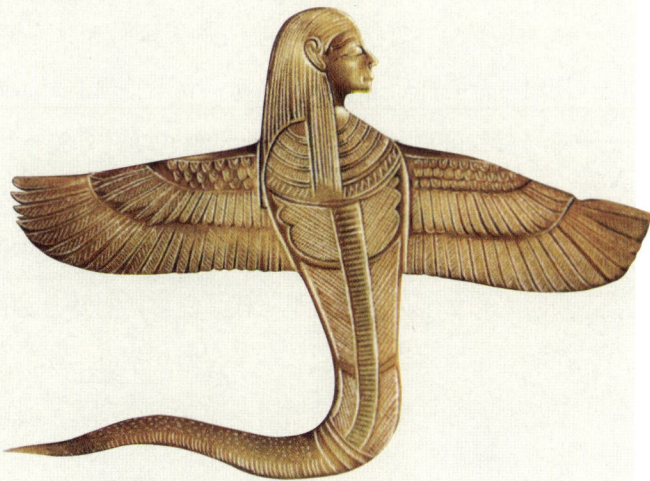

这个黄金做成的护身符，代表正义之神，为第十八王朝图坦卡蒙法老的陪葬品。

最初的体育盛事
古希腊
体育赛会

那闪闪的金子在夜间如同一团火焰，
天空中比任何星辰都明亮的是太阳。
啊！我的心呀，如果你欲歌唱竞技，
那么就选择奥林匹亚吧！因为那里有辉
煌的竞技……

——献给赛马冠军（诗人品达）

相传，古希腊有一个风景优美、物产丰富的比萨城邦，比萨王为了给女儿寻觅一位乘龙快婿，决定用比赛战车招亲。有一位叫伯罗普斯的青年取得了胜利。后来，他做了国王，为感谢神灵的佑助，便决定在奥林匹亚举行一次祭典盛会。会上，还特意安排了战车和角力等项目的竞技比赛。据说，这就是当初在奥林匹亚举办竞技会的开始。这只是一个美丽的传说，古希腊的运动会也不是只有奥林匹克一个。

古希腊奥林匹克运动场，公元前776年建于古希腊伊利斯城邦的奥林匹亚地区。它与现代椭圆的运动场不同，是一个矩形建筑，周围筑有人工土堤，土堤的斜坡上是观众的席位。

四大赛会

从公元前8世纪到公元前6世纪，希腊人先后创办了四大泛希腊性质的重要运动赛会，分别是奥林匹克赛会、皮托赛会、地峡赛会和尼米亚赛会，分别与希腊神话中的主神宙斯、太阳神阿波罗、海神波塞冬和大力神赫拉克勒斯的祭祀活动有关。

四大赛会中奥林匹克赛会创办时间最早，为公元前776年，英国古典学者乔治·格罗特将该年作为西方有文字记载的最早年代。奥林匹克赛会和皮托赛会每四年举办一次，加上每两年举办一次的尼米亚赛会和地峡赛会，希腊人每年至少都能参加一次大型比赛。

早期希腊赛会的竞技内容并不是很多，在奥林匹克赛会上主要的竞赛活动有五项：掷铁饼、跳高、掷标枪、角斗和短跑。尼米亚赛会有摔跤和拳击竞技。最初的赛事活动时间比较短暂，奥林匹克赛会前22届只有一天的时间，后来最长的时间也就五天。参加竞技会的运动员一开始的时候都是穿衣服的，据说后来在一场竞技会上，大风吹掉了运动员身上的衣服，运动员健硕的身材使观众为之倾倒。此后，希腊赛会的运动员都以裸体参加比赛，并抹上橄榄油。

冠军的荣誉和收获

古代希腊人认为，运动员获得比赛的胜利是因为神的指示和恩惠，获胜的选手被视为神明一般。取得

奥林匹克火炬接力是奥运会的前奏，是古代奥运会和现代奥林匹克运动之间强有力的连接，是仅次于奥运会本身的最重要的传播工具。第21届蒙特利尔奥林匹克运动会火炬接力，火种于奥林匹亚点燃，传到雅典后，利用卫星传到加拿大首都渥太华，图为运动员在渥太华接到火种。

赛会胜利会给选手带来无限的荣誉，不仅在他家乡，甚至在整个希腊都有重要声望。有专门的诗人会为他们写颂诗，希腊古典时代最出名的底比斯诗人品达，为四大运动会的各项竞赛运动冠军写颂诗，歌颂他们的生平事迹和在赛会上的英勇表现。品达的颂诗气势恢宏，讲究修辞，在希腊世界广为传诵，甚至有些城邦的贵族请品达为自己家族撰写颂诗，并为此支付品达不菲的报酬。

赛会优胜选手的奖品多是一些象征性的东西，奥林匹克赛会的奖品是由橄榄枝编成的桂冠，尼米亚赛会冠

最初，奥运会竞技比赛项目主要是田径，后来逐渐增加了摔跤、五项全能、拳击、赛马、角斗，以及战车赛、武装赛跑等等，最多时达23项。第一个项目是200米赛跑，这也是第一届到第十三届古代奥运会的唯一比赛项目，这个项目相当于今天奥运会的百米飞人大战。

知识链接：体育精神

在宗教圣所举办的体育竞技活动被认为是只有希腊人才能参加的节日活动。古代希腊人认为希腊北部的马其顿人并不是纯正的希腊人。因此，当亚历山大大帝的祖父亚历山大一世要求参加体育竞赛的时候，遭到举办方的拒绝。古希腊体育赛会体现的最重要的价值观念是平等。任何希腊人都可以参加竞赛运动，不受他出身和政治立场的影响。只要他获得竞赛胜利，都会赢得人们的敬重。这种平等只限于希腊男人之间，女人和奴隶则被排除在运动之外。

赛会体现希腊人对和平的向往。根据传说，奥林匹克赛会是伊利斯国王伊菲图斯祈求神谕，希望希腊可以摆脱当时遭受的瘟疫和战争之苦，并称获得神的旨意创办该项赛会。古典时代，希腊世界有项不成文的规定，凡是宗教节日和庆典期间，所有交战的国家都停止作战，经过他们的国土前往圣所参加赛会的希腊人不得受到伤害，否则将受到神的诅咒。

军的桂冠是野芹菜编成的。当他们回到故乡后，可能会获得城邦给予的其他大量丰厚的奖品，如钱财和终身免税权，赛会冠军带来的声望可能会成为他们参与城邦政治活动的重要资本之一。城邦政治家赞助选手参加体育竞赛获得胜利，也会给他们带来声望。雅典著名政治家亚西比得不仅自己在奥林匹克赛会上参加马拉战车比赛获得成功，他资助的其他战车也获得比赛第二名和第四名的成绩，使他在希腊和雅典声名鹊起。

第300—301页：奥运会圣火采集

2008年3月24日，希腊奥林匹亚，万众瞩目的北京奥运会圣火在希腊古奥林匹克遗址顺利采集成功。图为最高女祭司用取得的圣火点燃圣火盆。

酒神的伴侣
古希腊戏剧节日

古希腊人对酒神的崇拜历经百年，更以赢得狄奥尼索斯神的桂冠为荣耀，只有那些在戏剧艺术上做出杰出贡献的人们，才能获此殊荣。

古希腊戏剧主要与酒神狄奥尼索斯崇拜仪式有关，来源于宗教仪式活动中即兴创作的颂诗。后来逐渐发展演变出希腊三大戏剧品种：悲剧、喜剧和萨提洛剧。按照亚里士多德的说法，悲剧和喜剧的区别在于悲剧诗人描述的是高尚的行为，喜剧诗人描写的是卑劣的行为，通过讽刺的手法，达到诙谐幽默的效果。

戏剧起源与戏剧节日

古希腊戏剧主要在戏剧节日期间上演。古典时代雅典的三大戏剧节日在希腊世界颇为流行。其中最重要的是公元前534年创办的"大酒神节"，主要在一年的3月和4月举办。雅典戏剧家泰斯庇斯首次在这个节日上，将传统的酒神颂诗变成悲剧，以后悲剧表演和竞赛成为该节日的主要活动。此后雅典城又创办了另外两个戏剧节日。一个是在每年1月和2月举办的"勒奈亚节"，主要表演喜剧。另一个是在12月和次年1月举办的"乡村酒神节"，又称为"小酒神节"，顾名思义，该节日主要是在雅典的乡村地区举办，主要是表演一些经典的旧戏剧。

在公元前5世纪，雅典戏剧演出极为兴盛，戏剧诗人们受城邦或个人的竞相资助，创作了大量的戏剧作品，并在戏剧节日期间上演自己的作品，彼此之间相互竞争。戏剧上演期间，不仅城邦的公民可以观看，雅典城邦的一些边缘人物，如妇女、儿童、奴隶和囚犯也能进场观看。雅典十个区各推选出一名代表组成的评判委员们投票决定优秀作品，最终由当年的执政官从中抽出五张选票决定胜负。优胜的戏剧作品会在戏剧节日期间多次上演。

在戏剧竞赛中，雅典产生了一大批著名的戏剧诗人。如埃斯库罗斯、索福克勒斯和欧里庇得斯被称为"希腊三大悲剧诗人"，阿里斯托芬被称为"喜剧之父"。他们对希腊戏剧的发展产生了重要的影响。如埃斯库罗斯将悲剧演员的数量从一个增加到两个，索福克勒斯将演员数量增加到三个，并采用了舞台布景，欧里庇得斯的作品往往充满哲理。他们创作了大量优秀的戏剧作品，埃斯库罗斯一生共创作了90部戏剧，索福克勒斯最多产，有130部，欧里庇得斯也有74部。虽然他们绝大多数作品都没能完整地保存下来，但现存的作品仍然对后世产生了深远的影响，是人类艺术宝库中珍贵的文化财富。

巨大的鲍格才家族（Borghese）花瓶，以描绘酒神节场面的浮雕为装饰，它是一件可以回溯到希腊化时代晚期的具有希腊化特点的作品，它模仿了公元前4世纪青铜像原型。

一话一说一世一界一

古罗马酒神巴克斯。
葡萄与葡萄酒之神，也是
狂欢与放荡之神。他是希
腊和罗马共同的神祇。在
罗马宗教中，有为酒神巴
克斯举行的酒神节。这个
节日从意大利南部传入罗
马后，起初秘密举行，且
只有女子参加，后来男子
也被允许参加，举行的次
数多达一个月5次。节
日期间，信徒们除了狂饮
外，还跳起狂欢的酒神节
之舞。

戏剧中的政治

古希腊戏剧不仅是戏剧诗人展示才华的重要方
式，也是城邦公民政治生活的重要组成部分。据历
史学家记载，伯里克利担任雅典首席将军期间曾通
过一条法令，规定城邦向每一位观看戏剧表演的公
民发放观剧津贴，每场是两个奥波尔，相当于当时
雅典人一天的收入，足见城邦对公民观看戏剧表演
的重视程度。

从戏剧创作的主题角度来说，最初悲剧和喜剧
都以希腊神话和传说中诸神与英雄的传奇经历为主
题，或歌颂他们的高尚行为，使观众在观剧的过程
中产生敬畏之心。或以讽刺的方式描述他们的低劣
行为，达到引以为戒的效果。

希波战争爆发后，戏剧诗人开始将不久前发生
的真实历史事件和人物吸收到戏剧创作中，从而增
加了戏剧的真实性，如埃斯库罗斯的悲剧《波斯
人》，就是以希波战争中的萨拉米斯海战为背景，
剧中的波斯国王大流士、薛西斯等都是历史上真实
存在的人物。因此，戏剧成为城邦政治家为宣传和
灌输城邦政治理念的重要手段和工具。戏剧诗人受
到城邦和政治家们的赞助，在戏剧中盛情讴歌雅典
城邦的民主政治和生活方式，努力将雅典塑造成代
表所有希腊人的典范形象，目的是雅典企图挑战斯
巴达的希腊世界霸主地位。

希拉波利斯古剧场。希拉
波利斯是古希腊城市，位于土
耳其西南部，靠近代尼兹利。
古剧场呈马蹄形，是一座占地
面积很大的露天圆形剧场，顺
山势挖掘，非常壮观。

贵族圈子的聚会
古希腊宴饮

> 要是智慧能像满满一杯水，通过一根毛线，就可以引到一只空杯里去；只要两个人挨着坐，智慧就从充满的人那里流进空虚的人心里，那该多好啊！
>
> ——柏拉图《会饮篇》

葡萄是希腊人的重要农作物之一，葡萄酒在希腊也广受欢迎。在举行某种仪式后，参加的人会在一起饮酒，边饮边谈，所谈问题有城邦事务、哲学论辩、诗歌交流、日常琐事等，成为一种流行风尚。柏拉图曾写作《会饮篇》，介绍的是苏格拉底与朋友谈论爱情本质的一次宴饮。

酒神狄奥尼索斯（Dionysus），古希腊神话中葡萄酒之神，不仅握有葡萄酒醉人的力量，还以布施欢乐与慈爱在当时成为极有感召力的神，他推动了古代社会的文明并确立了法则，维护着世界的和平。此外，他还护佑着希腊的农业与戏剧文化。

希腊人的酒文化

希腊人虽爱好葡萄酒，但希腊却不是葡萄酒的故乡。两河流域的苏美尔人可能最早掌握了酿造葡萄酒的工艺。其后，埃及人在他们的影响下也发展出了自己的葡萄酒文化。受到这些地区的影响，希腊人大约在6000年前开始酿造葡萄酒。希腊人的酿酒工艺受到了埃及人的影响，他们把埃及人用脚踏葡萄汁的办法进一步改进，发明了螺旋压榨机，提高了压榨葡萄汁的效率。在葡萄酒储存上，他们制作了专门的双耳长颈瓶，封闭性极佳，可以长期贮存葡萄酒。

希腊人十分重视葡萄酒，将其视为"人类智慧的源泉"。根据荷马在《奥德赛》中的记载，奥德赛有一次被独眼巨人困于洞内，他让手下人四处采集葡萄，用脚踩出葡萄汁，酿成葡萄酒，将独眼巨人灌醉，才得以乘机逃跑。葡萄是希腊陶瓶画的主要题材之一，葡萄酒在希腊人的一日三餐中都不可或缺。他们认为葡萄酒有丰富的营养，是非常好的保健品。

出于对葡萄酒的热爱，希腊人发展出了酒神文化。酒神狄奥尼索斯掌管植物与丰收，向人们传授酿酒的技艺。每当葡萄丰收的时候，希腊人就会穿上山羊皮，载歌载舞祭祀酒神，这种歌舞即著名的酒神颂。除此之外，以酒神为主题的剧作、诗歌，是希腊文化艺术形式中的重要组成部分。

酒神祭祀游行带有狂欢性质。酒神的狂女们抛开家庭和手中的活计，成群结队地游荡于山间和林中，挥舞着酒神杖与火把，疯狂地舞蹈着，高呼着"酒神"。这种疯狂状态达到高潮时，她们可能会毁坏碰到的一切。

希腊人的宴饮文化

希腊人的一日三餐都与酒有关。他们的早餐通常是一块泡在葡萄酒里的面包；午餐则相对丰盛；晚餐是一天的重点，往往是快乐与奢侈的，男主人会邀请亲朋好友来家中共进晚餐。几个相熟的人会轮流坐庄，或者大家会一起凑钱租房，付食资。一般坐庄的人提供酒水，客人们则携带食物。客人到来之后，需要先脱鞋，然后由奴隶为他们洗脚。之后，大家都侧身斜靠在四周的躺椅上，开始享用晚餐。

宴饮的主题当然不只是吃饭。用完餐之后，宴饮的主要内容——会谈就会开始了。大家先会用扔骰子的方法选出一位主持人，负责决定酒和水的比例。他们会将规定好比例的酒和水掺和在一个宽口碗里，用勺子为每位客人倒酒。

酒宴开始后，大家会用唱歌、唱诗、猜谜、讲笑话等手段助兴，彼此之间高谈阔论、揶揄打趣，十分惬意。有时，大家也会谈论一些严肃的问题，例如文艺作品的创作，对某件事物的看法，对一些著名人物的评论等。宴饮时，参会人一般都会在酒精的帮助下，抛开所有顾忌，尽情地与友人展开热烈的谈话，使得宴饮既有无尽的趣味，也显得更加高尚文雅。

宴饮一般为男人的领域，女人与奴隶不能参加。不过，掌握某种音乐、舞蹈技能的奴隶，可能会被邀请前来表演。

除了愉快的宴席上的交谈，酒后有一部分古希腊男子喜欢一些野蛮血腥的运动如斗鸡等。图中描绘了男人企图使猫狗互斗的情景。

责任编辑：柴晨清
助理编辑：薛　晨
图文编辑：胡令婕
责任校对：杜凤侠
封面设计：林芝玉
版式设计：汪　莹

图书在版编目（CIP）数据

古典时代 / 李立华 著 . —北京：人民出版社，2020.4
（话说世界 / 陈晓律，颜玉强主编）
ISBN 978 - 7 - 01 - 020909 - 8

Ⅰ. ①古…　Ⅱ. ①李…　Ⅲ. ①世界史 - 古代史 - 普及读物　Ⅳ. ① K12-49

中国版本图书馆 CIP 数据核字（2019）第 112066 号

古典时代

GUDIAN SHIDAI

李立华　著

人民出版社 出版发行
（100706　北京市东城区隆福寺街 99 号）

北京华联印刷有限公司印刷　新华书店经销

2020 年 4 月第 1 版　2020 年 4 月北京第 1 次印刷
开本：889 毫米 × 1194 毫米 1/16　印张：19.25

ISBN 978 - 7 - 01 - 020909 - 8　定价：90.00 元

邮购地址 100706　北京市东城区隆福寺街 99 号
人民东方图书销售中心　电话（010）65250042　65289539